O Poder da
EDUCAÇÃO FINANCEIRA

O Guia do PAI Rico

O Poder da EDUCAÇÃO FINANCEIRA

— *Edição Revista e Atualizada* —

LIÇÕES SOBRE DINHEIRO QUE
NÃO SE APRENDEM NA ESCOLA

Robert T. Kiyosaki

ALTA BOOKS
GRUPO EDITORIAL
Rio de Janeiro, 2017

O Poder da Educação Financeira – Lições sobre dinheiro que não se aprendem na escola
Copyright © 2017 da Starlin Alta Editora e Consultoria Eireli. ISBN: 978-85-508-0127-8

Translated from original Unfair Advantage by Robert T. Kiyosaki. Copyright © 2011 by Robert T. Kiyosaki. ISBN 978-1-61268-010-1. This edition published by arrangement with Rich Dad Operating Company, LLC., the owner of all rights to publish and sell the same. PORTUGUESE language edition published by Starlin Alta Editora e Consultoria Eireli, Copyright © 2017 by Starlin Alta Editora e Consultoria Eireli.

CASHFLOW, Rich Dad, Rich Dad Advisors, ESBI, e Triângulo B-I são marcas registradas da *CASHFLOW Tecnologies, Inc.*

Todos os direitos estão reservados e protegidos por Lei. Nenhuma parte deste livro, sem autorização prévia por escrito da editora, poderá ser reproduzida ou transmitida. A violação dos Direitos Autorais é crime estabelecido na Lei nº 9.610/98 e com punição de acordo com o artigo 184 do Código Penal.

A editora não se responsabiliza pelo conteúdo da obra, formulada exclusivamente pelo(s) autor(es).

Marcas Registradas: Todos os termos mencionados e reconhecidos como Marca Registrada e/ou Comercial são de responsabilidade de seus proprietários. A editora informa não estar associada a nenhum produto e/ou fornecedor apresentado no livro.

Impresso no Brasil — 2017 — Edição revisada conforme o Acordo Ortográfico da Língua Portuguesa de 2009.

Publique seu livro com a Alta Books. Para mais informações envie um e-mail para autoria@altabooks.com.br

Obra disponível para venda corporativa e/ou personalizada. Para mais informações, fale com projetos@altabooks.com.br

Produção Editorial	**Gerência Editorial**	**Produtor Editorial (Design)**	**Marketing Editorial**	**Vendas Atacado e Varejo**
Editora Alta Books	Anderson Vieira	Aurélio Corrêa	Silas Amaro marketing@altabooks.com.br	Daniele Fonseca Viviane Paiva
Produtor Editorial Claudia Braga Thiê Alves	**Supervisão de Qualidade Editorial** Sergio de Souza	**Editor de Aquisição** José Rugeri j.rugeri@altabooks.com.br	**Vendas Corporativas** Sandro Souza sandro@altabooks.com.br	comercial@altabooks.com.br **Ouvidoria** ouvidoria@altabooks.com.br
Equipe Editorial	Bianca Teodoro Christian Danniel	Ian Verçosa Illysabelle Trajano	Juliana de Oliveira Renan Castro	
Tradução (1ª edição) Eliana Bussinger	**Copidesque (atualização)** Wendy Campos	**Revisão Gramatical (atualização)** Thamiris Leiroza	**Diagramação (atualização)** Daniel Vargas	

Erratas e arquivos de apoio: No site da editora relatamos, com a devida correção, qualquer erro encontrado em nossos livros, bem como disponibilizamos arquivos de apoio se aplicáveis à obra em questão.

Acesse o site www.altabooks.com.br e procure pelo título do livro desejado para ter acesso às erratas, aos arquivos de apoio e/ou a outros conteúdos aplicáveis à obra.

Suporte Técnico: A obra é comercializada na forma em que está, sem direito a suporte técnico ou orientação pessoal/exclusiva ao leitor.

CIP-Brasil. Catalogação-na-fonte.
Sindicato Nacional dos Editores de Livros, RJ

K68p   Kiyosaki, Robert T., 1947-
           O poder da educação financeira: lições sobre dinheiro que não se aprendem na escola / Robert Kiyosaki; tradutora Eliana Bussinger. – Rio de Janeiro : Alta Books, 2017.
           il.

           Tradução de: Unfair Advantage
           ISBN: 978-85-508-0127-8

           1. Finanças pessoais. 2. Investimentos. 3. Educação financeira. I. Título.

11-5172.   CDD: 332.024
                                                                                            CDU: 330.567.2

ALTA BOOKS
GRUPO EDITORIAL

Rua Viúva Cláudio, 291 — Bairro Industrial do Jacaré
CEP: 20.970-031 — Rio de Janeiro (RJ)
Tels.: (21) 3278-8069 / 3278-8419
www.altabooks.com.br — altabooks@altabooks.com.br
www.facebook.com/altabooks — www.instagram.com/altabooks

Este livro é dedicado a todos aqueles que agiram e se tornaram parte da solução.

Outros Best-sellers da Série *Pai Rico*

Pai Rico, Pai Pobre

Independência Financeira

O Guia de Investimentos

Filho Rico, Filho Vencedor

Aposentado Jovem e Rico

Profecias do Pai Rico

Histórias de Sucesso

Escola de Negócios

Quem Mexeu no Meu Dinheiro?

Pai Rico, Pai Pobre para Jovens

Pai Rico em Quadrinhos

Empreendedor Rico

Nós Queremos que Você Fique Rico

Desenvolva Sua Inteligência Financeira

Mulher Rica

O Segredo dos Ricos

Empreendedorismo Não Se Aprende na Escola

O Toque de Midas

O Negócio do Século XXI

Imóveis: Como Investir e Ganhar Muito Dinheiro

Irmão Rico, Irmã Rica

Como Comprar e Vender Empresas e Ganhar Muito Dinheiro

Mensagem de Robert

Não é legal

Pensei muito sobre compartilhar com vocês nosso sucesso financeiro, especialmente em tempos como estes. Sei que milhões de pessoas perderam seus empregos, suas casas e seus negócios. Sei também que, na maioria das situações, não é educado falar sobre o próprio sucesso financeiro. Gabar-se nunca é legal, especialmente sobre dinheiro.

Ainda assim, decidi escrever sobre investimentos da vida real. Quero que você entenda como conquistamos nossa educação financeira, como usamos essa educação e por que ela é uma vantagem arrebatadora, especialmente em uma economia em declínio. Escrevo não para me gabar. Escrevo para encorajar as pessoas a aprender, estudar, praticar e, possivelmente, ver o mundo de modo diferente. Hoje em dia, há muito dinheiro no mundo. Existem trilhões de dólares à procura de um lar, porque os governos do mundo estão imprimindo trilhões em dinheiro falso, também conhecido como moeda fiduciária. Os governos não querem que o mundo entre em crise, assim, imprimem mais dinheiro de mentira. É por isso que os preços do ouro e da prata sobem e os poupadores se tornam perdedores.

O problema é que esse dinheiro falso está nas mãos de apenas algumas pessoas. Assim, os ricos ficam mais ricos e os pobres e a classe média ficam cada vez mais pobres, a economia piora e o problema só aumenta.

De acordo com o censo americano (U.S. Census Bureau), a pobreza nos Estados Unidos aumentou para quase 15% da população em setembro de 2010. Isso significa que mais de 4 milhões de pessoas migraram da classe média para a pobreza, como Donald Trump e eu previmos em nosso livro *Nós Queremos que Você Fique Rico*. Isso é perigoso. Isso não é saudável.

Correndo o risco de soar arrogante, decidi escrever este livro sobre investimentos da vida real. Acredito que não é legal saber algo e não compartilhar. Isso seria ganância. Escrevo porque acredito que precisamos de educação financeira verdadeira para que a economia mundial possa realmente se recuperar. Em última análise, escrevo porque acredito que é melhor *ensinar* as pessoas a pescar do que lhes *dar* o peixe.

— Robert Kiyosaki

O objetivo deste livro é fornecer informações gerais sobre investimentos. Contudo, leis e práticas quase sempre variam entre países e estão sujeitas a mudanças. Visto que cada situação real é singular, orientações específicas devem ser adaptadas às circunstâncias. Por isso, aconselha-se ao leitor que procure seu próprio assessor no que diz respeito a uma situação específica.

O autor tomou precauções razoáveis na preparação desta obra e acredita que os fatos aqui apresentados são precisos na data em que foram escritos. Contudo, nem o autor, nem a editora, assumem quaisquer responsabilidades por erros ou omissões. O autor e a editora especificamente se eximem de qualquer responsabilidade decorrente do uso ou da aplicação das informações contidas neste livro. Além disso, o objetivo dessas informações não é servir como orientação legal relacionada a situações individuais.

A Editora Alta Books não se responsabiliza pela manutenção e conteúdo no ar de eventuais websites, bem como pela circulação e conteúdo de jogos indicados pelo autor deste livro.

SUMÁRIO

Introdução 1

Capítulo 1
Vantagem Arrebatadora #1: Conhecimento 19

Capítulo 2
Vantagem Arrebatadora #2: Impostos 49

Capítulo 3
Vantagem Arrebatadora #3: Dívidas 73

Capítulo 4
Vantagem Arrebatadora #4: Risco 99

Capítulo 5
Vantagem Arrebatadora #5: Compensação 137

Conclusão
Uma Tarefa para o Capitalismo 159

Um ROI Arrebatador 169

Posfácio 173

Edições Especiais
Novos Tempos 175

Os Cinco Níveis de Investidores 177

Bônus — Perguntas Frequentes 199

Uma Consideração Final sobre Educação 229

Meu pai rico disse:
"Escolha seus professores com sabedoria."

Introdução

COMO CAPTURAR UM MACACO

Os nativos da África e da Ásia usam, há milhares de anos, a seguinte técnica para capturar macacos: os caçadores encontram uma árvore com um pequeno buraco no tronco e colocam frutas dentro dele. Um macaco chega, coloca a mão dentro do buraco, agarra as frutas e cai na armadilha. O punho do animal, agora fechado e cheio de frutas, não consegue passar pela abertura. Em vez de largar tudo, o macaco se contorce, gira, puxa, repuxa e se recusa a abandonar o alimento. O nativo retorna e, a seu bel-prazer, mata ou captura o macaco.

Os humanos são similares aos macacos. Em vez de se agarrarem a frutos, apegam-se à segurança de um emprego, às suas posses e ao dinheiro. Devido à falta de educação financeira, da mesma forma que os macacos aprisionados, a maioria das pessoas passará a vida escravizada aos salários que seus patrões lhes pagam e aos impostos devidos ao governo.

Quando a crise global começou nos Estados Unidos, em 2007, muitas pessoas se agarraram ainda mais a seus empregos, na esperança de não serem demitidas. Milhões se agarraram às suas casas, ainda que não conseguissem pagar os financiamentos imobiliários. Muitos diminuíram seus gastos e pouparam ainda mais, apesar de o governo americano estar emitindo trilhões de dólares, destruindo o poder de compra de suas economias. Trabalhadores americanos colocaram mais dinheiro em seus planos de pensão, ainda que o mercado de ações tivesse implodido, devastando os ganhos anteriores. As matrículas nas escolas dispararam, pois mais pessoas voltaram a estudar, mesmo com o desemprego disparando.

A Maioria das Pessoas Não Sabe o que Fazer

Atualmente, a maioria das pessoas sabe que há uma crise financeira global, mas, infelizmente, não sabe o que fazer a respeito. Em vez de ignorar, a maioria

Introdução

fecha os punhos ainda mais e espera que a crise passe, rezando para que os líderes políticos consigam resolver a crise global e que aqueles dias felizes voltem.

Alguns poucos sabem que precisam mudar. Mas, sem uma educação financeira sólida, não sabem o que fazer ou como efetuar essas mudanças.

Uma Década de Crise

O problema é que esta década, de 2010 até 2020, será a mais volátil e transformadora década da história do mundo.

Infelizmente, as pessoas presas às relíquias do passado — tais como emprego, segurança, casa própria e planos de aposentadoria — serão aquelas que mais sofrerão com os estragos da tempestade global que se aproxima. Posso afirmar isso com certeza devido às cinco razões a seguir:

1. ### *É o fim da Era Industrial*

   A Era Industrial começou por volta de 1500 e acabou por volta do ano 2000.

   Em 1945, ao final da Segunda Guerra Mundial, os Estados Unidos eram a nação mais poderosa do mundo, a maior entre os poucos impérios restantes da Era Industrial.

   Durante a Era Industrial, os países com tecnologia industrial e armamentista, fábricas e grandes escolas controlavam o mundo.

   As indústrias automobilística, aeroespacial, de rádio e televisão e a de armamentos dominavam o mundo dos negócios.

   Na Era Industrial, um trabalhador podia encontrar um emprego vitalício bem-remunerado, ser protegido por um sindicato e receber uma aposentadoria boa pelo resto da vida.

   A educação financeira não era importante na Era Industrial.

   Em 1989, nasceu a internet. A Era Industrial acabou e começou a Era da Informação.

   Na década que se seguiu, muitos empregos foram substituídos pela tecnologia; fábricas foram desmanteladas nos países desenvolvidos e reconstruídas nos países de mão de obra mais barata. A ideia de um emprego bem-remunerado e de uma boa aposentadoria vitalícia tornou-se obsoleta para muitas pessoas ao redor do mundo. Muitos governos não têm condições de sustentar seus sistemas de assistência e previdência social.

   Hoje, os Estados Unidos são os maiores devedores da história do mundo. Eles não conseguem arcar com os custos de programas sociais como a Seguridade Social e Assistência Médica (Medicare).

O Poder da Educação Financeira

Na Era da Informação, a era em que a segurança no trabalho e uma pensão vitalícia não são garantidas, a educação financeira é essencial.

Infelizmente, como um macaco com o punho preso em uma árvore, milhões de trabalhadores se agarram às ideias da Era Industrial, como escolas, segurança no trabalho, salários mensais, benefícios médicos, aposentadoria precoce e auxílio vitalício do governo.

Neste livro, você descobrirá que tipo de educação é melhor para prepará-lo para a Era da Informação.

2. **As regras do dinheiro mudaram em 1971**

Em 1971, o presidente americano Richard Nixon desatrelou o dólar americano do padrão-ouro e as regras do dinheiro mudaram.

Naquele ano, o dólar americano deixou de ser dinheiro e se tornou um instrumento de dívida. Após 1971, os poupadores se tornaram perdedores. Desde 1971, o dólar americano perdeu 95% de seu poder de compra. Não serão necessários outros 40 anos para que ele perca os 5% restantes.

Tragicamente, como o macaco aprisionado à árvore, milhões de pessoas ainda se agarram firmemente às suas poupanças no banco.

Neste livro, você descobrirá que poupar dinheiro é uma tolice e o que você pode fazer em vez disso.

Uma vez que os bancos podem emitir moeda corrente, por que você também não pode? Você descobrirá como fazer isso neste livro, mas isso exige educação financeira.

3. **Após 1971, o socorro aos bancos aumentou**

Atualmente, a maioria das pessoas está ciente do caos do crédito de risco (*subprime*) e dos trilhões usados, ao redor do mundo, para salvar os bancos.

Hoje, muitos estão furiosos com seus governos, por terem salvado os ricos e passado a conta para os contribuintes.

Infelizmente, poucas pessoas estão cientes de que esses salvamentos já ocorriam há muitos anos e que apenas aumentaram a partir de 1971. Na década de 1980, os socorros aos bancos estavam na casa dos milhões. Nos anos 1990, na casa dos bilhões. Após 2007, os salvamentos, no mundo todo, passaram a ser medidos em trilhões.

Infelizmente, devido à falta de educação financeira, a maioria das pessoas acha que dívidas são coisas ruins. Como o macaco, elas se agarram a seu dinheiro e fazem o melhor que podem para sair do endividamento.

Introdução

A maioria das pessoas, sem uma sólida educação financeira, pensa que as dívidas são ruins — e são, se você não sabe como usá-las para se tornar ainda mais rico.

Neste livro, você descobrirá como o endividamento enriquece os banqueiros e os financeiramente educados.

4. *O aumento da inflação*

Em 4 de janeiro de 2000, uma onça[1] de ouro (cerca de 28,34 gramas) custava US$282. Dez anos depois, em 30 de dezembro de 2010, a mesma onça de ouro valia US$1.405.

Na mesma década, quando comparada ao ouro, a moeda americana perdeu 398% de seu valor.

Em 4 de janeiro de 2000, o petróleo custava US$25 o barril. Em 31 de dezembro de 2010, a cotação era de US$91 o barril.

Em dez anos, o preço do petróleo subiu 264%. Ainda assim, os governos alegam que não há inflação.

Uma pessoa inteligente se perguntaria:

- "Quanto custará uma onça de ouro ao final desta década, em 31 de dezembro de 2020?"
- "Quanto custará 1 litro de gasolina em 2020?"
- "Qual será o preço da comida nos próximos dez anos?"

Essas são perguntas que a maioria dos macacos não faz. Em vez disso, os macacos voltam para a escola, trabalham ainda mais arduamente, pagam impostos crescentes, fazem o que podem para gastar menos do que ganham e poupar, poupar e poupar.

Como pode ver, você deveria ter investido em ouro em 2000, quando ele custava apena US$273 a onça. Neste livro, você aprenderá como investir antes que uma manada tempestuosa invada o mercado.

Aqui você aprenderá como predizer o futuro e como reduzir o risco das mudanças que estão a caminho.

5. *Vejo mais pessoas pobres*

Até 2020, o hiato entre os privilegiados e desvalidos aumentará. Muitos que são da classe média hoje escorregarão para a pobreza nos próximos dez anos.

---

[1] Unidade de medida onde uma onça corresponde a 28,349 gramas. (N. E.)

O Poder da Educação Financeira

Em outras palavras, haverá mais pobres, vivendo inclusive em países ricos, do Primeiro Mundo, como os Estados Unidos, Inglaterra, França e Japão. Quando os governos optaram por salvar os donos de bancos, escolheram poupar os ricos à custa dos pobres e da classe média. Na década atual, os ricos ficarão mais ricos, enquanto os pobres e a classe média ficarão mais pobres devido à inflação e ao aumento dos impostos.

A seguir, os eventos que tornarão essa década mais difícil para aqueles com conhecimento financeiro limitado:

- Aumento do número de aposentados. Somente nos Estados Unidos, são 78 milhões de pessoas — os chamados *baby boomers*, que nasceram logo após a Segunda Guerra Mundial. Estima-se que 52% deles não têm economias para aposentadoria ou investimentos suficientes para sobreviver. Os sistemas de previdência e assistência sociais estão falidos. Para continuar financiando esses programas, os governos necessitarão aumentar os impostos das gerações nascidas após 1964.
- O emprego ficará mais escasso. Os governos federal, estadual e municipal terão poucos recursos. Muitos estão tecnicamente falidos.
- De 2007 a 2010, a maioria dos postos de trabalho perdidos estava no setor privado, nas grandes corporações e nas pequenas empresas.
- A próxima perda de emprego virá do setor público. Milhões de empregos públicos desaparecerão na atual década.

Isso significa mais impostos, menos serviços e mais desemprego.

Por exemplo, em janeiro de 2011, Camden, em New Jersey, a segunda cidade mais perigosa dos EUA, reduziu a força policial em 50%. Camden também reduziu o número de bombeiros e de funcionários públicos.

Quem vai querer viver em Camden se o crime e as perdas em incêndios aumentarem? O que uma redução dos serviços públicos pode representar para o valor das propriedades?

Apesar do aumento do desemprego e do desaparecimento de postos de trabalho tradicionalmente seguros, como um macaco agarrado a sua fruta, as pessoas estão retornando para a escola, a fim de aprender um novo emprego, em busca de salários maiores, benefícios e um bom plano de aposentadoria.

Este livro apresenta a você algumas novas ideias sobre qual tipo de educação o preparará melhor para o futuro.

Introdução

Em 2010, a dívida americana era de US$14 trilhões. Na verdade, de acordo com o Centro Nacional de Análises Políticas, os Estados Unidos devem US$107 trilhões quando se adicionam a Seguridade Social e a assistência médica (Medicare) a essa conta. Isso significa que os Estados Unidos estão falidos.

Os Estados Unidos têm três opções básicas. São elas:

1. Calote das dívidas, também conhecido por declaração de insolvência. Isso mudará a economia do mundo.
2. Cortar gastos, aumentar os impostos e pagar as contas. Isso mudará a economia do mundo.
3. Emitir mais moeda corrente, matar o dólar e pagar as contas com moeda de mentira. Isso mudará a economia do mundo.

A pessoa comum, como o macaco com o punho preso na árvore, não tem ideia do que está acontecendo com a economia do mundo. Tudo com que ela se preocupa é ganhar dinheiro suficiente para colocar comida na mesa e manter um teto sobre a cabeça.

Como um macaco que se agarra ao que tem, a pessoa comum acredita que o dinheiro que possui é real. O eleitor comum realmente acredita que seus eleitos podem resolver o problema da crise financeira global. Poucas pessoas percebem que esse problema é muito maior do que qualquer líder ou do que qualquer nação do mundo.

Neste livro, você descobrirá como as regras do dinheiro são diferentes na Era da Informação e como se adaptar às novas regras globais do dinheiro.

Em 1972, o Presidente Nixon abriu as portas para a China. Hoje, a China ainda é um país pobre, porém na corrida para se tornar a próxima superpotência.

A China continuará a crescer economicamente, nesta década, mas também ficará mais instável enquanto combate a inflação, se posiciona por mais influência política no mundo e pressiona por uma moeda de reserva que não seja o dólar americano. Adicionalmente, o crescimento econômico causará problemas internos à medida que a divisão entre pobres e ricos aumenta. A instabilidade da China provocará ondulações econômicas, de crescimento e crise, que serão sentidas em todos os lugares do mundo.

Como a maioria dos macacos, a pessoa comum pode ver as árvores, mas não a floresta. Os americanos estão, provavelmente, em uma condição pior porque vivem em um aquário que é observado pelo mundo, mas eles mesmos não conseguem olhar para fora.

O Poder da Educação Financeira

Neste livro, você aprenderá como pensar, agir e fazer negócios globalmente. Há um mundo de oportunidades hoje — mas não para aqueles que pensam apenas na árvore em que estão agarrados.

A Mais Empolgante Década da História

Esta década, entre 2010 e 2020, será a mais empolgante da história do mundo. Ela marcará o fim do império americano. O dólar se provará uma fraude e uma nova economia mundial inteira emergirá. Este mundo sem fronteiras, turbinado por uma tecnologia de baixo custo, libertará os talentos mundiais e revelará a ignorância maciça que comandou a economia do velho mundo.

Para aqueles que são financeiramente educados, preparados, flexíveis e adaptáveis, esta década será a melhor de todos os tempos.

Para aqueles que estão esperando a volta dos tempos felizes do passado, os próximos anos serão os piores de todos os tempos.

Aprisionado pela Escola

A chave para o novo mundo é a educação. O problema é que o atual sistema escolar está aprisionado na areia movediça da Era Industrial.

Na Era da Informação, a educação e o aprendizado contínuo são mais importantes do que nunca. Infelizmente, ir à escola, apenas, não preparará você financeiramente para um mundo que se expande e evolui rapidamente. Resumindo, as escolas mudam muito lentamente e o mundo está mudando em alta velocidade.

Na Era Industrial, tudo que era necessário para ser bem-sucedido eram os dois tipos seguintes de educação:

- Educação Acadêmica: A habilidade de ler, escrever e resolver problemas básicos de matemática.
- Educação Profissional: Educação para ganhar dinheiro ao ser um membro produtivo da sociedade. Por exemplo, médicos vão para a faculdade de Medicina, advogados, para a faculdade de Direito, pilotos, para a escola de aviação, chefs, para a escola de culinária, e assim por diante.

Na Era da Informação, precisamos dos três tipos seguintes de educação:

- Acadêmica
- Profissional
- Financeira

Surge, então, a pergunta:

Por que não há educação financeira nas escolas?

Introdução

A resposta:

Os humanos aprisionam e treinam macacos nas escolas.

Se uma pessoa tem uma educação financeira sólida, ela não se agarrará à segurança do trabalho, a um salário fixo e a uma aposentadoria. Se uma pessoa conhece as leis tributárias, não pagará impostos desnecessariamente. Se ela compreende o sistema bancário, não colocará seu dinheiro na poupança. Em vez de dizer que sua casa é um ativo, saberá que se trata, na verdade, de um passivo. Se as pessoas entendem o que é a inflação, não tentarão viver aquém de suas possibilidades. Em vez de sair das dívidas, aprenderão a usar as dívidas para enriquecer. E não entregarão, estupidamente, seu dinheiro aos agentes financeiros, aos planejadores e corretores imobiliários, na esperança de obter uma aposentadoria segura.

E mais importante: questionarão por que estão indo para a escola, quem são seus professores e para onde sua educação os está levando.

Educação É um Processo

Em 1973, retornei da Guerra do Vietnã. Ainda restava um ano em meu contrato militar e eu já ansiava pelos novos rumos que minha vida tomaria.

Eu tinha 26 anos, com formação universitária e duas licenças profissionais: uma como oficial de petroleiros da *Standard Oil* e a segunda como piloto do Corpo de Fuzileiros Navais da Marinha dos Estados Unidos. Embora ambas as profissões pudessem gerar altos salários e segurança, eu não queria voar nem navegar.

Quando pedi conselhos ao meu pai pobre, ele me recomendou que eu seguisse seus passos, que seriam: voltar para a faculdade, fazer meu mestrado, depois o doutorado e, então, conseguir um emprego público.

O problema foi que, em 1973, meu pai estava com 54 anos, havia sido secretário de Educação do Estado do Havaí e candidato republicano a vice-governador, e estava desempregado.

Ele estava desempregado porque abrira mão da posição de secretário de Educação para concorrer pelo Partido Republicano contra seu chefe, o governador, um democrata. Quando o Juiz Samuel King e meu pai perderam a eleição, o governador informou a meu pai que o preço pela sua falta de lealdade é que nunca mais lhe seria permitido trabalhar na esfera governamental novamente.

Meu pai, ainda que muito culto, não conseguiu sobreviver no mundo real, fora do sistema educacional. Sabendo que não mais conseguiria encontrar um emprego público, meu pai pegou todas as suas economias, comprou uma franquia de sorvetes e perdeu tudo quando o negócio faliu.

De certo modo, foi meu pai pobre que me possibilitou um vislumbre do futuro, não para a geração dele, mas para a minha.

Quando ele me sugeriu que eu seguisse seus passos, soube imediatamente os conselhos de quem eu seguiria. Após sair da casa do meu pai pobre, dirigi até o escritório do meu pai rico, em Waikiki, e pedi seus conselhos.

Educação É Muito Importante

Ambos os pais tinham muito respeito pela educação — mas não pela mesma educação.

Uma de minhas vantagens arrebatadoras é saber as diferenças entre os tipos de educação. Os três conceitos a seguir são muito úteis quando se está considerando tipos diferentes de educação:

1. ***Educação é um processo***

   Uma pessoa vai para a escola, para chegar a algum lugar e se tornar alguma coisa. Por exemplo, eu fui à escola de aviação para me tornar um piloto.

   O problema com a educação tradicional é que ela é um processo para transformar a pessoa em um empregado. É por isso que a maioria das pessoas diz: "Vá para a escola para conseguir um bom emprego." Macacos não questionam por que estão com as mãos presas em um buraco em uma árvore. A maioria das pessoas não questiona a ideia de ir para a escola para conseguir um bom emprego e se tornar um empregado. Uma pessoa inteligente perguntaria: "E se eu não quiser ser um empregado?"

2. ***Há quatro escolhas em educação***

   Meu pai rico me explicou o diagrama do quadrante CASHFLOW. Foi sua maneira de me dar escolhas para minha educação e sobre o que eu queria ser quando crescesse.

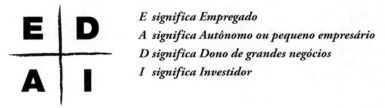

E significa Empregado
A significa Autônomo ou pequeno empresário
D significa Dono de grandes negócios
I significa Investidor

As escolas tradicionais preparam os alunos para os quadrantes E e A. Exemplos de A são as faculdades de Direito, de Medicina e Odontologia.

Introdução

É interessante constatar que os melhores estudantes de Medicina e Direito são aqueles que pagam mais impostos e o fazem porque pertencem ao quadrante A. Eu, se fosse um desses melhores alunos, iria querer saber como pagar menos impostos. Pagar impostos altos é uma das armadilhas do quadrante A.

Quando um empregado se demite para abrir o próprio negócio, a maioria acaba no quadrante A, operando um pequeno negócio altamente especializado, como serviços técnicos para computadores ou venda de imóveis.

Como o macaco preso na árvore, a maioria das pessoas conhece apenas os quadrantes E e A.

Uma pessoa financeiramente inteligente iria querer saber o que deve aprender para operar a partir dos quadrantes D e I. Esses dois quadrantes criam as pessoas mais ricas do mundo, aquelas que mais ganham e menos impostos pagam. Neste livro, você ganhará uma vantagem arrebatadora ao descobrir o que as pessoas dos quadrantes D e I sabem e que as pessoas dos quadrantes E e A desconhecem.

3. ***Você pode escolher entre educação tradicional e não tradicional***

Meu pai pobre respeitava unicamente a educação formal. Isso porque ele achava que diplomas e a qualidade da faculdade na qual você se graduava eram importantes. Ele acreditava que boas notas e uma boa faculdade lhe garantiriam um bom emprego.

Meu pai rico respeitava a educação não tradicional. Ele não se importava com notas ou com a categoria da instituição que você frequentava. Tudo que importava a ele eram as habilidades aprendidas, quem eram seus professores e quão preparado você estaria para o mundo empresarial real.

Meu pai rico não valorizava um emprego de alto salário. Por ser um empresário, ele valorizava quantos empregos desse tipo podia criar.

Foi por isso que, em 1973, ainda no Corpo de Fuzileiros Navais, eu me matriculei em cursos não tradicionais, nos quais eu poderia aprender:

1. Usar dívidas para investir.
2. Desenvolver habilidades de vendas (porque "vendas significam receitas").
3. Reduzir o pagamento de impostos.

Percorrer o caminho da educação não tradicional, em 1973, me deu a maior vantagem arrebatadora de minha vida.

O Poder da Educação Financeira

Eu continuo até hoje com minhas aulas de educação não tradicional. Elas me dão uma vantagem arrebatadora, mesmo em relação aos garotos brilhantes que foram para excelentes faculdades, tiraram as melhores notas e se tornaram médicos, advogados e executivos de altos salários.

A maioria dos macacos não sabe a diferença entre comida e comida dentro de uma armadilha. É por isso que são facilmente capturados.

Uma educação financeira sólida ensina aos estudantes que há três tipos de receitas. São elas:

1. Salários
2. Receitas de carteiras de investimentos
3. Renda passiva

A maioria dos Es e As é treinada para receber salários e rendimentos do trabalho. É por isso que caem facilmente em armadilhas, trabalham bastante e pagam o máximo de impostos.

Neste livro, você descobrirá por que os financeiramente inteligentes trabalham por renda passiva, de carteiras e não taxáveis.

A Diferença entre Macacos e Humanos

Pode parecer cruel comparar seres humanos a macacos presos em buracos de árvores.

Não faço isso para ser cruel, mas para mostrar um conceito. Veja, é cruel permitir que as pessoas permaneçam financeiramente deseducadas, trabalhando arduamente, pagando impostos e poupando dinheiro — o tempo inteiro sentindo que algo está profundamente errado, mas sem saber o que fazer em períodos de mudanças e incertezas.

Há similaridades entre humanos e macacos. Um macaco, por exemplo, cerrará seu punho e se agarrará às frutas. Um ser humano se agarrará firmemente às velhas ideias.

A maioria de nós conhece a lei da Física: dois objetos não podem ocupar simultaneamente o mesmo lugar no espaço. Você não pode, por exemplo, colocar dois carros em uma única vaga de garagem. O mesmo é verdadeiro para as ideias e os pensamentos.

Assim como os macacos precisam primeiro soltar as frutas para se ver livres, os humanos precisam se desprender das velhas ideias para se libertar.

Introdução

Neste livro, você aprenderá muitas ideias não convencionais sobre dinheiro e o porquê de os ricos estarem enriquecendo ainda mais. O principal propósito deste livro é apresentar novas ideias e desafiar qualquer velha ideia que você possa ter. Daí em diante, só dependerá de você decidir se quer se livrar dessas ideias ultrapassadas e começar a adotar novos conceitos sobre o dinheiro.

Exemplos de pensamentos ultrapassados sobre dinheiro:

1. **"Nunca serei rico."**

   Se esse pensamento não for substituído, ele se transformará na sua realidade. Este livro foi escrito para mudar essa forma de pensar — se você desejar mudá-la.

2. **"Os ricos são gananciosos."**

   Neste livro você descobrirá que, para ser rico, é preciso ser generoso. Você descobrirá que os Es e As são, com frequência, mais gananciosos do que os Ds e Is.

3. **"Prefiro ser feliz a ser rico."**

   Por que não ser ambos? Achar que você só consegue uma das coisas é pensamento limitado.

4. **"Os impostos são injustos."**

   Neste livro você descobrirá que os impostos são perfeitamente justos e como eles podem fazer os educados financeiramente enriquecerem ainda mais.

5. **"Preciso trabalhar arduamente."**

   Neste livro você descobrirá por que aqueles que trabalham arduamente são os que pagam mais impostos.

6. **"Investir é arriscado."**

   Neste livro você descobrirá por que investir não é arriscado. E mais importante ainda: descobrirá por que os não educados financeiramente acabam adquirindo os investimentos mais arriscados de todos.

7. **"Tenha uma boa formação."**

   Neste livro você descobrirá por que precisa questionar o objetivo de sua educação formal e quem são seus instrutores.

   Por exemplo, eu me matriculei em um programa de MBA, em 1973. Meus instrutores eram todos empregados do quadrante E. Desisti seis meses depois porque percebi que meu curso de dois anos estava me programando para me tornar um empregado bem pago do quadrante E.

O Poder da Educação Financeira

Se você quer crescer nos quadrantes D e I, precisa de instrutores e mentores desses quadrantes.

Na escola de aviação, meus primeiros instrutores me ensinaram o básico sobre voar. O nível seguinte de instrutores me ensinou aviação avançada, o que me permitiu me graduar. Os próximos instrutores eram pilotos de combate. Eu já sabia como pilotar uma aeronave, mas os instrutores pilotos de combate me prepararam para o mundo real da guerra.

A educação financeira se parece muito com a escola de aviação. Aprender a voar não é um projeto do tipo "faça você mesmo". É melhor ter os pilotos mais experientes disponíveis para educar e treinar os alunos e dar a eles a oportunidade de vivenciar a experiência antes que prossigam para o próximo nível.

Um dos maiores problemas com a educação tradicional é a falta de experiência com o mundo real. A maioria dos jovens sai da escola com respostas técnicas para os problemas, mas lhe falta a habilidade necessária para colocar em prática esse conhecimento técnico. Isso significa que os instrutores mais importantes serão os professores e mentores que eles encontrarão após a formatura.

Uma tragédia dos tempos atuais é que muitos universitários se formam e não encontram empregos. É essa experiência do mundo real que é crucial para o aprendizado e o desenvolvimento de uma pessoa e que define quem elas se tornarão ao longo da vida.

Uma das razões pelas quais muitos estudantes deixam a faculdade e são incapazes de se empregar é porque são treinados para serem empregados. Faltam-lhes habilidades do mundo real para que se transformem em empreendedores.

Para piorar a situação, muitos estudantes saem da escola profundamente endividados. Sem emprego, não conseguem pagar suas dívidas. Se um estudante não consegue encontrar logo um emprego, em pouco tempo as dívidas explodem devido à composição dos juros e o estudante se vê aprisionado pelo resto da vida, tal qual o macaco na árvore.

8. **"Preciso da segurança de um emprego."**

Neste livro você aprenderá as diferenças entre segurança e liberdade. Elas são exatamente opostas. Quanto mais segurança você deseja, menos liberdade

Introdução

tem. É por isso que prisioneiros em presídios de segurança máxima são os que têm menos liberdade.

Os macacos são aprisionados porque se agarram à segurança.

Este livro é para aqueles que querem liberdade e segurança.

9. **"Preciso investir em longo prazo em uma carteira diversificada de ações, títulos e fundos mútuos."**

Esse pode ser o pior conselho financeiro de todos. Apenas observe a última década, com frequência chamada de "década perdida" para aqueles que investiram em ações, renda fixa e fundos.

Nos Estados Unidos, por exemplo, no início do ano 2000, o índice Dow Jones, da Bolsa de Nova York, estava em 11.357 pontos. Ao final do ano de 2010, o número era 11.577.

Apenas um par de centenas de pontos em dez anos! Isso é que são perdedores de longo prazo. Um ganho de 0,2% em dez anos é uma piada, uma piada trágica para aqueles que seguiram esse mau conselho.

Como você já sabe, o ouro foi de US$282 para US$1.405 a onça no mesmo período, um ganho de 398% em dez anos.

Se o índice da Bolsa de Nova York, o Dow Jones, tivesse tido um desempenho semelhante ao ouro estaria, em 2010, acima de 45.000.

Apesar dessas estatísticas terríveis, milhões ainda seguem esse conselho.

Isso significa que você deveria investir em ouro?

Não, absolutamente não. Isso significa que é melhor adquirir educação financeira do mundo real. Se você for como a maioria das pessoas e não está interessado em sua educação financeira, então faça como os especialistas lhe dizem para fazer, que é repassar seu dinheiro para eles.

Lembre-se: o ouro não é um bom investimento se você é um mau investidor. Nada é um bom investimento se você não sabe investir. Neste livro, você descobrirá que, quanto mais educação financeira tem, mais dinheiro faz, menos impostos paga e seus retornos aumentarão à medida que seus riscos caem.

Certo dia, perguntei ao meu pai rico: "Você acha que imóveis são bons investimentos?"

A resposta dele foi: "Não sei. Você é um bom investidor?"

Então, perguntei: "Qual é seu conselho para um investidor mediano?"

A resposta dele: "Não seja mediano. Investidores medianos enriquecem os investidores mais inteligentes."

Onde você investe — sejam negócios, imóveis, ativos de papel ou commodities —, não é tão importante quanto o investimento em si mesmo. Se você é um tolo, provavelmente perderá, não importa onde esteja investindo.

Este livro trata de investir em sua educação financeira.

10. **"Não me dei bem na escola. Como posso enriquecer?"**

Ainda que você tenha de ir à faculdade para se tornar médico ou advogado, não tem de ir à faculdade para enriquecer ou se tornar um empreendedor. Alguns dos homens mais ricos do mundo não se graduaram. Exemplos são: Henry Ford, fundador da Ford; Thomas Edison, fundador da General Electric; Bill Gates, fundador da Microsoft; Mark Zuckerberg, fundador do Facebook; Richard Branson, fundador da Virgin; Walt Disney, fundador da Disney World; e meu herói, Steve Jobs, fundador da Apple.

Muitas pessoas, hoje, caem em armadilhas como a dos macacos, porque foram à faculdade e treinaram para ser trabalhadoras como aquelas dos quadrantes E e A.

Este livro é para pessoas que querem conhecer a vida dos quadrantes D e I e qual tipo de educação é necessário para chegar lá.

Uma Palavra Final

Em 24 de janeiro de 2011, no programa de televisão "Today Show", o seguinte conselho foi dado pela *Consumer Reports* e sua especialista financeira Jean Chatsk. O mesmo conselho que recebemos há anos:

1. Viva modestamente.
2. Faça um orçamento e uma previdência privada.
3. Poupe o máximo que puder (em outras palavras, poupe, poupe e poupe).
4. Livre-se das dívidas.
5. Trabalhe mais tempo, aposente-se mais tarde.

Eu nunca seguiria esse conselho. Não apenas é um péssimo conselho, é depressivo. Quem anseia viver modestamente e poupar sempre? Além de ser deprimente, esse tipo de coisa me aterroriza. Ainda que pareça um excelente conselho, especialmente para os não educados financeiramente, acredito que seja um péssimo conselho.

Neste livro, você descobrirá por que um plano de previdência é a pior maneira de investir. Em 2009, a revista Time, em artigo intitulado "Por que é Preciso Aposentar os Produtos de Previdência Privada", mostrou por que esses produtos são uma desgraça devido à forma como destroem a riqueza das pessoas.

Na década atual, as pessoas que seguirem os conselhos do programa de televisão *Today Show* serão as que mais sofrerão. Elas serão vitimizadas pelos altos e baixos da economia global e serão esmagadas por impostos ainda mais elevados. A vida ficará cada vez mais cara porque a inflação irá às alturas. A maioria vai acabar mais pobre porque seus investimentos serão perdidos nas crises dos mercados financeiros.

A maior tragédia de todas é que as pessoas que seguirem esse tipo de conselho obsoleto perderão as maiores oportunidades da história. Uma grande riqueza será gerada nesta década, mas não para aqueles que seguirem esse conselho ultrapassado. Aqueles que o seguirem verão, com frustração, a vida se tornar ainda mais difícil, enquanto os ricos se tornarão ainda mais ricos.

No Capítulo 1, detalho como a crise dos mercados que começou em 2007 foi a melhor oportunidade financeira da minha vida. Espero que esta década seja ainda melhor.

Hora do Se Libertar

Um macaco não encontrará liberdade até que abra mão das frutas da armadilha. O mesmo é verdade para os humanos. Os humanos não encontrarão liberdade até se livrarem das ideias velhas e obsoletas.

Como diz o velho ditado: a definição de insanidade é fazer a mesma coisa repetidas vezes e esperar um resultado diferente. Mesmo assim, é o que as pessoas estão fazendo. Elas escutam os conselhos obsoletos de especialistas financeiros ultrapassados, conselhos que não funcionaram antes. Ainda assim, elas continuam apegadas a essas ideias antiquadas.

Sei que é difícil mudar velhas ideias. Como se diz: não se pode ensinar truques novos a cachorros velhos. Com humanos, é difícil mudar uma pessoa que se arraiga firmemente a velhas ideias.

Este livro é sobre a vantagem arrebatadora que uma sólida educação financeira pode trazer a qualquer um, pobre ou rico, inteligente ou nem tanto, que viva em um país rico ou pobre. Com a internet, qualquer um, vivendo onde quer que seja, pode lucrar com a imensa riqueza da economia mundial. Tudo que você precisa fazer é adotar novas ideias, levar realmente a sério sua educação financeira e entrar em ação.

O Poder da Educação Financeira

Agir é muito importante porque aprendemos com nossos erros. A ideia de que erros são ruins não é boa. Se as pessoas não erram, deixam de aprender, razão pela qual meu pai pobre permaneceu pobre. Em vez de encarar as perdas de seu emprego, da eleição e de seu negócio de sorvetes como bênçãos, ele as viu como fracasso, da mesma forma que um professor de escola se puniu pelos erros cometidos. Ele morreu um homem pobre, sem perceber que seus fracassos foram suas maiores oportunidades de aprender e evoluir.

Vejam, na faculdade, os alunos que mais erram são rotulados de estúpidos. Na vida real, as pessoas que mais erram e aprendem com seus erros se tornam as mais espertas.

Fico feliz em relatar que, hoje, ganho muito mais dinheiro do que meus colegas de classe que eram estudantes notas "A" e se tornaram médicos ou advogados. Isso porque cometo mais erros e aprendo com eles.

Não estou dizendo que este livro contenha o melhor conselho para você. Como disse Warren Buffett: "Felizmente, há muitos caminhos para o paraíso financeiro." Eu encontrei meu caminho para esse paraíso. Depende de você encontrar o seu.

Este livro é meramente um guia, não a resposta, porque no mundo real não há respostas certas. Há apenas as respostas que funcionam para você.

A principal razão para este livro é oferecer-lhe novas ideias, novas maneiras de olhar para o assunto dinheiro.

Há muitas coisas que escrevo que podem provocar em você a reação: "Isso é bom demais para ser verdade." E elas são boas demais para ser verdade se a pessoa é limitada em educação financeira e experiências da vida real. Mas, para mim, elas são verdades e podem ser assim para aqueles desejosos em dedicar mais tempo à sua educação financeira da vida real.

Tudo neste livro é sobre a realidade. Ele está repleto de pensamentos, ações e experiências usadas diariamente em minha vida. Este livro é sobre as vantagens arrebatadoras disponíveis a todos nós se quisermos investir em nossa educação financeira e aprender. Ofereço essas ideias com a intenção de desafiar as velhas e abrir sua mente para as novas.

Lembre-se: você não consegue colocar dois carros em uma garagem onde cabe apenas um.

Assim como um macaco não conseguirá se libertar a menos que solte as frutas, os humanos não mudam a menos que se livrem das velhas ideias. Para os desafios financeiros que estão por vir, adotar novas ideias é melhor do que se apegar às velhas.

Introdução

Na medida em que a Era Industrial colide com a da Informação, uma transferência maciça de riqueza vem por aí. Aqueles que eram ricos ontem poderão não ser ricos amanhã. Muitos que hoje são da classe média serão pobres amanhã. Só porque você foi um aluno nota "10" ontem, não significa que você saiba muito hoje.

Este livro é sobre deixar o passado de lado e seguir adiante para o admirável mundo novo da riqueza, da oportunidade e da abundância.

Lições da Escola Dominical

Não sou muito religioso, mas, ainda assim, aprendi algumas lições muito importantes na escola dominical. Duas aplicáveis hoje são:

1. "Bem-aventurados os mansos, porque eles herdarão a terra."

Os mansos não significam os fracos, mas sim aqueles que são suficientemente humildes para saber que precisam diminuir a arrogância e estar dispostos a aprender de novo.

2. "Meu povo foi destruído, por falta de conhecimento."

A verdadeira crise financeira é a crise de um sistema educacional velho, obsoleto e fora da realidade. A crise financeira não desaparecerá até que as escolas informem aos alunos sobre a verdade que está por trás dos empregos, do trabalho, dos impostos, taxas e investimentos. Está na hora de nossas escolas pararem de treinar nossos estudantes para se transformarem em macacos com seus punhos entalados no buraco de uma árvore.

Se não ensinarmos as pessoas sobre dinheiro, teremos muito mais pessoas como meu pai pobre, um homem bom, honesto, estudioso, mas que morreu furioso com os ricos e esperando que o governo tomasse conta dele.

É hora de libertar as pessoas. A educação financeira pode fazer isso.

Boa sorte com a leitura deste livro e que você possa adquirir mais conhecimento, porque ele é a verdadeira riqueza.

Capítulo 1

VANTAGEM ARREBATADORA #1
CONHECIMENTO

O que Devo Fazer com Meu Dinheiro?

Pergunta Frequente

Tenho $10 mil. O que devo fazer com esse dinheiro? Onde devo investir?

Resposta Curta

Se você não sabe o que fazer com seu dinheiro, o melhor é não contar isso a ninguém.

Explicação

Se você não sabe o que fazer com seu dinheiro, há muitas pessoas que lhe dirão o que fazer, ou seja, "Dê seu dinheiro para mim. Eu cuidarei dele para você".

As pessoas que mais perderam na última crise financeira foram aquelas que entregaram seu dinheiro a pessoas em quem confiavam.

Resposta Longa

Seu nível de educação financeira determina o que você faz com seu dinheiro e como investe.

Explicação

Sem educação financeira, seus riscos sobem, seus impostos aumentam e seus retornos diminuem. Pessoas que não têm educação financeira investem, tradicionalmente, em casa própria, ações, fundos mútuos e renda fixa.

Esses são os investimentos mais arriscados de todos.

Com educação financeira, seus riscos diminuem, seus lucros aumentam e seus impostos caem. A questão é que você não deve seguir conselhos tradicionais ou investir de maneira tradicional.

Capítulo 1

Do que trata este livro: *Com educação financeira de alta qualidade,* o dinheiro flui em sua direção, e não na direção dos outros. Você consegue pagar menos ou nenhum imposto e ganhar milhões, com risco muito baixo, usando o dinheiro dos outros, quer a economia esteja boa ou ruim. Esta é uma vantagem arrebatadora.

Com Quem Você Busca Aconselhamento Financeiro?

Em 2007, o mundo conheceu uma nova palavra: *subprime* (espécie de crédito de risco). Quando o mundo financeiro começou a chacoalhar, gigantes muito respeitados do mercado financeiro desmoronaram. Alguns foram reduzidos a uma pilha de entulho.

Em 15 de setembro de 2008, o banco de investimentos Lehman Brothers declarou falência, o maior pedido de falência da história americana.

Também em 2008, a Merrill Lynch, a maior corretora de valores mobiliários dos Estados Unidos, entrou em recuperação judicial e foi vendida para o Bank of America. A ironia é que a Merrill Lynch era a corretora onde milhões de clientes, que entregavam a ela todas as suas economias, buscavam aconselhamento financeiro.

Atualmente, tudo está bem novamente na Merrill. Em seu website, eles divulgam o serviço: "Consulte um especialista financeiro para ajudá-lo a reconstruir seus ativos hoje." Perceba a palavra "reconstruir". Uma pergunta inteligente deveria ser: "Por que alguém deveria ter de reconstruir seus ativos?" Se você perdeu dinheiro, por que daria mais dinheiro a eles novamente?

Outros agentes financeiros ainda enfrentam sérios problemas desde a crise, como AIG, Fannie Mae e Freddie Mac. Até mesmo Warren Buffett, considerado o investidor mais rico e mais inteligente do mundo, e sua empresa, a Berkshire Hathaway, sofreram perdas substanciais na crise. Na verdade, foi a agência de classificação Moody's, uma agência controlada por ele, que classificou como AAA os financiamentos imobiliários do *subprime* — a melhor classificação no ranking — e vendeu esses ativos perigosos, também conhecidos como derivativos, para governos, fundos de pensão e investidores ao redor do mundo. Vender dívida podre empacotada como dívida de primeira qualidade AAA também é conhecido como fraude. A empresa de Buffett ajudou a desencadear a crise global, mas, mesmo assim, o mundo ainda procura por ele e por suas dicas financeiras. Para piorar, após a explosão da crise, as companhias controladas por ele (Wells Fargo, American Express, General Electric e Goldman Sachs), para serem salvas, receberam bilhões de dólares dos contribuintes. É esse o verdadeiro segredo de Warren Buffett para ser o investidor mais esperto do mundo?

O Poder da Educação Financeira

Foi também durante essa crise que milhões de pessoas perderam suas casas para os bancos. Para outros milhões, as casas passaram a valer menos do que financiamentos imobiliários.

Em 2010, um relatório do Boston College concluiu que os fundos americanos de aposentadoria estavam operando com um deficit de cerca de US$6,6 trilhões. O estudo afirma que as perdas das contas de previdência e dos valores dos imóveis deixarão os americanos sem dinheiro para a aposentadoria. Se eles não terão recursos para se aposentar, como viverão quando não puderem mais trabalhar? Arrastar um carrinho velho de supermercado com todos seus pertences e viver embaixo da ponte? O que acontecerá se ficarem doentes? Quem cuidará deles?

A empresa de consultoria Milliman, de Seattle, informou que os planos de aposentadoria de benefício definido das cem maiores empresas americanas perderam, no mês de agosto de 2010, US$108 bilhões. Essa é uma perda imensa para apenas um mês. Isso significa que os americanos que se sentiam seguros porque trabalhavam para uma companhia que tinha um plano de aposentadoria de benefício definido estão com problemas. Eles podem não receber aquele salário vitalício garantido.

A maioria dos trabalhadores nos Estados Unidos possuía um plano de aposentadoria de contribuição definida. Um plano desse tipo significa que sua aposentadoria depende de quanto dinheiro é depositado em sua conta de previdência. Se não houver dinheiro depositado, a pessoa nada recebe. Se o plano foi extinto ou houver problemas com o mercado, ao invés de sonho, a aposentadoria poderá se tornar um pesadelo.

A CalPERS (California Public Employees' Retirement System) é uma agência do governo da Califórnia que administra os benefícios de pensão e assistência médica de mais de 1,6 milhão de funcionários públicos, aposentados e suas famílias. Em outras palavras, a segurança financeira de muita gente está nas mãos da CalPERS.

Infelizmente, reputa-se que a CalPERS tenha perdido mais dinheiro do que todos os outros planos públicos combinados. Algumas pessoas dizem que é o fundo público de aposentadoria mais corrupto e ineficiente dos Estados Unidos.

Em 2010, a Universidade de Stanford publicou uma advertência sobre o fato de a CalPERs e a CalSTRS, o sistema de aposentadoria da Universidade da Califórnia, estarem com um deficit de US$500 bilhões e haverem se engajado em investimentos de altíssimo risco.

Meio trilhão de dólares é um rombo e tanto. Vai para o espaço o mito de que emprego e aposentadoria públicos são seguros.

Capítulo 1

As Pessoas Mais Inteligentes do Mundo

Você já entendeu. A menos que tenha vivido em uma caverna desde 2007, acredito que conheça a história: aquela sobre como os maiores crânios financeiros do mundo, as pessoas que admirávamos e com quem buscávamos aconselhamento financeiro, homens e mulheres que foram para as melhores faculdades do mundo e, supostamente, receberam a melhor educação disponível, causaram a maior crise financeira da história mundial, que alguns chamam de a Nova Depressão.

Surgem as seguintes questões: se eles eram tão inteligentes, se os líderes de nossas instituições financeiras receberam a melhor educação financeira que o dinheiro pode comprar, por que o mundo está enfrentando tamanha crise? Por que os ricos estão ficando mais ricos, os pobres, mais pobres, e a classe média está encolhendo? Por que os impostos estão subindo e os governos, falindo? O que está acontecendo com os empregos? Por que os salários estão caindo enquanto a inflação sobe? Por que tantas pessoas que seguiram o conselho dos gênios financeiros estão, agora, com medo de ficar sem dinheiro na aposentadoria? Por que tantos jovens estão se formando endividados e incapazes de conseguir um posto de trabalho? Nos Estados Unidos, vejo que a próxima crise não será de mercado imobiliário, mas de inadimplência dos pagamentos de empréstimos estudantis.

Será que o problema é a baixa qualidade da educação financeira de nossos líderes e a falta de educação financeira das pessoas comuns?

O que É Educação Financeira?

Hoje, finalmente, as pessoas estão dizendo: "Precisamos de educação financeira em nossas escolas." Mas por que tantos países estão enfrentando enorme crise financeira se as mentes mais brilhantes do mundo tiveram a melhor educação financeira que o dinheiro pode comprar?

Melhor ainda seria perguntar: o que é educação financeira? Se os professores não sabem o que é educação financeira, como podem ensinar? Como os diplomados pelas melhores faculdades do mundo — Harvard, Yale, Princeton, Oxford e Cambridge — conduziram o mundo à sua maior crise financeira? Por que o plano de aposentadoria dos professores da Universidade da Califórnia está enfrentando sérios problemas? Será que aqueles que administram esse plano de previdência realmente receberam educação financeira? Nossos jovens estão recebendo educação financeira? As escolas estão preparando os alunos para o mundo real do dinheiro?

O Poder da Educação Financeira

Antes de descrever o que acredito ser a educação financeira, preciso apontar as diferenças entre *educar* e *treinar*.

Em 1969, entrei para a escola de aviação da Marinha americana em Pensacola, Flórida. Após três anos de curso, eu estava pilotando no Vietnã. Analisando essa experiência, percebo agora que era um piloto *bem treinado*. Eu não era um piloto *com uma boa educação*.

Digo que era bem treinado porque sabia pilotar muito bem um helicóptero de combate. Não tinha educação alguma sobre as razões pelas quais estávamos em guerra com o Vietnã. Não havia qualquer educação geopolítico-econômica. Não sabia que o Vietnã estava em guerra há mais de mil anos. França e Estados Unidos foram os últimos em uma longa lista de países imperialistas que tentaram conquistar aquele país. Não sabia que a guerra com a qual estava envolvido era uma guerra milenar de independência, assim como a guerra da revolução americana foi a guerra pela independência dos Estados Unidos contra a Inglaterra.

Tudo que nos disseram foi que éramos os mocinhos e os comunistas, os bandidos. Eu não sabia o que era um comunista. Tudo que eu sabia é que usávamos quepes brancos e eles, pijamas negros. Nós acreditávamos em Deus e os comunistas, não. Eu desconhecia que estávamos lutando por causa de petróleo e do controle sobre os recursos do Vietnã e do resto do Sudeste Asiático. Com tristeza, vejo a mesma coisa acontecendo com o Iraque e o Afeganistão hoje.

Eu não tinha ideia de como projetar, construir ou reparar um helicóptero. Não fui educado em metalurgia, design, eletrônica, combustível ou sistemas de armas. Eu não tinha ideia de como consertar meu helicóptero. Tudo o que fui treinado para fazer era voar, atirar e cumprir ordens. Pressione o botão direito e pessoas morrem. Pressione o botão errado, morro eu. Ao final da guerra, eu era um piloto muito *bem treinado*, mas não era *bem instruído*.

Reflexo Condicionado

No mundo real, as pessoas deixam de usar fraldas em seus filhos treinando-os para usar o troninho. Elas não as educam para usar o troninho. As pessoas treinam seus cães. Elas não educam seus cães. O termo "cão de Pavlov" passou a significar a diferença entre educação e treinamento. Em termos simples, ao toque de uma campainha, os cães de Pavlov salivavam, famintos, mesmo que não houvesse nenhuma comida por perto.

Capítulo 1

Para aqueles não familiarizados com o termo "cão de Pavlov", ele deriva do famoso fisiologista russo e ganhador do Nobel Ivan Pavlov (1849–1936), que foi reconhecido por suas pesquisas sobre o sistema digestivo dos cães. A ele, credita-se o termo "reflexo condicionado". A expressão "cão de Pavlov" é usada para descrever alguém que reage automaticamente a uma situação, em vez de usar pensamento crítico.

A propaganda moderna usa o reflexo condicionado intensamente. A indústria financeira faz a mesma coisa. As pessoas trabalham arduamente para conseguir dinheiro e, sem pensar, o entregam aos bancos e à previdência privada.

Em algumas instituições de ensino, os administradores se orgulham em dizer que oferecem *educação financeira*. Na realidade, é *treinamento financeiro*, não educação financeira. Assim como Pavlov treinou seus cachorros para salivar, mesmo que não houvesse nada sobre o que salivar, milhões de pessoas com excelente formação são *treinadas*, e não *educadas*, quando se trata do assunto dinheiro. Por exemplo, faça o seguinte teste, completando as partes em branco:

- Vá para a escola, tire boas notas e consiga um bom _____.
- Trabalhe _____.
- Poupe seu _____.
- Compre uma casa porque um imóvel é um _____.
- Pique seus cartões de crédito. Saia das _____.
- Gaste _____ do que ganha.
- Invista para o _____ prazo em uma carteira _____ de _____, títulos e fundos _____.

Muitas pessoas cultas acham que isso é educação financeira. É comum vermos por aí supostos especialistas financeiros afirmando coisas como: "Estude. Arrume um emprego. Economize dinheiro. Pique os cartões de crédito e livre-se das dívidas. Sua casa é um ativo. Gaste menos do que ganha. Invista em longo prazo em uma carteira bem diversificada de ações, títulos e fundos mútuos." Isso não é educação financeira. Isto é treinamento financeiro, a mesma coisa que Pavlov usava com seus cachorros e que os profissionais de marketing usam para vender cerveja, remédios e seguros.

Quando a crise de 2007 estourou, muitos daqueles que seguiram esse tipo de treinamento financeiro acreditavam que eram financeiramente educados, mas perderam tudo: empregos, casas, dinheiro da aposentadoria e poupança. Muitos casamentos foram desfeitos.

O Poder da Educação Financeira

Para piorar, as escolas que resolveram pegar o bonde da educação financeira continuam a convidar profissionais comprometidos com os bancos para falar da necessidade de "poupar dinheiro". Em nome da educação financeira, as escolas também levam planejadores financeiros que treinam as jovens mentes a acreditar que a coisa mais inteligente a fazer é "investir em longo prazo em uma carteira bem diversificada de ações, títulos e fundos mútuos". Entregar descuidadamente seu dinheiro a estranhos não é o resultado de uma boa educação financeira, mas sim do treinamento dos cães de Pavlov.

Tenho certeza de que esses educadores são pessoas bem-intencionadas, mas seus reflexos condicionados os cegam para o fato de que os funcionários de bancos e os planejadores financeiros que eles trazem para suas escolas trabalham para as mesmas organizações que causaram e lucraram com a recente crise financeira: empresas como bancos comerciais, bancos de investimentos e corretoras de valores (Bank of America, Merrill Lynch, Goldman Sachs e Lehman Brothers — opa, esses nem existem mais). Essas empresas continuam contratando as mentes mais brilhantes nas melhores instituições de ensino do mundo e os treinando para administrar suas empresas e vender seus produtos financeiros. Isso não é educação financeira. Isso é treinamento de vendas.

Show Me the Money

Em 1996, foi lançado o filme *Jerry McGuire: A Grande Virada*, estrelado por Renée Zellweger, Tom Cruise e Cuba Gooding Jr. Deste filme, hoje um clássico *cult*, surgiu a expressão *"Show me the money"* (Mostre-me a grana). Há apenas alguns dias, eu estava passando por um grupo de garotos, com idade média entre dez e doze anos, quando os vi discutindo sobre dinheiro. Aparentemente, um dos garotos devia dinheiro a outro. Frustrado e cansado de desculpas, o garoto, credor do dinheiro, estendeu a mão impacientemente e gritou: *"Show me the money."*

O que a maioria das pessoas pensa é que educação financeira na verdade significa "Me mande seu dinheiro", e não "Me mostre o dinheiro". Quando uma pessoa diz "Tenho $10 mil. O que devo fazer com isso?", os planejadores financeiros, que possuem pouca educação financeira, mas muito treinamento de vendas, são condicionados a dizer: "Invista em longo prazo em uma carteira bem diversificada de ações, títulos e fundos mútuos." Em outras palavras, "me mande seu dinheiro por um longo período". As pessoas que seguiram mantras similares a esse são as mais prejudicadas nos dias de hoje. Foi assim que Bernie Madoff conseguiu fazer muitas pessoas ricas e cultas lhe mandarem bilhões de dólares, criando o segundo maior esquema Ponzi da história dos Estados Unidos (o maior esquema Ponzi da história é a Assistência Social).

Capítulo 1

A expressão "esquema Ponzi" recebeu seu nome de Charles Ponzi (1882–1949), considerado um dos maiores estelionatários de todos os tempos. Um esquema Ponzi é uma fraude de investimento onde os primeiros investidores são pagos com o dinheiro de novos investidores, geralmente atraídos pela promessa de altos lucros. Se você pensar bem, verá que quase todos os mercados — imobiliário, de ações, de fundos e de renda fixa — são esquemas Ponzi. Se novos investidores pararem de investir dinheiro, com a esperança de grandes retornos, o esquema entra em colapso.

Em 2007, quando as notícias da crise do *subprime* se espalharam, tanto os antigos quanto os novos investidores entraram em pânico e pediram seu dinheiro de volta. Os poupadores quiseram seu dinheiro de volta e a economia do mundo, um gigantesco esquema Ponzi, quase ruiu. Quando as pessoas pararam de mandar seu dinheiro e passaram a exigir, *"Show me the money"*, os mercados globais implodiram. Milhões de pessoas comuns perderam trilhões. Para salvar a economia global, os bancos centrais e os governos do mundo foram forçados a intervir e prometeram aos poupadores e aos investidores que seu dinheiro estava salvo. O problema é que milhões ainda estão com sérios problemas e muitos milhões mais não confiam nos governos e no sistema financeiro. E, realmente, não deveriam confiar. O sistema financeiro global inteiro é um esquema Ponzi patrocinado pelo governo. Ele funciona desde que você e eu continuemos a mandar nosso dinheiro para pessoas que, esperamos, sejam confiáveis. Imagine o que aconteceria se os jovens trabalhadores dissessem: "Não vamos mais dar nosso dinheiro para a Assistência e a Previdência Social." Não apenas a economia americana se tornaria um caos, como também a economia do mundo inteiro provavelmente entraria em colapso.

O esquema Ponzi global funciona para aqueles que tem educação financeira e é trágico para aqueles que não têm. É por isso que escrevo e ensino sobre educação financeira. O esquema Ponzi legalizado e sancionado pelo governo, funciona para mim e é por isso que não tenho um emprego, não poupo dinheiro, não chamo minha casa de ativo, não me livro das dívidas, não vivo aquém de minhas possibilidades, nem invisto em longo prazo em uma carteira diversificada de ações, títulos de fundos mútuos. Infelizmente, o sistema financeiro global é corrupto e milhões que seguem esses conselhos estão sendo financeiramente arruinados.

Os Cinco Componentes da Educação Financeira

Para manter a educação financeira o mais simples possível, eu a desmembrei em cinco componentes básicos. São eles:

1. História
2. Definições

3. Impostos
4. Dívidas
5. Dois lados da mesma moeda

Ao longo deste livro, com frequência, farei referências a esses cinco componentes básicos da educação financeira e tentarei ao máximo manter as coisas o mais simples possível.

Simplifique

Tendo crescido no Havaí, longe das capitais financeiras do mundo, minha educação financeira começou aos nove anos de idade. Meu pai rico, o pai do meu melhor amigo, começou a ensinar seu filho e a mim sobre dinheiro se utilizando do jogo *Banco Imobiliário*. Ele nos dava lições muito simples.

Durante uma delas, ele disse: "Uma das melhores estratégias financeiras do mundo é a do *Banco Imobiliário*."

Curiosos, seu filho e eu perguntamos: "Qual é a fórmula?"

Rindo às gargalhadas, ele disse: "Não conseguem ver? Vocês jogam *Banco Imobiliário* há anos. A fórmula está na cara."

O problema é que não conseguíamos enxergá-la, não importava quantas voltas dávamos no tabuleiro, continuávamos cegos para aquilo que o pai rico via.

Finalmente, ele resolveu nos contar. "Uma das grandes fórmulas dos ricos é: quatro casas valem um hotel."

Mais tarde, naquele dia, ele nos levou até suas *"casas"* de verdade. Ele tinha cerca de 20.000m² de propriedades. "Um dia", disse ele, "terei meu belo hotel." Depois de um breve silêncio para reorganizar seus pensamentos, ele disse: "Há muitas fórmulas diferentes. Essa é a fórmula que seguirei para o resto da minha vida. Não tenho uma educação formal. Não fui à faculdade como vocês, garotos. Dedicarei minha vida a aprender a fazer essa fórmula funcionar para mim."

Ele manteve sua palavra. Em vez de frequentar faculdades tradicionais, o pai rico voava, regularmente, de nossa pequena cidade, Hilo, para Honolulu, a capital, em outra ilha, para participar de cursos de empreendedorismo, vendas e investimentos. Ele não queria um emprego. Seu objetivo era uma educação que o ajudasse a fazer funcionar seu plano de uma grande fortuna.

Dez anos mais tarde, quando eu tinha dezenove anos, retornei da escola que frequentava em Nova York para o feriado de Natal. Para a festa de Ano-Novo, o filho do pai rico e eu fizemos uma estrondosa festa na cobertura que o pai rico tinha em um de seus hotéis de frente para a praia de Waikiki. Após a meia-noite, depois de

Capítulo 1

terminada a festa, de pé na varanda, observando a praia à minha frente, percebi que o pai rico havia jogado *Banco Imobiliário* na vida real. Ele havia seguido seu plano. Em dez anos, testemunhei sua caminhada da pobreza para a riqueza. Ao final de sua vida, ele tinha cinco hotéis em ilhas diferentes e muitas outras propriedades, negócios e ativos.

Hoje, quando estou no Havaí, com frequência passo pelos edifícios que a família dele ainda possui e que continuam a gerar receitas, ainda que o pai rico não esteja mais entre nós. Mesmo depois de sua morte, ele continuou um homem rico.

Como alguns de vocês sabem, manter sua riqueza pode ser tão difícil quanto conquistá-la. É por isso que, antes de enriquecer, o pai rico também fez, em Honolulu, cursos sobre impostos, legitimação testamentária e proteção de ativos. Quando perguntei a razão, ele respondeu: "Não faz sentido trabalhar pesado e alguém ou o governo tirar o dinheiro de você. Se você não for esperto, o governo leva todo seu dinheiro em impostos. Seu corretor de ações não lhe devolve o dinheiro depois de uma quebra do mercado. Se você não for esperto, um acidente ou doença pode deixá-lo na miséria. Se você não for esperto, um processo jurídico pode levar quase todo o seu dinheiro duramente conquistado. Antes de ganhar dinheiro, você precisa aprender a protegê-lo."

O pai rico nunca concluiu o ensino médio. Ainda assim, nunca parou de estudar.

Depois que Kim e eu nos casamos, fazíamos cursos de empreendedorismo ou de finanças, três ou quatro vezes ao ano, enquanto construíamos nossos negócios e investimentos. A coisa boa é que podíamos aplicar imediatamente, em nossos negócios em construção, o conhecimento que adquiríamos nas aulas. Juntos, fizemos cursos de marketing, metais preciosos, mercado futuro, composição de correspondências de vendas, mercado de câmbio, financiamento alternativo, execução hipotecária e proteção de ativos.

Como o pai rico, foi assim que Kim e eu ganhamos e continuamos a aumentar nosso conhecimento financeiro. Em outras palavras, o pai rico não me ensinou qualquer assunto específico. Em vez disso, ele me ensinou como e o que aprender. Hoje, como ele, estudamos com afinco para poder jogar *Banco Imobiliário* na vida real.

O Valor da Educação Financeira

Kim e eu nos casamos em 1986. Como muitos casais recém-casados, não tínhamos muito dinheiro nem crédito. Além de nossos desafios financeiros, eu ti-

O Poder da Educação Financeira

nha uma dívida de quase US$1 milhão, dinheiro que devia a investidores devido à quebra da minha primeira empresa que produzia carteiras de náilon e velcro para surfistas.

Em 19 de outubro de 1987, o índice da Bolsa de Valores de Nova York caiu 508 pontos, uma queda de 22%.

Em 1988, George Herbert Walker Bush foi eleito presidente dos Estados Unidos. Naquele ano, o setor de poupança e empréstimo desmoronou, seguido de uma crise imobiliária. Semelhante à crise do *subprime*, a destruição se espalhou pelos Estados Unidos e pelo mundo. Milhões perderam seus empregos e suas casas, e a economia mergulhou em uma grave recessão.

Em 1989, o pessimismo se generalizou e eu disse a Kim: "Agora é hora de começar a investir."

Sendo recém-casados, profundamente endividados, sem um emprego formal e em processo de construção de um negócio, parecia impossível encontrar alguém que nos emprestasse dinheiro. Para piorar, as taxas de juros para investidores estavam muito altas. Fomos recusados muitas e muitas vezes. Os banqueiros não compreendiam por que queríamos ser investidores em um dos piores momentos econômicos da década. A maioria não gostava da explicação de que estávamos jogando *Banco Imobiliário* na vida real.

Apesar da rejeição, Kim continuou estudando, fazendo cursos, lendo livros e visitando centenas de propriedades. O objetivo dela era comprar 20 casas, sendo 2 por ano nos dez anos seguintes. A princípio, o processo foi lento, mas, assim que ela engrenou, conseguiu comprar as 20 casas em apenas 18 meses. Apesar de ter conseguido alcançar seu objetivo oito anos antes, ela não parou de investir. Ficou animada. Ela aprendia mais e mais a cada compra, especialmente com as mais difíceis. Quanto mais ela aprendia, mais percebia o quão pouco conhecia o mercado. O desejo de aprender a motivou ainda mais.

Em 1994, Kim e eu éramos financeiramente livres. Vendemos nossos negócios e reinvestimos os ganhos. Possuíamos 60 propriedades, todas nos trazendo renda mensal. Kim tinha 37 e eu, 47 anos.

Ainda não éramos ricos. Tudo que tínhamos era US$10 mil por mês de receitas e despesas de US$3 mil. Ainda que não fôssemos ricos, éramos financeiramente independentes. Podíamos ao menos dizer que tínhamos um fluxo permanente de caixa.

Capítulo 1

Teste de Resistência para o Plano de Aposentadoria

Em 1994, nos aposentamos prematuramente porque queríamos testar nosso plano de aposentadoria. Queríamos ter certeza de que ele funcionaria em qualquer situação, boa ou ruim. Se o plano falhasse, ainda éramos suficientemente jovens para corrigi-lo e reconstruir nossa base de investimentos.

Fim da Aposentadoria Antecipada

Dois anos depois, entediados e cansados da aposentadoria, Kim e eu voltamos a trabalhar e criamos nosso jogo educacional, o *CASHFLOW®*. O jogo foi concebido para funcionar como um seminário de tabuleiro para ensinar as lições financeiras do pai rico. Assim como meu pai rico, o jogo não lhe dá as respostas. Ele o desafia a pensar. O jogo muda toda vez que você joga, porque os jogadores e desafios são diferentes. Existem três versões: *CASHFLOW® 101*; a versão avançada, *CASHFLOW® 202* e *CASHFLOW® for Kids*, para crianças até doze anos.

Em 2004, o *New York Times* publicou um artigo de quase uma página sobre o jogo, dizendo que haviam clubes CASHFLOW no mundo todo, onde as pessoas ensinavam às outras aquilo que meu pai rico me ensinou. Hoje, o jogo é distribuído em 15 idiomas e é jogado no mundo inteiro através de suas versões online.

Em 1997, lancei o livro *Pai Rico, Pai Pobre*, no qual eu repeti a lição aprendida na infância: "Sua casa não é um ativo." Protestos surgiram de todas as partes, especialmente de corretores de imóveis. Em 2007, quando o mercado imobiliário quebrou nos Estados Unidos e na Europa, milhões de pessoas descobriram o valor dessa lição do meu pai rico.

Em 2000, Oprah me ligou. Apareci em seu programa e me tornei um "sucesso da noite para o dia"; isto é, em uma noite fiquei famoso, mas precisei de quarenta anos de muita luta para me tornar verdadeiramente bem-sucedido.

Depois da Oprah, ganhei muito dinheiro, mundialmente, com a venda de livros e dos jogos de tabuleiro, mas nossa fórmula permaneceu a mesma, a velha fórmula do "teste de resistência" que funcionou nos bons e nos maus momentos, quando tínhamos pouco ou muito dinheiro.

Em 2002, o livro *Profecias do Pai Rico* foi publicado. Esse livro previu que a maior crise financeira da história estava a caminho. A profecia era uma heresia porque o mundo estava vivendo uma fase de exuberância, na maior bolha da história, que aca-

O Poder da Educação Financeira

baria por — como o livro previa — destruir os planos de aposentadoria de milhões de pessoas. Hoje, a profecia é uma realidade.

O livro atraiu a atenção do mercado financeiro e eu fui seriamente criticado. Fui desacreditado na imprensa pelas revistas *Money* e *Smart Money*, pelo *Wall Street Journal*, nas rádios, na televisão e na internet. Entendo. Sou um homem de negócios. O mercado financeiro tinha de proteger sua fonte de renda.

Na introdução do livro *Profecias do Pai Rico*, declarei: "Você tem até 2010 para se preparar." Apesar do alerta, milhões de pessoas continuaram a apostar no mercado de ações e no mercado imobiliário. O livro foi, na verdade, escrito em 2001, mas minhas previsões sobre o dinheiro eram para 2010. Eu não poderia ter feito essas previsões se não tivesse investido tanto tempo em minha educação financeira.

Em 2006, no pico da expansão do mercado imobiliário americano, me ofereceram um projeto de US$260 milhões. O pacote incluía 5 campos de golfe para campeonatos e um resort de 400 quartos luxuosos em Fênix, no Arizona, onde nós vivemos. Não comprei o projeto. Quando recusei, o vendedor me disse: "Você vai se arrepender. Em dez anos, esse pacote valerá mais de US$400 milhões."

"Espero que você esteja certo, mas o projeto não faz sentido para mim." Dito isso, fechei minha pasta e deixei a sala.

Em 2006, apareci em muitos programas, incluindo um noticiário da KTLA, em Los Angeles, alertando as pessoas para o fato de que o mercado estava à beira de um colapso.

Em 2006, Donald Trump e eu publicamos *Nós Queremos que Você Fique Rico*. O livro fala da crise, então, iminente e por que a classe média seria destroçada. Começamos a escrever o livro no final de 2004. Nossa posição era de que a pobreza estava prestes a aumentar. Milhões da classe média cairiam de classe econômica. Dada a escolha entre ser pobre e rico, achamos melhor ser rico, daí o título do livro. Donald e eu queremos que você seja rico.

Como você sabe, o colapso do mercado começou em 2007.

Em 2008, fui entrevistado por Wolf Blitzer, no programa da CNN "*Larry King Live*", e previ que o Lehman Brothers afundaria.

Em 2008, o livro *O Segredo dos Ricos* foi lançado. Inicialmente, para ser baixado gratuitamente online. Fazer esse livro foi um tanto estranho porque ele foi escrito enquanto os mercados financeiros estavam entrando em colapso. O livro

Capítulo 1

é sobre o Federal Reserve Bank (o banco central americano), que não é federal, não possui reservas e não é um banco. O Fed (como é conhecido) foi fundado em 1913 e é o principal causador da crise financeira atual. *O Segredo dos Ricos* também explica por que a crise não é apenas financeira, por que não é um acidente e por que não é nova — ela vem se fermentando há muitos anos.

Em 15 de setembro de 2008, como havia previsto na CNN, o Lehman Brothers pediu recuperação judicial, a maior da história americana.

Em 2009, o mesmo resort de 400 quartos de luxo nos foi novamente oferecido. Dessa vez, Kim e eu compramos o pacote. Em vez de US$260 milhões, pagamos US$46 milhões por ele, usando o dinheiro de fundos de pensão para compra da propriedade.

O vendedor que queria os US$260 milhões estava falido. O *crash* de 2007 o fez mais pobre, mas estava nos fazendo mais ricos ainda. Como dissera em *Profecias do Pai Rico*: "Você tem até 2010 para se preparar." Kim e eu estávamos preparados quando os grandes negócios começaram a aparecer.

Em 2010, pouco mais de vinte anos depois de iniciar sua educação financeira, em 1989, Kim possuía mais de 3 mil imóveis alugados. A receita mensal dela é maior do que a de muitas pessoas em anos e anos.

Eu continuo focando principalmente em empresas, prédios comerciais, poços de petróleo e minhas minas de ouro e prata. Essas minas foram compradas em 1997 e 1999 por pouquíssimo dinheiro porque os preços da prata e do ouro estavam muito baixos. Conseguimos um preço fantástico por elas. Após o desenvolvimento das minas e da comprovação de que continham grandes reservas de ouro e prata, abri o capital da empresa na bolsa de valores de Toronto, quando os preços do ouro e da prata subiram.

Também investimos em petróleo quando os preços estavam realmente baixos. Hoje, esteja a economia boa ou ruim, as pessoas continuam usando os derivados de petróleo, assim não fomos afetados pela crise. A maioria dos apartamentos de Kim está em áreas produtoras de petróleo, como Oklahoma e Texas. Enquanto as pessoas continuam a usar o petróleo, empregos serão criados e mantidos e os apartamentos de Kim não ficarão vagos. Com o dinheiro do aluguel, Kim compra ainda mais imóveis.

Juntos, Kim e eu estamos nos saindo muito bem e enriquecendo continuamente, mesmo em uma economia ruim. Além disso, ganhamos mais e pagamos menos

O Poder da Educação Financeira

impostos, chegando até a não pagar imposto algum, legalmente. Esse é o poder da verdadeira educação financeira e a razão deste livro. Como Donald Trump e eu dissemos em nosso livro: "A classe média está desaparecendo. Dada a escolha entre ser rico e ser pobre, queremos que você seja rico." É por isso que a educação financeira é importante.

Não É Legal

Como disse no início deste livro, pensei longamente sobre se deveria compartilhar com você nosso sucesso financeiro, especialmente durante a crise. Sei que milhões de pessoas perderam seus empregos, suas casas e seus negócios. Também sei que não é educado falar sobre sucesso financeiro em qualquer outra situação.

Gabar-se nunca é legal, em especial quando se trata de dinheiro. Mesmo assim, decidi escrever sobre os investimentos reais que fazemos.

Quero que você entenda como conquistamos nossa educação financeira, como usamos essa educação e por que ela é uma vantagem arrebatadora, especialmente em uma economia em declínio. Escrevo não para me gabar. Escrevo para encorajar as pessoas a aprender, estudar, praticar e, possivelmente, ver o mundo de modo diferente. Hoje em dia, há muito dinheiro no mundo. Existem trilhões de dólares à procura de um lar, porque os governos do mundo estão imprimindo trilhões em dinheiro falso, também conhecido como moeda fiduciária. Os governos não querem que o mundo entre em crise, assim, imprimem mais dinheiro de mentira. É por isso que os preços do ouro e da prata sobem e os poupadores se tornam perdedores.

O problema é que esse dinheiro falso está nas mãos de apenas algumas pessoas. Assim, os ricos ficam mais ricos e os pobres e a classe média ficam cada vez mais pobres, a economia piora e o problema só aumenta.

Em setembro de 2010, a pobreza nos Estados Unidos aumentou para quase 15% da população. Isso significa que mais de 4 milhões de pessoas migraram da classe média para a pobreza, como Donald Trump e eu previmos em nosso livro *Nós Queremos que Você Fique Rico*. Isso é perigoso. Isso não é saudável.

Correndo o risco de soar arrogante, decidi escrever este livro sobre investimentos da vida real. Acredito que não é legal saber algo e não compartilhar. Isso seria ganância. Escrevo porque acredito que precisamos de educação financeira verdadeira para que a economia mundial possa realmente se recuperar. Em última análise, escrevo porque acredito que é melhor ensinar as pessoas a pescar do que lhes dar o peixe.

Capítulo 1

A Pobreza É Muito Ruim

Kim e eu sabemos o que é estar por baixo e sem dinheiro. Qualquer um que diga "Não estou interessado em dinheiro" é um idiota. Posso dizer por experiência: "Ser pobre é uma droga." Em 1985, Kim e eu ficamos desabrigados por um curto período, morando no porão de amigos ou em quartos de hóspedes enquanto construíamos nossa empresa. Mudamos de residência muitas vezes. Kim poderia ter me largado, mas, em vez disso, ela perseverou, testando nosso comprometimento em construir uma vida melhor juntos. Sei que ela não se casou comigo por causa do meu dinheiro, porque eu não tinha dinheiro. Depois que conseguimos ter sucesso com o processo que o pai rico me ensinou, nada mais nos deteve. Ainda que o começo tenha sido um sofrimento, os altos e baixos do processo educacional mudaram nossa vida e nos transformaram naquilo que hoje somos. Agora sabemos que o "dinheiro não nos faz ricos, o conhecimento, sim". Esse é o poder da educação financeira real e a razão de o conhecimento ser uma vantagem arrebatadora.

Por que É Arrebatadora?

Desde a quebra do mercado de ações em 1987, a economia mundial passou por dois grandes ciclos de expansão e contração. Cada um deles nos tornou ainda mais fortes financeiramente. Em 1990, a economia estava muito parecida com a de 2010. Economias ruins são épocas excelentes para se enriquecer. Em 1990, durante uma terrível recessão, Kim e eu demos início a nossa jornada da pobreza para a riqueza.

O processo não mudou. A única coisa que mudou foi o número de zeros. Kim comprou sua primeira propriedade de investimento em Portland, Oregon, por US$45 mil. Lembro, novamente, que tínhamos crédito zero e a maioria dos bancos nos recusou, pois éramos autônomos e não tínhamos um emprego estável. Para piorar, eu carregava uma dívida de quase US$1 milhão a tira colo. Adicionalmente, todo nosso dinheiro extra estava sendo direcionado para nossa empresa internacional de educação. Ensinei a Kim o que eu sabia sobre financiamentos alternativos e, magicamente, ela apareceu com US$5 mil para comprar a casa (fazendo o vendedor nos ajudar a encontrar crédito para o financiamento).

Após a aquisição da casa, ela passou a receber US$25 (após as despesas, incluindo o pagamento do financiamento imobiliário). Em 1989, ela deu início à sua jornada. Não estava rica, mas sua educação financeira havia começado. Não era mais teoria intelectual. Era vida real.

Vinte anos depois, ela e eu compramos o resort de US$46 milhões com 5 campos de golfe, mas foi Kim quem realizou a maior parte do trabalho. O processo, no-

O Poder da Educação Financeira

vamente, é o mesmo. Ela não tinha o dinheiro, mas sabia que podia consegui-lo. A única diferença é a quantidade de zeros: US$45.000 versus US$46.000.000. O que aumentou foi sua educação financeira. Sua educação financeira da vida real foi um processo de longo prazo de aulas, seminários, estudo, leitura, sucessos, fracassos, tempos bons, tempos ruins, trapaceiros, falsários, mentirosos, escroques, mentores, parceiros ruins e parceiros fantásticos. À medida que seu conhecimento aumentava, também crescia sua autoconfiança, diminuíam os riscos e aumentava o tamanho de seus investimentos. Essa é sua vantagem arrebatadora hoje e a razão para ela ser qualificada para escrever seu livro, *Mulher Rica*, a fim de encorajar outras mulheres a assumirem as rédeas de seu futuro financeiro alcançando uma educação financeira real.

Por que Não Fomos Atingidos pela Crise?

Pergunta Frequente
Milhões de investidores perderam tudo a partir de 2007. Como você ganhou e não perdeu?

Resposta Curta
A educação financeira nos deu a habilidade de não seguir o conhecimento financeiro tradicional.

Pergunta Frequente
O que você sabia que os outros não sabiam? Por que você ganhou quando a economia estava desmoronando?

Resposta Muito Curta
Continuamos jogando *Banco Imobiliário*.

Explicação
Ha três lições inestimáveis no *Banco Imobiliário*. São elas:

1. **Primeira Lição: Quatro casas, um hotel.**

   A lição é: *comece pequeno, sonhe grande*. Nós dois fazíamos cursos e realizávamos pequenos negócios nos fins de semana. Tínhamos uma regra: olhar 100 propriedades antes de comprar uma. A cada negócio que olhávamos, especialmente os ruins, ficávamos mais espertos. Como você deve saber, a maioria dos investimentos é ruim; assim, você precisa gastar algum tempo procurando por aqueles que são raras oportunidades.

Capítulo 1

Não precisa ser investimento em imóveis; pode ser no mercado de ações ou em um empreendimento. A lição é que a maioria das pessoas, especialmente os homens, mergulha de cabeça em um mercado qualquer, fazendo um enorme estardalhaço, achando que estão matando a pau. Em geral, são eles que acabam mortos.

Dê a si mesmo ao menos de cinco a dez anos de aprendizado teórico e experiência real. Se você gosta de ações, comece com ações. Se o seu interesse são os empreendimentos, comece por aí. Saiba que cometerá erros, então faça pequenos erros, aprenda e continue sonhando alto.

2. Segunda Lição: Uma casa — \$10, Duas casas — \$20, Três casas — \$30.

A lição é fluxo de caixa. Mais casas — mais fluxo de caixa. Hotel — alto fluxo de caixa.

No mundo do dinheiro e da educação financeira, *o fluxo de caixa é a expressão mais importante*. O dinheiro está sempre fluindo. Ou ele flui para fora ou para dentro. Para a maioria das pessoas, o trabalho é árduo e o dinheiro flui para fora. A verdadeira educação financeira treina você a fazer com que o fluxo lhe seja favorável.

Investidores educados financeiramente devem saber a diferença entre fluxo de caixa e ganhos de capital.

A maioria dos investidores investe por ganhos de capital. É por isso que amadores dizem coisas como:

- "O valor da minha casa subiu."
- "O preço das minhas ações subiu; por isso eu as vendi."
- "Você acha que é bom investir nos mercados emergentes?"
- "Estou investindo em ouro porque o preço está subindo."
- "Você deveria reequilibrar sua carteira de investimentos."
- "Meu patrimônio aumentou."
- "Eu invisto em carros antigos porque eles aumentam de valor."

Para simplificar, os diagramas a seguir ilustram as diferenças entre fluxo de caixa e ganhos de capital.

O Poder da Educação Financeira

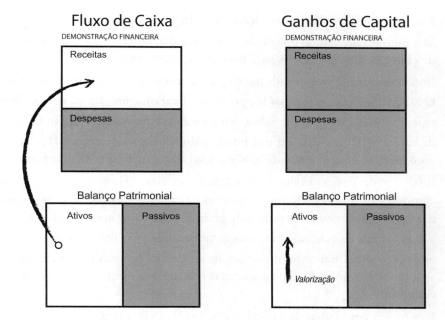

Quando Kim e eu compramos uma propriedade, investimos principalmente por fluxo de caixa, o diagrama #1. Queremos ver a demonstração financeira. Investir por fluxo de caixa, significa que queremos ver o dinheiro fluindo, seja de uma casa de aluguel de 2 quartos de US$45 mil ou um resort de luxo de 400 quartos e 5 campos de golfe de US$46 milhões. Quando a economia entrou em colapso, o dinheiro das 3 mil unidades de aluguel e das propriedades comerciais continuou fluindo.

O dinheiro continua fluindo porque nos certificamos de que há oferta sólida de empregos na área antes de comprar qualquer coisa. Lembre-se sempre de que o mercado imobiliário é tão importante quanto os empregos. Não investimos em propriedades residenciais de alto valor. Com nosso sócio, Ken McElroy, investimos principalmente em "imóveis para a classe trabalhadora" em áreas que necessitem de mão de obra sólida e estável.

É por isso que temos propriedades no Texas e em Oklahoma, porque a indústria do petróleo requer trabalhadores. Mesmo durante a crise, as pessoas precisam de um teto sobre suas cabeças e o mundo continua queimando petróleo. Também investimos nesse tipo de imóveis em cidades universitárias porque esse tipo de cidade sempre tem empregos estáveis.

Capítulo 1

No mercado imobiliário americano, os "flippers"[1] que foram esmagados. Eles estavam investindo por *ganhos de capital*, diagrama #2. Estavam contando com a bolha dos imóveis para manter os preços em ascensão.

Então, vendiam a propriedade para algum outro tolo e faziam um bom lucro. Quando a bolha estourou, os flippers é que ficaram com cara de bobos. Vou repetir a lição agora porque vale a pena: no *Banco Imobiliário*, a lição é fluxo de caixa. Seja uma casa ou um hotel, o dinheiro precisa entrar, fluir para você, porque é assim que você ganha o jogo do tabuleiro e o da vida real.

Infelizmente, devido à falta de educação financeira, estimo que 90% dos investidores amadores invistam por ganhos de capital, esperando que os preços das ações, dos imóveis, do ouro e da prata subam. Isso é aposta, mas é o que a maioria dos especialistas financeiros recomenda para você. É por isso que os planejadores financeiros dizem aos investidores: "Em média, o mercado de ações sobe 8% ao ano." Ou os corretores de imóveis dizem: "Sua casa vai se valorizar."

Eles focam em ganhos de capital, e não em fluxo de caixa. Você precisa ser muito inteligente para investir por fluxo de caixa.

Dica de Educação Financeira

A educação financeira requer que uma pessoa compreenda a definição de expressões como *fluxo de caixa* e *ganhos de capital*.

Em *Pai Rico, Pai Pobre*, escrevi sobre ativos e passivos. Em poucas palavras, ativos colocam dinheiro em seu bolso, enquanto passivos tiram. Para a maioria das pessoas, mesmo que suas casas não possuam dívidas, o dinheiro sai do bolso na forma de impostos, manutenção e seguro. O mesmo é verdade com carros e qualquer coisa que sugue dinheiro do seu bolso.

Ao contrário, a maioria das propriedades que Kim e eu compramos produz renda após o pagamento de todas as despesas e dívidas. Saber a diferença entre fluxo de caixa e ganhos de capital nos deu uma vantagem arrebatadora. A razão para olharmos tantas propriedades é que encontrar aquelas que produzem fluxo

---

[1] A expressão é utilizada no mercado financeiro para designar uma pessoa que compra e vende ações rapidamente com o objetivo de lucro. No mercado imobiliário, passou a designar aquele que compra um imóvel, faz alguns melhoramentos simples na propriedade, como pintura, por exemplo, e vende rapidamente a um preço maior. Essa fórmula foi muito utilizada por pessoas comuns durante a bolha imobiliária americana a que o autor se refere. Uma entrada e saída rápida do mercado, lembrando o movimento do famoso golfinho Flipper na água. (N. E.)

de caixa pode ser desafiador. A boa notícia é que encontrar uma propriedade que produza renda é mais fácil em uma crise, porque os preços estão bem menores.

As pessoas que mais perderam dinheiro durante a crise foram aquelas que investiram em passivos, esperando por ganhos de capital. Quando o mercado desmoronou, o dinheiro fluiu em direção oposta a esperada.

Os investidores medianos investem por ganhos de capital. Esse tipo de investidor não é um investidor de fato. São negociadores que compram com a intenção de vender por um preço maior (ou menor, no caso de venda a descoberto, por exemplo). Os verdadeiros investidores investem por ambos, fluxo de caixa e ganhos de capital. Eles também buscam por redução de impostos e usam DOP (dinheiro de outras pessoas) sempre que possível. Saber como fazer isso é uma vantagem arrebatadora.

A seguir, um diagrama que mostra as diferenças entre passivos e ativos.

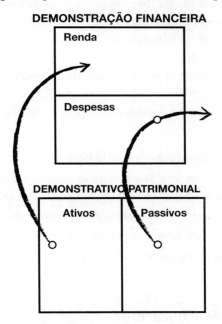

O fluxo de caixa não é um objetivo apenas no mercado imobiliário. Quando invisto em petróleo, busco fluxo de caixa. Não me importa se o preço do petróleo sobe ou desce, desde que o dinheiro continue fluindo para mim.

Muitas pessoas investem em ações buscando o pagamento de dividendos, que é outro nome para fluxo de caixa. Os investidores em renda fixa investem por ju-

Capítulo 1

ros — fluxo de caixa. Eu recebo direitos autorais pelos livros que escrevo — fluxo de caixa. Palavras diferentes — dividendos, juros, direitos autorais —, mas todas têm o mesmo significado.

Infelizmente, após a última crise, os dividendos das empresas e os juros caíram muito. Isso afetou muitos aposentados que contavam com esse fluxo de caixa.

Quando criança, aprendi uma lição preciosa jogando *Banco Imobiliário*: a lição do fluxo de caixa.

Dê uma olhada no diagrama da página anterior novamente. Cada uma das casas deve colocar dinheiro em meu bolso, ou seja, fluxo de caixa. Nunca esqueci a lição e por isso nem Kim nem eu perdemos dinheiro nas crises financeiras de 1987 ou de 2007.

Repetindo: a razão pela qual tantos milhões de pessoas perderam trilhões é porque investiram por ganhos de capital, Quadro #2. Uma pessoa que investe por ganhos de capital está apostando, sempre preocupada com o sobe e desce do mercado. É por isso que tantos investidores acreditam que investir é arriscado. Qualquer coisa representa risco quando você não tem controle sobre ela.

Na escola dominical, me ensinaram: "Meu povo foi destruído por falta de conhecimento" (Oseias 4:6).

Hoje, milhões de pessoas estão padecendo financeiramente devido à falta de educação financeira. Milhões não teriam perdido dinheiro se soubessem a diferença entre fluxo de caixa e ganho de capitais, uma lição preciosa do *Banco Imobiliário*.

3. Terceira Lição: Mande-me seu dinheiro

O *Banco Imobiliário* me ensinou a fazer as pessoas me mandarem o dinheiro delas. Quando você olha a carta de propriedade com uma casa e o aluguel dessa casa é $10, a pessoa que parar naquele ponto do tabuleiro precisa dar $10 para o jogador dono daquela propriedade. Aprender como fazer as pessoas lhe mandarem dinheiro, por mais cruel que possa parecer, é educação financeira verdadeira.

Dica de Educação Financeira

A educação financeira nas escolas ensina as crianças a mandarem dinheiro para o governo, bancos de varejo e de investimentos. A verdadeira educação financeira ensina como fazer para que as pessoas enviem dinheiro para você.

O Poder da Educação Financeira

Quando uma criança se torna adulta, sua demonstração financeira é assim:

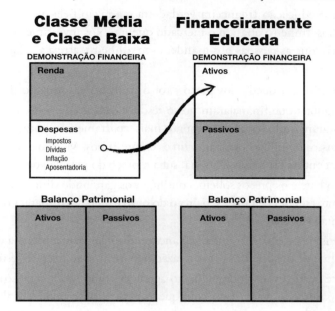

Sem educação financeira, as pessoas, descuidadamente, mandam seu dinheiro para o governo via impostos; para os bancos, via dívidas dos financiamentos de suas casas, carros, cartão de crédito e empréstimos estudantis; para as empresas de petróleo, energia elétrica e produtores de alimentos, por meio da inflação. E aquelas que possuem uma conta de previdência privada enviam dinheiro para os bancos. É por isso que os ricos ficam cada vez mais ricos, os pobres permanecem pobres e a classe média trabalha ainda mais.

Dica de Educação Financeira

Há dois lados da mesma moeda. Com o *Banco Imobiliário*, aprendi a ficar do lado recebedor, o outro lado da moeda. A maioria das pessoas está do lado da moeda que envia dinheiro para outras pessoas, e todos os meses entregam seu dinheiro para aqueles que possuem educação financeira. Se você quiser estar do lado recebedor da moeda, sua educação financeira é essencial.

Aos nove anos, entendi a importância de uma casa produzindo $10 de renda, um fluxo de caixa positivo. Entendi que os ricos fazem as pessoas mandarem o dinheiro delas para eles. Sabendo disso, quis melhorar minha educação

Capítulo 1

financeira. O *Banco Imobiliário* me ensinou a ser a pessoa que recebe dinheiro. Isso é educação financeira verdadeira e a razão pela qual Kim e eu não perdemos dinheiro quando o mercado quebra. Nós investimos em coisas que requerem que as pessoas nos mandem seu dinheiro, esteja a economia boa ou ruim.

Após a crise e a queda dos preços, foi o dinheiro emprestado dos planos de aposentadoria que financiaram nosso resort e campos de golfe. Os bancos nos emprestaram milhões para comprar mais apartamentos porque sabiam que eram nossos inquilinos que pagavam os empréstimos. Mesmo durante a crise, as pessoas continuam a usar gasolina, suba o preço do petróleo ou não. Quando a inflação bate e os preços sobem, continuamos ganhando dinheiro. E quando o Fed emite trilhões de dólares, o preço do ouro e da prata dispara, nós ganhamos ainda mais dinheiro.

Sei que isso pode parecer cruel, ganancioso e vulgar para a maioria das pessoas, especialmente os socialistas, mas a razão que me impele a ser um estudante permanente de finanças é porque quero aprender como fazer as pessoas me mandarem o dinheiro delas. Fazer com que as pessoas me mandem dinheiro é mais inteligente do que ser treinado como os cães de Pavlov a mandar mais do meu dinheiro duramente ganho para os ricos e para o governo.

Ainda que possa soar vulgar aprender a fazer as pessoas nos mandarem dinheiro, a verdade é que a maioria trabalha apenas porque seus empregadores lhes pagam. Até as pessoas pobres e os aposentados precisam esperar que o governo lhes mande dinheiro. Em outras palavras, o mundo funciona apenas porque as pessoas mandam dinheiro umas para as outras. Isso é chamado de fluxo de caixa. A questão mais importante é se você quer aprender a ter mais e mais dinheiro fluindo para você e cada vez menos saindo do seu bolso. Se quer, isso requer educação financeira.

Kim é uma mestra em fluxo de caixa. Ela também se desafia a ir além do que lhe é confortável e tem a disciplina de atingir os objetivos que estabelece, tanto para si quanto para o casal.

Comentários da Kim

Fiquei chocada quando percebi que a vida toda me ensinaram e me programaram para focar do lado errado quando se tratava de dinheiro.

Provavelmente como aconteceu com a maioria das pessoas, sempre me aconselharam a conseguir um bom emprego, subir na carreira organizacional e conseguir aumentos salariais. Quando eu trabalhava por um salário, era encorajada a trabalhar horas extras ou conseguir aumentos salariais para ganhar mais dinheiro. Esse foco foi martelado em minha cabeça desde o meu primeiro emprego.

Meu modelo mental mudou quando percebi que, para me tornar financeiramente livre e independente, eu precisava focar na aquisição de ativos, e não em renda. Por quê? Porque focar em renda significa que tenho de continuar a trabalhar mais e mais para fazer mais e mais dinheiro e, talvez, um dia, eu teria dinheiro suficiente para não precisar trabalhar mais. Mudar meu foco para a aquisição de ativos tira a minha atenção de trabalhar para sempre por dinheiro e coloca-o para trabalhar para sempre para mim. Isso faz toda a diferença.

A cada ano, Robert e eu nos sentamos para estabelecer nossos objetivos. Temos nossos objetivos de negócios, de saúde, de lazer e de ativos. Queremos ter certeza de que, a cada ano, adicionaremos mais ativos à nossa coluna de ativos. Os ativos podem ser negócios, imóveis, ativos de papel ou commodities.

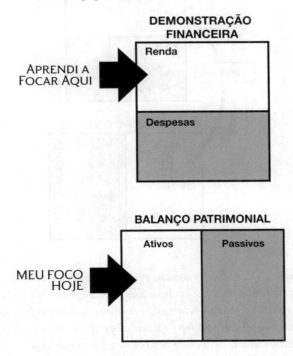

Comecei a investir em 1989. Com medo e insegura sobre o que estava fazendo, procurei uma propriedade perto de onde morávamos e, finalmente, encontrei uma graciosa casa de dois quartos e um banheiro que prometia ser interessante para locação. Um pouco nervosa, fiz uma oferta e, com algumas negociações, ela foi aceita. Então, fiquei

Capítulo 1

ainda mais temerosa. Estava mais focada naquilo que poderia perder, ao invés do que poderia obter. Fiquei procurando todas as desculpas possíveis para não comprar a casa. De alguma forma, consegui aquietar meu medo por tempo suficiente para seguir em frente e comprar, respirando fundo o tempo inteiro.

Quando tudo ficou acertado, passei a ter minha primeira unidade de aluguel e um inquilino. E quando coletei o aluguel e paguei as despesas e o empréstimo imobiliário, fiquei com um fluxo de caixa positivo de US$25 dólares por mês!

Em 1989, após comprar minha pequena, mas charmosa, casa de aluguel, minha coluna de ativos passou a ser assim:

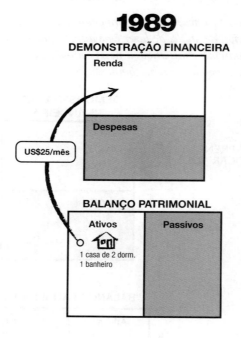

Naquele mesmo ano, estabelecemos nosso primeiro objetivo de ativo: adquirir 20 unidades de aluguel em dez anos, ou 2 por ano. Esse foi nosso primeiro e menor objetivo no caminho para realizar o objetivo principal, que era nos tornarmos financeiramente livres. O poder de estabelecer um objetivo é que ele é específico e nós estávamos absolutamente certos do que queríamos. Estabelecer um objetivo nos coloca na direção da conquista. A realidade é que, quando começamos a perseguir esse objetivo, meu conhecimento sobre investimentos no mercado imobiliário aumentou significativamente, porque eu amei o mercado e estava muito animada com tudo aquilo. E ainda mais animada com o fluxo de caixa que aquelas propriedades nos dariam. O fato é que, em vez de dez anos, alcançamos nosso objetivo de ter 20, na verdade, 21 propriedades em 18 meses!

Então, nossa coluna de ativos passou a ser assim:

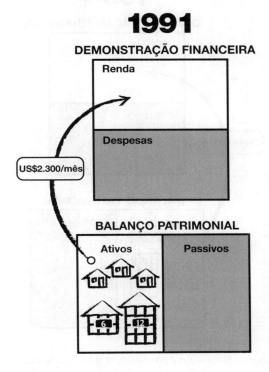

Ter alcançado aquele objetivo nos aproximou muito do nosso objetivo principal de nos tornar financeiramente livres ao termos um fluxo de caixa de nossos ativos muito maior do que nossas despesas correntes. Este era, então, nosso próximo objetivo para ativos: ter mais fluxo de caixa vindo de nossos ativos do que o que sai com nossas despesas correntes. Foram necessários três anos mais para alcançar esse objetivo.

A seguir uma ideia de como ficou nossa coluna de ativos em 1994:

Capítulo 1

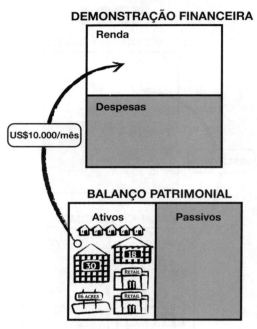

Liberdade financeira para mim e para Robert não significava acumular milhões de dólares em economias com as quais viver. Era apenas ter fluxo de caixa entrando todos os meses advindos de nossos investimentos, trabalhássemos ou não. Nosso fluxo, em 1994, era de US$10 mil por mês. Isso não era uma super-renda, mas nossas despesas, na época, eram de US$3 mil mensais. Portanto, naquele momento, éramos livres. Nosso fluxo de caixa proveniente de nossos ativos mais do que pagava pelas nossas despesas. Foi naquele momento que nos demos ao luxo de nos perguntar: "O que realmente queremos fazer com nossa vida?" Ser capaz de se fazer essa pergunta, mais do que ter dinheiro, é a verdadeira liberdade.

Como casal, qual é nossa vantagem arrebatadora? Primeiro, estabelecemos nossos objetivos financeiros juntos. Segundo, estudamos e aprendemos juntos para conseguir atingir esses objetivos que traçamos. Vamos a seminários, lemos livros, nos encontramos com especialistas verdadeiros e trabalhamos com coaches; assim, podemos conseguir o que queremos na vida.

O primeiro presente que recebi de Robert, quando estávamos no início do nosso namoro, não foi uma bela joia, nem meu perfume favorito. Não! Meu primeiro presente foi um seminário de contabilidade! Creio que ele queria ter certeza de que eu saberia

O Poder da Educação Financeira

distinguir meus ativos dos meus passivos. Quando deixei a faculdade, jurei que nunca mais colocaria meus pés em uma sala de aula de novo. Não queria mais saber de escola. Mas o que descobri quando fiz esse curso de contabilidade, no qual jogamos certo jogo por dois dias, foi que eu adorava aprender! Não suportava o que e como as coisas eram ensinadas no sistema de ensino tradicional. Então, esse presente foi muito mais do que um curso de contabilidade. Renovou minha paixão pelo aprendizado.

Há muita informação, sobre qualquer assunto, no mundo, especialmente sobre dinheiro; assim, estamos constantemente em busca das informações mais relevantes que podemos encontrar. A cada seminário ao qual comparecemos, sei que vou colher pelo menos alguma nova ideia que possa aplicar. Trabalhamos com coaches, seja para exercícios físicos, negócios ou investimentos, porque muitas vezes precisamos daquele puxão de orelha para nos manter em movimento.

Isso é o que considero nossa vantagem arrebatadora. E é algo que qualquer um pode fazer. Não é nenhum tratado científico. Não exige grande habilidade. Devo acrescentar que esse é um dos segredos para manter nosso relacionamento renovado e divertido. E, como casal, nos permite ter aquilo que realmente queremos na vida.

Dessa forma, a cada ano, por volta do Ano-Novo, Robert e eu estabelecemos, juntamente com outros objetivos importantes, nossos objetivos financeiros. O propósito é continuar a adicionar ativos àquela importante coluna de nossas demonstrações financeiras.

Hoje, nossa coluna de ativos contém todas as quatro classes principais: negócios, imóveis, ativos de papel e commodities. Nós criamos muitos negócios que geram fluxo de caixa. Nossos investimentos no mercado imobiliário vão de apartamentos, casas e imóveis comerciais até resorts e clubes de golfe. Temos alguns ativos de papel em nossa coluna de ativos e as commodities ocupam um bom espaço na forma de ouro, prata e petróleo. Quando um planejador financeiro recomenda a você que diversifique, normalmente está recomendando que o faça dentro da classe de ativos: ativos de papel. Robert e eu diversificamos, mas não dentro de apenas uma classe de ativos. Espalhamos nossos investimentos por todas as quatro classes principais de ativos.

Minha experiência diz que as coisas em que focamos são as que se expandem. Estabelecer um objetivo todos os anos e focar em sua conquista são atitudes que têm, definitivamente, expandido nossa coluna de ativos e, sim, isso nos trouxe fluxo de caixa. E mais importante: independência financeira.

Resumindo

Como explicou Kim, o verdadeiro propósito da educação é dar à pessoa o poder de receber a informação e transformá-la em conhecimento.

Se as pessoas não tiverem educação financeira, não conseguem processar informação. Elas não sabem a diferença entre ativos e passivos, ganhos de capital e fluxo de caixa, análise técnica ou fundamentalista, por que os ricos pagam menos impostos ou por que as dívidas enriquecem algumas pessoas e empobrecem a maioria. Elas não conseguem distinguir entre um bom e um mau investimento, ou um aconselhamento bom ou ruim. Tudo que elas sabem é ir para a escola, trabalhar arduamente, pagar impostos, viver aquém de suas possibilidades, comprar uma casa, sair do endividamento e morrer pobre.

Como diz a Bíblia: "Meu povo está destruído por falta conhecimento." Hoje, milhões estão padecendo porque foram treinados a entregar seu dinheiro para os ricos e para o governo. Isso não é educação.

Pergunta Final

Pergunta Frequente

Então, o que devo fazer com meu dinheiro?

Resposta

Todos nós temos três opções:

1. Nada fazer e torcer para que as coisas deem certo. Mas, como disse meu pai rico, "a esperança é para os desesperançados".
2. Entregar seu dinheiro para um especialista investir em longo prazo e "comprar, manter e rezar".
3. Investir em sua educação financeira. Invista seu tempo antes de investir seu dinheiro. Isso é algo que você já vem fazendo ao ler até aqui. Para mim, essa é a coisa mais inteligente a ser feita.

Capítulo 2

VANTAGEM ARREBATADORA #2
IMPOSTOS

Os impostos não são justos. Aqueles com educação financeira podem ganhar mais e pagar menos, até zero de impostos. Conhecimento financeiro sobre impostos é uma vantagem arrebatadora.

Pergunta Frequente
O que tenho de fazer para ganhar mais dinheiro e pagar menos impostos?

Resposta Curta
1. Quanto mais você *trabalha por dinheiro*, mais paga em impostos.
2. Quanto mais *o dinheiro trabalha para você*, menos você paga em impostos.
3. Quanto mais o *dinheiro de outras pessoas trabalha para você*, menos impostos ainda você paga.

Você pode até não pagar nada, nadinha, zero de impostos. Obviamente, isso exige os níveis mais altos de educação financeira. Esse é o nível de educação que meu pai rico me inspirou a atingir.

Explicação
Muitas pessoas pensam que os impostos são punitivos — e são, para a maioria delas, porque a maioria trabalha por dinheiro.

Os impostos são também incentivos, programas estimulados pelo governo, para estimularem as pessoas a fazer o que o governo quer que seja feito. Se você faz o que o governo quer, pode ganhar muito dinheiro e pagar menos ou até zero de impostos.

O problema é que a maioria das pessoas é treinada, assim como Pavlov treinou seus cães, para fazer o que lhe mandam sem pensar, ou seja, *vá para a escola e consiga um bom emprego*. Assim, a maioria das pessoas passa a vida trabalhando por dinheiro e pagando mais e mais impostos.

Capítulo 2

Simplificando: os impostos não são justos. Para aqueles com um nível maior de educação financeira, quanto mais dinheiro ganham, menos impostos pagam, legalmente, mas somente se fizerem o que o governo quer que façam.

Para a maior parte das pessoas, os impostos as deixa mais pobres. Novamente, elas são treinadas para *mandar seu dinheiro para o governo*. Para alguns poucos, os impostos os fazem ricos, alguns muito ricos. Eles sabem como fazer com que *o governo mande dinheiro para elas*.

Novamente, é tudo uma questão de *fluxo de caixa*, a expressão mais importante no mundo do dinheiro.

As Regras São Iguais?

Pergunta Frequente

Isso é verdade apenas para os Estados Unidos? Ou os impostos são iguais em todo o mundo?

Resposta Curta

Cada país tem suas próprias leis tributárias. Eu não sou um especialista em impostos, por isso sempre recomendo que as pessoas busquem orientação profissional antes de tomar decisões sobre os impostos. Para explicar melhor os impostos, nacional e internacionalmente, convido o especialista tributário, Tom Wheelwright, para esclarecer este assunto, muitas vezes confuso.

Resposta Profissional de Tom Wheelwright

Em meus estudos sobre leis fiscais do mundo todo, descobri que a maioria dos países segue os mesmos princípios básicos. A legislação tributária certamente existe para aumentar a receita do governo. No entanto, também é usada extensivamente para fornecer pacotes de estímulo a certas áreas que o governo quer incentivar. Os governos de todo o mundo usam, de maneira similar, as leis tributárias para incentivar as pessoas a seguirem as políticas públicas de interesse.

Pergunta Frequente

Qual é o pior conselho fiscal?

Resposta Curta

Vá para a escola, consiga um emprego, trabalhe arduamente, economize dinheiro, compre uma casa, porque sua casa é um ativo, saia das dívidas e invista em longo prazo em uma carteira bem diversificada de ações, títulos e fundos mútuos.

Explicação
O segundo livro da série *Pai Rico* é *Independência Financeira*, que define os diferentes tipos de jogadores no mundo do dinheiro. Observe, a seguir, o quadrante CASHFLOW:

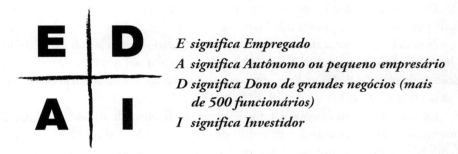

E significa Empregado
A significa Autônomo ou pequeno empresário
D significa Dono de grandes negócios (mais de 500 funcionários)
I significa Investidor

Todos os quatro quadrantes são necessários para que o mundo do dinheiro gire.

Os quadrantes não são profissões. Um médico, por exemplo, pode ser um E, se trabalhar para um D (uma grande empresa, como um hospital ou um laboratório farmacêutico). Um médico também pode ser um A, trabalhando como autônomo ou proprietário de uma pequena clínica privada. Um médico também pode ser um D, ser ele mesmo o proprietário de um hospital ou de uma indústria farmacêutica. Como também pode ser um I, um investidor.

São frequentes as confusões sobre o quadrante I. Muitas pessoas investem seu próprio dinheiro em planos para aposentadoria comprando e vendendo ações e/ou investindo em fundos mútuos. Esse não é o mesmo tipo de investidor a que me refiro no quadrante I. Os verdadeiros investidores fazem *as pessoas lhe mandarem dinheiro*. A maioria dos pequenos investidores *envia o dinheiro deles* para os verdadeiros Is. Mais uma vez, o quadrante I é definido pela direção em que o dinheiro está fluindo, e isso faz diferença em relação a quem vai pagar mais impostos. Se você enviar seu dinheiro a outros para investir por você, paga mais impostos do que a pessoa a quem você enviou seu dinheiro.

Meu pai pobre enviava seu dinheiro para que pessoas em quem ele confiava investissem por ele.

Meu pai rico tinha pessoas como meu pai pobre que enviavam dinheiro para ele.

A diferença, do ponto de vista fiscal, é como a da noite para o dia.

Pergunta Frequente
Quais quadrantes pagam mais impostos?
Resposta Curta
As pessoas nos quadrantes E e A.

Capítulo 2

Os Impostos São por Quadrantes, Não por Profissão

É importante notar que os impostos são definidos por quadrante, e não por profissão. Repetindo: um médico pode atuar em todos os quatro quadrantes. *Quadrantes diferentes seguem regras fiscais diferentes.*

Quando eu estava na escola, perguntei a um colega de classe o que seu pai fazia para viver. Sua resposta foi: "Meu pai é lixeiro."

Não dei muita atenção a isso até que fui convidado para o jantar de Ação de Graças em sua casa. Em vez de nos buscar de carro, seu pai nos levou para a casa deles, a duas horas de Nova York, em seu jato particular. Desnecessário dizer que a casa era uma mansão.

Quando questionei sobre o fato de o pai ser lixeiro, ele disse: "Meu pai é proprietário da maior empresa de coleta de lixo do estado. Ele tem mais de 200 caminhões e mais de mil funcionários. Ele também é dono do aterro sanitário. Seu maior cliente é o governo do estado e a prefeitura."

Seu pai era um lixeiro nos quadrantes D e I. Ele contratava lixeiros no quadrante E enquanto usava contadores e advogados no quadrante A para aconselhamento especializado. Com bom aconselhamento fiscal, ele devia pagar um percentual muito menor de impostos do que seus empregados.

Pergunta Frequente

Uma pessoa pode estar em mais de um quadrante?

Resposta Curta

Sim, claro. Tecnicamente, eu estou em todos os quatro quadrantes. Sou um E, um empregado na minha própria empresa. Sou um A que escreve livros e desenvolve jogos por conta própria. Sou um D com escritórios licenciados em todo o mundo e com mais de 500 pessoas trabalhando. E sou um I, levantando capital para minhas empresas e negócios.

Pergunta Frequente

Como é que uma pessoa muda de quadrante?

Resposta Curta

O primeiro passo é a decisão de mudar seus valores essenciais.

Explicação

Eu disse que um médico pode estar em qualquer ou em todos os quatro quadrantes. Você também pode.

O Poder da Educação Financeira

Pessoas diferentes buscam quadrantes diferentes conforme seus valores essenciais. Posso, muitas vezes, distinguir os valores e crenças de uma pessoa pelas palavras que ela usa. As seções a seguir ilustram o que quero dizer.

O Quadrante E

"Quero um emprego seguro com benefícios."

Estas são as palavras de pessoas que estão no quadrante E. Independentemente de saber se essa pessoa é um zelador ou o presidente da empresa, elas dizem as mesmas palavras. Essas palavras refletem o valor essencial de *segurança*. O receio de falhar, a necessidade de um salário fixo e o medo da mudança influenciam seus valores essenciais. Essas pessoas tendem a buscar carreiras de longo prazo no setor público, nas Forças Armadas, na força policial ou em uma grande empresa. Se forem ambiciosas, podem mudar de emprego se uma oportunidade melhor de subir a escada corporativa aparecer, mas, antes de dar esse salto, certificam-se de que os contracheques futuros estejam garantidos.

A maioria dos estudantes de programas de MBA (mestrado em Administração de Empresas) sonha subir a escada corporativa no quadrante E, começando bem perto do topo. Seus cursos de MBA lhes dão uma vantagem sobre aqueles que não os têm. Alguns chegarão ao topo, tornando-se presidentes ou CEOs, e ganharão muito dinheiro, mas o problema é que uma grande porcentagem de seus salários será engolida pelos impostos.

Nos Estados Unidos, as grandes estrelas do quadrante E são Jack Welch, da General Electric, e Meg Whitman, do eBay.

Pergunta Frequente

Estou no quadrante E. O que posso fazer para ganhar mais e pagar menos impostos, legalmente?

Resposta Profissional de Tom Wheelwright

Não há muito a ser feito se você permanecer no quadrante E. Boa parte da legislação tributária é escrita como um código para reduzir os impostos para aqueles que estão nos quadrantes D e I. Como um E, o melhor que você pode fazer é adiar os impostos, através de um plano de previdência, por exemplo. Mas a verdadeira chave para a redução de impostos é passar a pertencer aos quadrantes D e I.

Capítulo 2

O Quadrante A

"Se você quer benfeito, faça você mesmo."

Estas são as palavras das pessoas no quadrante A, independentemente de a pessoa ser um médico, um advogado ou um jardineiro. Elas dizem as mesmas palavras. Essas palavras refletem os valores fundamentais de independência e de falta de confiança de que alguém possa fazer melhor. As pessoas que estão no quadrante A geralmente têm pontos de vista rígidos sobre como fazer algo. O problema com o quadrante A é que, se a pessoa parar de trabalhar, sua renda também para. Pessoas no quadrante A não possuem um negócio; elas têm um emprego.

Muitos profissionais se enquadram no quadrante A. São contadores, contabilistas, *webmasters*, consultores e outros. São especializados e inteligentes. Eles valorizam sua independência e a habilidade especializada. A maioria não cresce porque se concentra em tornar-se mais especializado, e não maior.

Estrelas que brilham no quadrante A muitas vezes são estrelas na vida real. Por exemplo, estrelas de cinema, astros do rock e atletas profissionais estão no quadrante A. Em todos os lugares, há estrelas no quadrante A. Por exemplo, cada cidade tem seu famoso médico, agente imobiliário ou dono de restaurante.

Tenho um amigo que possui cinco restaurantes em uma cidade pequena. Ele é famoso pela excelente comida italiana que oferece. E ganha muito dinheiro. Seus filhos trabalham na empresa e cinco restaurantes é o máximo que ele quer ter.

Outro amigo é um famoso cirurgião oncológico. Pessoas fazem fila para se consultar com ele. Como só pode ver alguns pacientes, ele simplesmente aumenta seus preços. Quando o perguntam se ele pretende aumentar seu consultório, ele responde: "Já ganho muito dinheiro e estou suficientemente ocupado."

Pergunta Frequente

Estou no quadrante A. O que posso fazer para ganhar mais e pagar menos impostos, legalmente?

Resposta Profissional de Tom Wheelwright

A coisa mais importante a fazer em um negócio do quadrante A é começar a pensar e agir como um negócio do quadrante D. Isso inclui a contratação de funcionários, aumento dos investimentos em equipamentos e imóveis e a criação de sua empresa como uma entidade do quadrante D (verificando as formas jurídicas mais convenientes para se pagar a menor alíquota de impostos).

O Poder da Educação Financeira

O Quadrante D

"Estou à procura das melhores pessoas."

Estas são as palavras de uma pessoa do quadrante D. Esse tipo de pessoa assume tarefas maiores do que pode fazer sozinha. Isso significa que o sucesso no quadrante D requer habilidades de liderança e pessoais, e não apenas habilidades técnicas. É por isso que tantos empresários, como Bill Gates, fundador da Microsoft; Walt Disney, fundador da Disney, e Thomas Edison, fundador da General Electric, não têm diploma universitário. Empresários têm o poder e a capacidade de liderança necessários para ter uma ideia e transformá-la em um grande empreendimento — um negócio que gera empregos e riqueza. O Vale do Silício na Califórnia, por exemplo, é rico porque é um celeiro de empresários de alta tecnologia.

O sucesso no quadrante D exige esforço de equipe, e pouquíssimas pessoas podem gerenciar mais de 500 pessoas sozinhas.

Estrelas brilhantes do quadrante D são Steve Jobs, da Apple, Richard Branson, da Virgin, e Sergey Brin, da Google.

Pergunta Frequente

Estou no quadrante D. O que posso fazer para ganhar mais e pagar menos impostos, legalmente?

Resposta Profissional de Tom Wheelwright

As oportunidades para reduzir os impostos no quadrante D são praticamente ilimitadas. Quase todas as despesas em um negócio do quadrante D são dedutíveis. As empresas desse quadrante podem obter créditos fiscais variados, por exemplo, para a contratação de funcionários, para aumentar a pesquisa e o desenvolvimento e para investir em tecnologia verde.

O Quadrante I

Como faço para levantar dinheiro para investir em meu projeto? Como faço para ganhar mais com o dinheiro dos outros e pagar menos impostos?

No início, eu disse que uma distinção-chave de um I é que eles usam DOP (dinheiro de outras pessoas) sempre que possível.

Estrelas brilhantes neste quadrante são John Bogle, fundador da *Vanguard Funds*, e George Soros, da *Quantum Funds*.

Pergunta Frequente

Estou no quadrante I. O que posso fazer para ganhar mais e pagar menos impostos, legalmente?

Capítulo 2

Resposta Profissional de Tom Wheelwright
Usar o dinheiro dos outros é, literalmente, a melhor maneira de reduzir seus impostos no quadrante I. Isso porque há deduções para as compras que você faz com o dinheiro dos outros. A depreciação de imóveis é uma forma particularmente interessante de se obter benefícios fiscais com o dinheiro de outras pessoas.

O Quadrante Simplificado
Es trabalham para outras pessoas.
As trabalham para si mesmos.
Ds têm outras pessoas trabalhando para eles.
Is têm seu dinheiro ou DOP (dinheiro de outras pessoas) trabalhando para eles.

A Maior Diferença
Es e As trabalham por dinheiro, é por isso que pagam mais em impostos. Es e As focam aqui:

Ds e Is trabalham para criar ou adquirir bens, razão pela qual pagam menos impostos. D e I se concentram aqui:

O Poder da Educação Financeira

O Verdadeiro Capitalista

Todas as estrelas que brilham nos quadrantes D e I são capitalistas, indivíduos que, com suas ideias, criaram um negócio e usaram DOP para fazer sua empresa crescer. Eles pensaram grande, focando na criação de ativos, o que atrai capital mais facilmente.

A parte mais difícil de estar no quadrante A é que há pouquíssimo DOP para capital de crescimento porque o empresário A pensa pequeno, há pouco potencial de crescimento e demasiado risco para os investidores. Os capitalistas de verdade investem em ativos, não em pessoas.

A maioria das instituições de ensino faz um bom trabalho de treinamento dos alunos para os quadrantes E e A. Por exemplo, a maioria das universidades tem programas de MBA para os estudantes que aspiram ser presidente ou CEO de uma grande corporação, um negócio já construído. Muitos estudantes de MBA se tornam empregados em vez de empreendedores porque não entendem o quadrante D. Boa parte de quem se graduou recentemente nesse tipo de programa não sabe como levantar capital ou como construir ativos. A capacidade de levantar capital é a habilidade mais importante de um empresário. É a incapacidade de levantar capital que impede o crescimento da maioria das empresas de pequeno porte.

Mudando de Quadrantes

Antes de mudar de quadrante, uma pessoa precisa estar intimamente em contato com seus valores essenciais, pois eles definem a pessoa em cada um dos quadrantes. Em outras palavras, você não muda de quadrante apenas por questões fiscais.

Se você quiser mudar de quadrante, dispense algum tempo para definir seus valores essenciais antes de mudar. Por exemplo:
- Qual a importância de um salário fixo para você?
- Você é um bom líder?
- Como lida com o estresse?
- Você tem as habilidades necessárias para os quadrantes D e I?
- Em que quadrantes você tem maiores chances de sucesso?
- Qual a importância de sua aposentadoria?
- Como você lida com o fracasso?
- Você trabalha bem em equipe?
- Você gosta do seu trabalho?
- Seu trabalho está lhe levando para onde você quer ir na vida?

Capítulo 2

Estas são questões importantes às quais só você pode responder. Essas perguntas são muito mais importantes do que impostos.

Simplificando os valores essenciais:

Es e As buscam segurança.

Ds e Is buscam liberdade.

O que Devo Mudar?

Pergunta Frequente

Qual é a maneira mais fácil para mudar de quadrantes?

Resposta Curta

Mude de amigos.

Explicação

Há muita verdade no velho ditado: "Diga-me com quem andas e te direi quem és." Empregados tendem a sair com empregados. Os médicos tendem a sair com médicos. O mesmo é verdadeiro com empresários e investidores. Na minha experiência, pessoas em diferentes quadrantes não gostam de pessoas em outros quadrantes. É por isso que os sindicatos tendem a vilipendiar os quadrantes D e I, e vice-versa. Os socialistas também tendem a desconfiar das pessoas que estão nos quadrantes D e I, e vice-versa. Eu sei que muitas pessoas ao lerem esse capítulo sobre impostos me difamam, porque tenho funcionários e uso as leis de impostos para enriquecer. Eu sei que isso é verdade, porque meu pai pobre realmente achava que meu pai rico era um vigarista que explorava seus empregados e sonegava seus impostos. Meu pai rico achava que meu pai pobre era comunista, porque ele pertencia ao sindicato dos professores. Meu pai pobre se tornou o líder do sindicato dos professores do estado do Havaí, uma promoção que perturbou meu pai rico profundamente.

Como você sabe, existem vigaristas e sonegadores em todos os quadrantes. Não seja um deles. É muito fácil contratar grandes conselheiros e jogar pelas regras — as regras dos ricos nos quadrantes D e I.

Quadrantes diferentes atraem pessoas diferentes, geralmente pessoas com os mesmos valores e atitudes. Pessoas em quadrantes diferentes também falam um dialeto diferente, mesmo que seja o mesmo idioma. Por exemplo, os funcionários costumam dizer: "Mereço um aumento" ou "Quero horários mais flexíveis". Um trabalhador autônomo pode dizer: "Não consigo encontrar um bom ajudante" ou

"Sou o melhor". Um empresário no quadrante D pode dizer: "Preciso de um novo presidente" e "Como vamos levantar o capital para financiar o novo projeto?"

Um modo de conhecer pessoas que pensam igual é frequentar aulas ou seminários, juntar-se a clubes ou estudar e aprender um novo vocabulário. Logo você vai conhecer novos amigos.

Exercício: *Liste seis pessoas, fora do trabalho e da família, com quem você passa mais tempo e, então, determine a qual quadrante elas pertencem. Uma vez que os amigos são espelhos, isso deve lhe dar um reflexo de si mesmo. Isso não significa que você deva dispensar seus velhos amigos, é claro. Isso significa que você deve conhecer novas pessoas e expandir seu mundo, se quiser mudar sua vida.*

O que Há de Errado em Ser Empregado?

Pergunta Frequente
O que há de errado em ter um emprego, trabalhar arduamente, economizar dinheiro, comprar uma casa, sair das dívidas e investir em longo prazo em uma carteira bem diversificada de ações, títulos e fundos mútuos?

Resposta Curta
Impostos.

Resposta Longa
Quanto mais você trabalha, mais dinheiro ganha e mais impostos paga. Não há benefícios fiscais para os funcionários que trabalham muito. Nesse caso, a principal maneira de pagar menos impostos é ganhar menos.

Se você quer ganhar mais e pagar menos impostos, é preciso alterar o tipo de renda que recebe.

Explicação
Existem três tipos de impostos para os três tipos de renda:
1. Renda auferida: a renda mais tributada.
2. Renda de portfólio: a segunda renda mais tributada.
3. Renda passiva: a renda menos tributada, possivelmente zero.

Renda Auferida
- Pessoas que têm um emprego ou são profissionais autônomos trabalham por *renda auferida*.

Capítulo 2

- Pessoas que economizam dinheiro têm suas economias trabalhando por *renda auferida.*
- Pessoas que se livram das dívidas pagam seus débitos com *renda auferida.*
- Pessoas que compram uma casa pagam o financiamento com *renda auferida.*
- Pessoas que possuem planos tradicionais de aposentadoria têm seu dinheiro trabalhando por *renda auferida.*

Entendeu a questão? As pessoas que continuam recebendo treinamento financeiro do cão de Pavlov — arrumar um bom emprego, economizar, comprar uma casa, sair da dívida e investir em planos de aposentadoria — são as que mais pagam impostos, mesmo que seja *o dinheiro delas* que esteja trabalhando por elas.

Repetindo o Material Anterior Neste Capítulo:

1. Quanto mais você trabalha por dinheiro, mais paga em impostos.
2. Quanto mais o dinheiro trabalha para você, menos você paga em impostos.
3. Quanto mais o dinheiro de outras pessoas trabalha para você, menos imposto ainda você paga.

Sem educação financeira, a maioria das pessoas trabalha por renda auferida, do mesmo modo que seu dinheiro em poupanças e planos tradicionais de previdência. Elas pagam os mais elevados impostos possíveis sobre seus salários e sobre o dinheiro que economizaram.

Com um pouco de educação financeira, pelo menos o dinheiro delas (em poupanças e planos de aposentadoria) poderia trabalhar por uma renda de portfólio ou renda passiva — que são tributadas com alíquotas menores.

Resposta Profissional de Tom Wheelwright

Há uma razão para que a legislação tributária recompense alguns em detrimento de outros. É porque há pessoas que investem diretamente na economia. O governo quer que a gente invista na economia para criar empregos, habitação e oportunidades para os outros. Com um pouco de educação financeira, qualquer um pode aprender a fazer as leis tributárias trabalharem a seu favor. Afinal, não estamos falando de brechas inadvertidas na lei. Elas são benefícios intencionais para empresários e investidores.

Renda de Portfólio

Renda de portfólio é, na maioria dos casos, conhecida no mundo dos investimentos como ganhos de capital. Em geral, os *ganhos de capital* são alcançados quando

O Poder da Educação Financeira

você compra na baixa e vende na alta. No mercado de ações acionário, uma pessoa pode *vender na alta e comprar na baixa*, e alcançar ganhos de capital, ou seja, lucro.

A maioria das pessoas que investe está interessada em ganhos de capital. Investir por ganhos de capital não é realmente investir. Tecnicamente, é *negociação*, razão pela qual recebe um tratamento fiscal diferente.

Negociar é comprar algo a fim de vendê-lo. Os negociadores — conhecidos como *traders* — não querem realmente o que compraram. Eles não são diferentes de um dono de loja de roupas que compra vestidos no atacado e vende os mesmos vestidos no varejo. É por isso que a maioria dos *traders* está no quadrante A e muitos são tributados como tal.

Durante a bolha imobiliária, muitas pessoas imaginaram que eram investidoras. Mas eram, na verdade, *traders* imobiliários: comprando na baixa e vendendo a alguém ainda mais tolo. Essas pessoas contribuíram para dar má reputação aos investidores imobiliários. Tudo que esses amadores, conhecidos como *flippers*, fizeram foi bagunçar os preços, turvar as águas e fazer muito alarde sobre quanto dinheiro estavam fazendo e, no processo, trouxeram para o mercado pessoas ainda mais tolas do que eles próprios.

O problema era que eles estavam indo atrás de ganhos, ou renda de portfólio. Como mostrado no Capítulo 1, buscar ganhos de capital não é diferente de apostar. Hoje, temos uma crise porque as pessoas não sabem a diferença entre ganhos de capital e fluxo de caixa (como é conhecido no mundo do investimento), ou *renda de portfólio* e *renda passiva* (como é conhecido no mundo da contabilidade).

Definições de Educação Financeira

Mundo dos Investimentos   Mundo da Contabilidade
Ganhos de capital = Renda de Portfólio
Fluxo de Caixa = Renda Passiva

Kim e eu investimos, durante 90% do tempo, em busca de fluxo de caixa, ou renda passiva. Quando fazemos investimentos por ganhos de capital, ou renda de portfólio, somos extremamente cautelosos, porque sabemos que é uma aposta.

Lição Muito Importante: Uma pessoa com alto QI financeiro sabe como converter os diferentes tipos de renda para obter eficiência fiscal máxima. Por exemplo, convertendo renda auferida em renda de portfólio e/ou renda passiva. Infelizmente, os empregados tendem a trabalhar por renda auferida e, depois, poupam por mais renda dessa natureza. Podem ser altamente instruídos, mas

Capítulo 2

não sabem que existem diferenças entre os rendimentos e não sabem como transformá-los. A maioria dos *traders*, das pessoas que compram e vendem ações ou imóveis, tende a converter sua renda de portfólio em mais renda dessa natureza (ganhos de capital); dessa forma, nunca escapam das regras fiscais.

Saber fazer essas conversões de renda foi uma lição importante que o pai rico ensinou, a mim e a seu filho. Por isso suas verdadeiras casas e hotéis eram importantes para ele. Era por meio de seus investimentos imobiliários que ele convertia sua renda auferida em renda de portfólio ou passiva. Utilizando-se de seus negócios e investimentos, ele convertia renda tributável em não tributável. Meu pai pobre, PhD em Educação, mas sem educação financeira, trabalhou arduamente por rendimentos tributáveis e, depois, poupava e investia por mais rendimentos tributáveis. Ele também achava que jogar *Banco Imobiliário* era um desperdício de tempo e que eu deveria estudar para conseguir um emprego bem-remunerado, depois poupar e investir para ter mais renda auferida.

Uma sutil, mas importante lição inserida no jogo *CASHFLOW®* é como converter renda auferida em renda de portfólio ou passiva. A próxima vez que jogar *CASHFLOW®*, preste atenção nas conversões de renda. Muitas pessoas perdem essa importante lição.

Investimento da Vida Real

Na vida real, durante a insanidade provocada pela bolha imobiliária, ganhamos muito dinheiro investindo tanto em busca de fluxo de caixa quanto de ganho de capital em um projeto. O projeto consistia em 400 unidades em Scottsdale, Arizona, uma cidade abastada próxima de Fênix. Na época, as unidades eram apartamentos que estavam sendo transformados em condomínios. Kim e eu respiramos fundo, observamos a loucura do mercado, e planejamos nossa estratégia de saída: vender 400 apartamentos em condomínio fechado. (Normalmente não gostamos de condomínios como investimentos, e então, definitivamente planejamos nos livrar deles.)

Investindo junto com outras seis pessoas, US$100 mil cada, levantamos muito dinheiro por meio de empréstimos bancários, convertemos os apartamentos em condomínio usando muita tinta e paisagismo, e vendemos o projeto todo em um ano. O mercado imobiliário estava tão aquecido que as pessoas faziam fila para comprar essas unidades por um preço justo em uma ótima localização.

Kim e eu recuperamos nossos US$100 mil e ganhamos um pouco mais de US$1 milhão em um ano. Quando o projeto foi todo vendido, e com a ajuda de nossa especialista tributária, colocamos aquele milhão em transações com imposto de renda

O Poder da Educação Financeira

diferido, o que significa que pagamos zero de impostos e investimos US$1 milhão em ganhos de capital, mais conhecido como renda de portfólio, para comprar 400 unidades de apartamento em Tucson, Arizona. Esse dinheiro era um dinheiro "gratuito", e livre de impostos, e hoje as 400 unidades de apartamentos produzem fluxo de caixa, a maior parte dele livre de impostos, pois é uma renda passiva decorrente de imóveis.

Tecnicamente, Kim e eu temos um prédio com 400 unidades de apartamentos que não custou nada, produzindo renda passiva todo mês, livre de impostos. Quando o mercado imobiliário ruiu, aumentamos os valores dos aluguéis porque mais pessoas estavam locando imóveis do que comprando. Novamente, nos certificamos de que havia postos de trabalhos estáveis na região, porque os imóveis só mantêm seu valor se houver empregos suficientes na área.

No próximo capítulo, que fala da vantagem arrebatadora das dívidas, explico como recuperamos esse US$1 milhão investido, também livre de impostos. Em outras palavras, nosso dinheiro nos foi devolvido e foi realocado em outro projeto. Nosso projeto de 400 apartamentos, inteiro, foi completamente de graça, simplesmente porque usamos uma dívida para recuperar nosso dinheiro. Mesmo com um condomínio de apartamentos de 400 unidades totalmente grátis, recebemos cerca de US$8 mil por mês, quase livre de impostos. Oito mil dólares por mês não é muito dinheiro, mas, sem impostos, equivale a ter um salário de US$12 mil por mês.

Repito, por favor, lembre-se que não estou escrevendo isso para me gabar, pois isso não é legal. Conto isso para explicar e inspirar você a aumentar sua educação financeira. Além disso, nós não começamos neste nível. Kim, nosso parceiro Ken e eu começamos pequeno e sonhamos grande. Como meu pai rico, estamos sempre estudando, aprendendo e lucrando. Educação financeira e experiência de vida são a chave de tudo. Não temos planos de parar. No estágio atual de nosso desenvolvimento educacional, por que parar? A vida é muito mais divertida.

Por que Não Ações, Títulos e Fundos Mútuos?

Uma razão pela qual costumamos evitar ações é porque o mercado imobiliário é muito fácil. Além disso, as leis tributárias e a utilização de dívidas como alavancagem são diferentes. Outra razão, que explico no Capítulo 4, é que tenho mais controle sobre os bens imóveis do que sobre o mercado mobiliário.

Isso significa que você não deve investir em ativos de papel, como ações, títulos e fundos mútuos, e fundos de índice (ETFs)?

A resposta é não. Se você ama ativos de papel, torne-se o melhor investidor que puder nessa área. Na *Rich Dad Company*, temos cursos sobre os ativos de papel porque eles são uma importante classe de ativos. O problema com os ativos de papel

Capítulo 2

é o controle sobre o risco. Quando uma pessoa sabe como controlar o risco, ativos de papel podem ser um modo fabuloso de criar riqueza estável ao longo da vida.

Pessoalmente, fiz e continuo fazendo cursos sobre ativos de papel. A razão de eu fazer esses cursos é porque os princípios dos investimentos são os mesmos, o que significa que são aplicáveis a qualquer classe de ativos. Nesses cursos, especialmente os de análise técnica e mercado de opções, aprendi a prever melhor o futuro e a ser um empresário e investidor imobiliário mais hábil.

Uma desvantagem dos ativos de papel nos Estados Unidos é a impossibilidade do imposto de renda diferido sobre o ganho de capital.

Renda Passiva

Para mim e para Kim, nosso objetivo é sempre o fluxo de caixa, também conhecido como renda passiva. Para nós ter um fluxo de caixa por toda a vida representa nossa liberdade financeira. A renda passiva nos permitiu uma aposentadoria precoce e que seguíssemos com nossa vida. Ironicamente, a renda passiva é o rendimento menos tributado de todos os três.

Meu livro *Pai Rico, Pai Pobre* fala sobre as diferenças entre ativos e passivos. Tragicamente, a maioria das pessoas tem dificuldades financeiras porque se refere a passivos (tais como sua casa, carro, barco e móveis e utilidades domésticas) como "ativos". Para piorar a situação, quando pensa em investir, pensa em termos de ganhos de capital, por isso acha que seu patrimônio líquido é importante. O problema é que baseia o valor líquido em passivos, como sua casa, carro, barco, utilidades domésticas e planos de aposentadoria. É por isso que o pai rico costumava dizer: "O patrimônio líquido é o que menos importa."

Kim e eu não sabemos qual é nosso patrimônio líquido, mas sabemos o quanto de fluxo de caixa recebemos todos os meses.

Mantendo as definições bem simples para dois rapazes, seu filho e eu, o pai rico definia ativo da seguinte maneira: ativos colocam dinheiro no bolso e passivos tiram. Fui fortemente atacado por supostos especialistas financeiros por causa dessa definição demasiadamente simples.

No entanto, quando você vê o mundo do ponto de vista de um investidor e do fisco, verá quanto de sabedoria existe na simplicidade dessa definição. Se você economizar dinheiro em um banco e investir em um plano tradicional de previdência, boa parte de seu dinheiro ainda irá para o governo na forma de impostos. Seu dinheiro é a renda passiva do governo. Por que não investir naquilo que o governo quer que você invista e fazê-lo enviar o dinheiro para você? Para mim, isso é a coisa inteligente a ser feita.

O Poder da Educação Financeira

Kim e eu levamos isso ao extremo. Uma vez que temos fluxo de caixa em excesso, estamos sempre investindo, mas não em poupança, ações, títulos, fundos mútuos ou planos de aposentadoria tradicionais. Para nós, não faz sentido receber dinheiro do governo e depois devolvê-lo.

Kim e eu não economizamos dinheiro. Uma vez que os governos estão imprimindo trilhões em dinheiro de mentira, por que economizar dinheiro? Em vez de economizar dinheiro, investimos em ouro e prata, pois o ganho de capital decorrente do aumento do preço do ouro e da prata são livres de impostos nos Estados Unidos.

No capítulo seguinte, você descobre como podemos conseguir o dinheiro para investir. Por enquanto, apenas saiba que não poupamos dinheiro por duas razões. A razão número um é que, com os governos imprimindo dinheiro, o valor do dinheiro vem caindo há anos. Isso também é conhecido como inflação. Razão número dois: os juros da poupança são tributados com alíquotas normais de imposto de renda.

Resposta Profissional de Tom Wheelwright

A legislação tributária da maioria dos países contém milhares de páginas. De todas essas páginas, apenas algumas são dedicadas ao aumento das receitas. Nos Estados Unidos há apenas algumas poucas linhas sobre este assunto, que estabelecem que toda a renda que você recebe é tributável, a menos que a lei diga o contrário. E apenas algumas centenas de páginas lhe dizem como usar um plano de aposentadoria para reduzir o pagamento de impostos. A maioria das milhares de páginas de legislação tributária é dedicada à redução e às deduções de impostos em empresas e investimentos através de deduções tributárias, créditos e alíquotas especiais.

Pergunta Frequente

De um ponto de vista fiscal, o que especificamente está errado com os planos de aposentadoria tradicionais?

Resposta Curta

Os planos de previdência são projetados para as pessoas que planejam ser pobres quando se aposentam. É por isso que os planejadores financeiros costumam dizer: "Sua renda diminuirá quando se aposentar." Esta é a explicação deles, para justificar a incidência de imposto de renda sobre renda auferida destes planos. O objetivo deles é que você planeje ganhar menos quando se aposentar, assim estará em uma faixa de alíquota mais baixa de imposto e pagará menos. Esse plano não funciona para alguém que planeja ser mais rico quando se aposentar.

Capítulo 2

Resposta Profissional de Tom Wheelwright

Um plano de aposentadoria tradicional lhe dá uma dedução sobre o que você poupa hoje e, em seguida, cobra impostos sobre tudo que você retira do seu plano de aposentadoria. Parece bom, certo? Errado! Por três motivos: primeiro, se você pretende viver, na aposentadoria, tão bem quanto vive na ativa, ou seja, recebendo tanto quanto recebe agora, então provavelmente pagará mais impostos quando se aposentar. Isso porque você não terá diversas deduções, inclusive de seus dependentes (que, espero, estarão crescidos e independentes).

Segundo, você poderia, na verdade, estar fazendo conversões de renda passiva ou de renda de portfólio em renda auferida. Considere que, se você investir em ações, fora de um plano de previdência, pagará menos impostos sobre os ganhos. Mas se estiver investindo dentro de um plano de aposentadoria, pagará os maiores impostos, como se fossem renda auferida.

Terceiro ponto e mais importante: você abre mão de boa parte do controle sobre seu dinheiro quando ele está em um plano de aposentadoria. Você só pode investir em certos tipos de investimentos (fundos mútuos, principalmente), e seu empregador, o governo ou as regras do fundo, é que determina quando você pode tirar o dinheiro ou usá-lo.

Eu fui um desses consultores tributários que costumava aconselhar as pessoas a investir o máximo possível em fundos de previdência, até que descobri o quanto é absurdo adiar os impostos para um momento em que você estará em uma faixa de incidência do imposto mais alta, quando existem literalmente milhares de maneiras de reduzir permanentemente seus impostos nos quadrantes D e I, sem nunca ter que pagá-los ao governo.

Pergunta Frequente

Qual é a classe de ativos com maiores vantagens fiscais?

Resposta Curta

Os governos sempre têm seus planos de incentivos. Kim e eu participamos apenas de projetos que conhecemos e entendemos.

Resposta Profissional de Tom Wheelwright

A maioria dos investimentos ativos tem algum tipo de incentivo estabelecido pela legislação tributária. Isso inclui investimentos em perfurações de petróleo e gás, madeira, agricultura, energia limpa e muitos outros tipos de negócios. Se você realmente quer saber onde o governo gostaria que você colocasse seu dinheiro, dê uma olhada na legislação tributária. São boas as chances de haver uma redução de impostos em algo em que eles gostariam que você colocasse seu dinheiro.

O Poder da Educação Financeira

Pergunta Frequente
Em que outros investimentos você vem conseguindo vantagens tributárias?

Resposta Curta
Poços de petróleo e gás.

Explicação
Em 1966, com dezenove anos, eu era um oficial júnior a bordo dos navios petroleiros da *Standard Oil*, navegando na costa da Califórnia. Desde então, passei a me interessar por petróleo. Na década de 1970, trabalhei para um banco de investimento independente vendendo pacotes de incentivos fiscais de petróleo e gás para clientes ricos. Hoje, Kim e eu continuamos a investir em projetos de petróleo e gás.

Não investimos em ações ou fundos mútuos de empresas petrolíferas; investimos na exploração de petróleo e em parcerias de exploração, o que significa que somos sócios de empresários do petróleo em projetos específicos, principalmente no Texas, Oklahoma e Louisiana, coincidentemente onde estão localizados muitos dos nossos imóveis. Se houver sucesso na operação, recebemos um percentual da renda proveniente da venda de petróleo e gás natural, também conhecido como fluxo de caixa com vantagens fiscais.

Petróleo e gás natural são essenciais para transporte, alimentação, aquecimento, plásticos e fertilizantes. Se você olhar ao seu redor, verá que o petróleo está presente em todos os lugares, até nos alimentos que ingerimos. A razão pela qual o governo oferece incentivos fiscais enormes é porque a exploração do petróleo é muito arriscada e ele é essencial para a vida, para a economia e para a manutenção de nosso estilo de vida.

Investimento da Vida Real

Pergunta Frequente
O que você fez com os US$100 mil que recuperou do investimento no projeto do condomínio de 400 apartamentos em Scottsdale, Arizona?

Resposta Curta
Investimos em um projeto de petróleo e gás no Texas.

Explicação
Nosso objetivo é o fluxo de caixa e vantagens fiscais.

A vantagem das parcerias de petróleo e gás é o ROI (retorno sobre investimento). No momento que Kim e eu investimos nossos US$100 mil no projeto do Texas, recebemos 70% de dedução de imposto. Em minha alíquota normal de imposto de renda de 40%, isso equivale a uma restituição de US$28 mil. Há uma garantia de 28% de ROI no primeiro ano, dinheiro que o governo tecnicamente me devolve, porque quer que eu invista em petróleo.

Capítulo 2

Mencionei o retorno de US$28 mil sobre meu investimento de US$100 mil porque recebo tantas ligações, especialmente, de corretores de ações dizendo "Posso lhe conseguir um retorno de 10%". Por que raios eu iria querer 10% de retorno em ganhos de capital com tanto risco de mercado? Eu prefiro ter 28% de retorno garantido pelo governo em fluxo de caixa, e não ter que apostar em possíveis retornos fictícios em ganhos de capital.

Veja a seguir a representação desta transação em uma demonstração financeira:

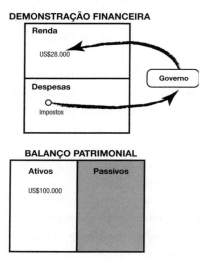

Se encontrarmos petróleo, se for uma possibilidade real, é porque a experiência na indústria do petróleo é crucial, a demonstração financeira seria assim:

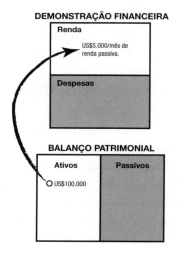

O Poder da Educação Financeira

Para simplificar, digamos que minha renda dos poços seja de US$5 mil por mês. (A renda varia de acordo com os preços de produção do petróleo e do gás.) Os US$5 mil de renda também recebem uma isenção fiscal de 20%, que significa que pagarei imposto sobre US$4 mil em vez de sobre US$5 mil. Se recebesse US$5 mil nos quadrantes E e A, eu pagaria imposto sobre o total de US$5 mil.

Para mim, este tipo de investimento com vantagens fiscais fazem mais sentido do que investir em planos de aposentadoria por quarenta anos, comprando, guardando e rezando para que tenha dinheiro suficiente para o resto da minha vida.

Objetivos Principais: Kim e eu temos cinco objetivos:

1. Queremos o dinheiro investido de volta. Recebendo US$5 mil por mês ou US$60 mil por ano que somados à restituição do imposto de renda de US$28 mil, recebemos nossos US$100 mil de volta em pouco mais de um ano. Tente fazer isso em um plano de aposentadoria. Se o preço do petróleo estiver alto, recebemos nosso dinheiro de volta ainda mais depressa.
2. Realocamos nosso dinheiro para outro investimento.
3. Queremos fluxo de caixa para a vida toda. Poços de petróleo e gás podem durar entre um e sessenta anos. É por isso que escolher o poço e o desenvolvedor é importante antes de investir.
4. Queremos mais poços. Quando encontramos petróleo, geralmente há outras oportunidades de investir em petróleo na mesma área. Saber onde perfurar reduz nosso risco de perfurar poços secos, o que pode acontecer. Perfurar um poço seco significa perder nosso dinheiro, mas ainda recebemos os 28% de restituição de imposto. Assim, uma vez que a área é comprovadamente bem-sucedida, continuamos perfurando-a.
5. Queremos mais renda a cada ano. Todo ano, nosso fluxo de caixa aumenta dentro de uma faixa de incidência menor de imposto, quer trabalhemos ou não.

Cuidado: Perfurar petróleo é um empreendimento extremamente arriscado e é por isso que estes investimentos são, por lei, permitidos apenas para investidores credenciados, que têm dinheiro e conhecimento.

O risco alto não está no petróleo em si, mas no empreendedor que está fazendo a perfuração. Mesmo empreendedores de sucesso, perfuram poços secos. Se você não tem conhecimento nem dinheiro, é melhor não investir em parcerias de perfuração de petróleo. É mais seguro investir em ações de companhias petrolíferas, como a BP e a Exxon. Ações podem ser compradas através de um corretor de

Capítulo 2

ações. Investindo em ações de companhias petrolíferas, você pode auferir ganhos de capital e fluxo de caixa dos dividendos, mas não terá os benefícios fiscais.

Pergunta Frequente

E o meio ambiente? E o aquecimento global?

Resposta e Explicação

Sempre me fazem essa pergunta. Minha resposta é: "Eu também estou preocupado com o meio ambiente." É por isso que parte dos meus lucros é reinvestida em combustíveis alternativos e empresas de energia. Tenho um investimento substancial em uma *startup* de energia solar. Vi com meus próprios olhos uma bomba atômica explodir quando eu era criança. Sou contra a energia nuclear porque os resíduos permanecem tóxicos por milhares de anos.

Tenho confiança de que alguém descobrirá uma alternativa à energia fóssil e nuclear nos próximos cinco anos. Quando isso acontecer, tudo mudará drasticamente, assim como aconteceu com a internet, que alterou radicalmente o mundo.

Independentemente de sua opinião sobre petróleo e meio ambiente, lembre-se de que a civilização requer energia. Precisamos de energia alternativa mais barata, mais limpa, para a civilização evoluir. Se fontes alternativas de energia não forem desenvolvidas, haverá um retrocesso. É por isso que invisto em combustíveis alternativos e petróleo.

Comentários Finais

Impostos é um tema gigantesco. E também representam sua maior despesa individual. Devido à atual crise financeira, os impostos terão de subir. Por essa razão, o conhecimento sobre legislação tributária é essencial para a educação financeira de uma pessoa. Lembre-se: as normas tributárias se aplicam aos quadrantes específicos, e não às profissões. É por isso que o conselho "Vá para a escola para conseguir um emprego" é um mau conselho do ponto de vista fiscal. Se uma pessoa quiser reduzir os impostos que paga, terá de, muitas vezes, mudar ou adicionar quadrantes.

Mais importante do que os impostos é estar feliz no quadrante em que você se encontra. Em outras palavras, mudar de quadrante apenas por causa de impostos não é uma boa ideia. Se você está feliz e é bem-sucedido no quadrante E ou A, fique lá e encontre maneiras de ganhar mais dinheiro, mesmo que você pague mais impostos.

Nos capítulos seguintes, explico como uma pessoa pode permanecer nos quadrantes E e A, mas também aprender a ser um investidor no quadrante I.

O Poder da Educação Financeira

Antes de fazer qualquer coisa com os impostos, procure sempre aconselhamento com um profissional competente.

Concluindo: nem todos os conselheiros em tributos são iguais. A maioria está nos quadrantes E e A e pensa como os contadores dos quadrantes E e A. Em outras palavras, tenha cuidado com quem você busca aconselhamento.

Um contador ou advogado incompetente, preguiçoso, arrogante ou corrupto pode lhe custar muito dinheiro. Sei, por experiência pessoal. Só porque alguém é um aluno nota "10" na escola não significa que é competente ou honesto na vida real.

Resposta Profissional de Tom Wheelwright

Os impostos são parte da vida. A questão simples é se você usará as leis tributárias para diminuir o impacto deles em sua vida, ou não fará nada e deixará que permaneçam como uma enorme despesa. Com uma sólida educação sobre legislação tributária, juntamente com um planejamento tributário melhor com a ajuda de um especialista competente, que compreenda bem as leis, a maioria dos empresários e investidores consegue reduzir permanentemente seus impostos em 10% a 40%. E o dinheiro que você economiza em impostos pode ser usado para investir e construir sua riqueza. Portanto, não espere. Tome uma atitude agora e aprenda a reduzir seus impostos.

Pergunta Final

Pergunta Frequente
Mas e se todos se tornassem D e I? Quem iria pagar os impostos?

Resposta Curta
Embora possível, é altamente improvável.

Explicação
É muito mais fácil ser um E ou A, trabalhando, economizando e investindo por renda auferida — a mais tributada de todas.

Capítulo 3

VANTAGEM ARREBATADORA #3
DÍVIDAS

Em 1971, o presidente americano Richard Nixon desatrelou o dólar do padrão-ouro. Resultado: os poupadores se tornaram perdedores e os devedores se tornaram ganhadores.

Pergunta Frequente
Por que quem poupa se tornou perdedor?

Resposta Curta
Porque uma moeda desatrelada do dólar deixa de ser dinheiro real. E, quando os governos emitem muito dinheiro fictício, a poupança perde valor.

Pergunta Frequente

Quanto dinheiro os governos estão emitindo?

Resposta Curta
Muito.

Resposta Longa
Em 2010, a dívida nacional dos Estados Unidos era de mais de US$13 trilhões. As dívidas não financiadas estavam acima de US$107 trilhões e não paravam de crescer.
Em 2010, por exemplo, o governo americano emitiu quase US$1 bilhão por dia e essa quantia continua crescendo.

Capítulo 3

Quanto É um Bilhão?

Digamos que uma pessoa receba $80 por dia de trabalho.

A maioria de nós sabe o que significa 80, mas grande parte desconhece o que seja 1 bilhão de qualquer coisa. As conversões a seguir podem ajudá-lo a ter uma ideia do que 1 bilhão significa:

1 bilhão de segundos = 31,7 anos.

1 bilhão de minutos = 1.902,5 anos.

1 bilhão de horas = 114.155 anos.

1 bilhão de dias = 2.739.726 anos.

1 bilhão de segundos atrás foi o ano de 1985.

1 bilhão de minutos atrás era 114 a.C.

1 bilhão de horas atrás, estávamos na Idade da Pedra.

1 bilhão de dias atrás, os seres humanos sequer existiam.

Quanto É um Trilhão?

1 trilhão de segundos = 32.000 anos.

Um trilhão vai além da minha pobre imaginação. Apenas multiplique os números dos bilhões por 1.000 e você verá que trilhões estão além da compreensão. Não consigo imaginar 32.000 anos ou um trilhão de segundos.

Pergunta Frequente

E o futuro como fica?

Resposta Curta

Muito mais dinheiro será emitido.

Explicação

Observe o gráfico a seguir e você verá quanto dinheiro mais será emitido no futuro próximo nos Estados Unidos.

O Poder da Educação Financeira

O Deficit de Obama suplantará todos os anteriores

Em bilhões — **Atual** — **Projetado**

Reimpresso com permissão da Heritage.org.

Fonte: Congressional Budget Office e Office of Management and Budget

☎ heritage.org

2010 — Deficit Orçamentário dos EUA: US$1,5 trilhão.
2011 — Deficit Orçamentário dos EUA: US$1,3 trilhão.

Pergunta Frequente
O que significam esses números?

Resposta Curta
Mais dinheiro será emitido.

Pergunta Frequente
O que isso significa para as pessoas?

Resposta Curta
Mais impostos e inflação.

Pergunta Frequente
Poderá haver um colapso da moeda?

Resposta Curta
Sim. Colapsos monetários ocorreram muitas vezes na história americana. George Washington emitiu a moeda continental, papel-moeda usado para financiar a Guerra Revolucionária Americana. O dólar confederado foi emitido pelo sul do país para financiar a Guerra Civil americana. Essas são duas das muitas moedas que entraram em colapso.

Hoje, os Estados Unidos imprimem dinheiro para lutar no Iraque e no Afeganistão, pagar contas e comprar produtos da China.

Capítulo 3

Pergunta Frequente
O que uma pessoa pode fazer?

Resposta Curta
Tenho duas respostas:

1. Se você tem educação financeira limitada, melhor do que poupar, eu compraria ouro e prata. Compraria um pouco de ouro e prata toda vez que recebesse meu salário, e não me desfaria deles. Tenho comprado ouro e prata há anos, desde que a cotação do ouro estava abaixo de US$300 a onça e a prata, abaixo de US$3. Eu não poupo dinheiro.
2. Se você é financeiramente sofisticado, crie a própria máquina de impressão e emita seu próprio dinheiro.

Pergunta Frequente
Como você cria a própria máquina de impressão?

Resposta Curta
Use dívida para adquirir ativos.

Pergunta Frequente
Isso não é arriscado? É legal?

Resposta Curta
Pode ser arriscado, mas é isso que o governo quer que façamos, por isso é legal.

No capítulo anterior sobre impostos, escrevi:

1. Quanto mais *você trabalha por dinheiro*, mais impostos paga.
2. Quanto mais *seu dinheiro trabalha por você*, menos você paga em impostos.
3. Quanto mais *o dinheiro de outras pessoas trabalha por você*, menos ainda você paga em impostos. Pode até pagar zero, nada, nadinha, em impostos. Obviamente, isso exige os mais altos níveis de educação financeira. Esse foi o nível que meu pai rico me inspirou a alcançar.

Por mais estranho que isso possa soar para a maioria das pessoas, o governo não apenas quer que nos endividemos; ele oferece incentivos fiscais para que isso aconteça.

Para entender melhor esse relacionamento entre dinheiro e dívida, um pouco de história financeira é importante.

O Poder da Educação Financeira

História de Educação Financeira

Após 1971, os bancos centrais começaram a imprimir dinheiro, dado que o governo passou a usar moeda de mentira para pagar por suas despesas e dívidas. Como os americanos usam muito petróleo, os dólares americanos começaram a fluir para a Arábia Saudita quando o preço do petróleo começou a subir. Com a subida dos preços, mais dólares fluíram para o mundo árabe. Esses petrodólares, como eram conhecidos, tinham de encontrar um destino; assim, fluíram para Londres, porque Londres tinha bancos suficientemente grandes para absorver tal quantidade de dinheiro. De Londres, esses dólares novamente precisavam encontrar um lar; assim, o dinheiro fluiu para quem quer que quisesse dinheiro emprestado. Os países da América Latina, com prazer, emprestaram o dinheiro e, ao final da década de 1970 e começo da década de 1980, a economia latino-americana gerou uma bolha que estourou, causando uma crise financeira nesses países. Da América Latina, o dinheiro — conhecido como *hot money* — foi para o Japão, provocando um boom que estourou em 1989. Em seguida, o *hot money* fluiu para o México, causando a crise do peso mexicano em 1994, a crise da Ásia em 1997, a crise da Rússia em 1998 e a crise no Brasil.

De forma arrogante, os banqueiros e o sistema financeiro americano riram do resto do mundo, dado que acreditavam que a expansão e a explosão de bolhas não afetariam os Estados Unidos.

Durante a era do Presidente Clinton (1993–2001), o governo equilibrou seu orçamento; assim, os Estados Unidos não precisaram emprestar dinheiro algum. Isso era ruim para os banqueiros do mundo, que, então, precisaram encontrar mais tomadores de crédito, que pudessem emprestar trilhões de dólares. Encontraram grandes tomadores nos bancos americanos *Fannie Mae* e *Freddie Mac*, que são empresas controladas pelo governo, agências quase governamentais ansiosas por emprestar dinheiro. Eles tomaram de US$3 a US$5 trilhões desse *hot money* e fizeram empréstimos a praticamente todos que quisessem comprar uma nova casa ou refinanciar suas casas antigas. A bolha do mercado imobiliário americano havia começado.

Quando os bancos *Fannie Mae* e *Freddie Mac* e seus executivos passaram a ser investigados, pararam de emprestar dinheiro. De novo, esse oceano de dólares de mentira tinha de encontrar uma pousada. Ao final dos anos 1990, Clinton e o então presidente do Fed, Alan Greenspan, mudaram as regras para grandes bancos, tais como *Goldman Sachs*, *Bank of America* e *Citigroup*, que passaram a absorver esse dinheiro. Imediatamente, esses bancos precisaram encontrar tomadores para

Capítulo 3

tirar essa batata quente de suas mãos. Como você sabe, o dinheiro precisa continuar em movimento.

Para ajudar esses bancos e o sistema financeiro a movimentarem esse *hot money*, instituições de financiamento imobiliário, que trabalhavam para empresas como *Countrywide Mortgage,* começaram a procurar por qualquer um que quisesse emprestar dinheiro. Eles foram até as vizinhanças mais pobres dos Estados Unidos. A milhões de pessoas, que não tinham emprego ou crédito, foram oferecidos empréstimos chamados de "NINJA" (em inglês, No Income, No Job or Asset — sem renda, sem trabalho nem ativos) e, em pouco tempo, eles também estavam vivendo o sonho americano. Infelizmente, para muitos, era um sonho que conseguiriam arcar. A bolha dos empréstimos *subprime* se transformou em um imenso balão.

Uma vez que os financiamentos imobiliários *subprime* eram processados, os grandes bancos e o sistema financeiro empacotavam essas dívidas arriscadas e as vendiam como ativos. Essas novas porções de dívida, ou pilha de endividamento, foram chamadas de MBSs (*Mortgage Backed Securities*) e CDOs (*Collateralized Debt Obligations*), ou seja, derivativos de dívidas de alto risco (*subprime*) empacotados como dívidas de primeira (*prime*). Os maiores bancos e o sistema financeiro venderam essas dívidas de risco como ativos para outros bancos, fundos de pensão e investidores ao redor do mundo. Não foi muito diferente de pegar esterco de cavalos, desodorizar, colocar em uma sacola plástica e vender como fertilizante. A única diferença entre um empréstimo *subprime* e esterco de cavalo é que esterco, se usado devidamente, tem valor real.

No Capítulo 1, escrevi que as pessoas com a melhor educação financeira do mundo foram aquelas que lucraram com a crise. Elas podem não ter causado a crise, mas entraram no jogo. Muitos fizeram milhões e alguns fizeram bilhões. Eles ainda estão empacotando esterco — ou comprando. Será que não sentem o cheiro? E como a empresa de classificação de Warren Buffett, a Moody's, pode abençoar esse esterco de cavalo com um AAA?

À medida que esse pessoal esperto foi espalhando o esterco de cavalo pelo mundo todo, os preços das casas subiram e milhões de pessoas ao redor do globo passaram a achar que estavam ricas. Elas se sentiram assim devido ao efeito riqueza, porque suas casas se valorizaram muito — de novo, elas estavam focando em ganhos de capital. Com o aumento do valor das casas, milhões, equivocadamente, julgaram que seu patrimônio havia aumentado. Com essa sensação de euforia, as pessoas começaram a gastar, pagando, como touros enraivecidos, com cartão de crédito e pagando as dívidas do cartão de crédito com o refinanciamento de suas casas e transformando a bolha em um balão de ar quente gigante. O que me

O Poder da Educação Financeira

enoja é que esses especialistas, tais como os ex-presidentes do Fed, Greenspan e Bernanke, alegam não ter visto o maior balão de ar quente da história.

Bernanke é formado pelo MIT (Instituto de Tecnologia de Massachusetts), professor da Stanford University e Princeton, e deve ser um economista brilhante. No entanto, parece que ele não vive no mesmo mundo em que você e eu vivemos.

Em 2002, lancei o livro *Profecias do Pai Rico*, que previu que a maior crise do mercado de capitais estava chegando. Você não precisa ir para o MIT, Stanford ou Princeton para ver o futuro. Escrevi na introdução do livro: "Você talvez tenha até 2010 para se preparar."

Como era de se esperar, *Profecias do Pai Rico* foi duramente criticado pelas principais publicações de finanças, tais como o *Wall Street Journal* e a revista *Smart Money*.

Em 2007, o mercado imobiliário começou a despencar quando os mutuários do *subprime* não puderam efetivar os pagamentos de seus financiamentos imobiliários. Seguiu-se uma crise bancária global que afundou os Estados Unidos e a Europa. Depois da queda dos Estados Unidos, os países europeus conhecidos como PIIGS — Portugal, Irlanda, Itália, Grécia e Espanha — desmoronaram sob uma montanha de dívidas. Se não fosse pela Alemanha, a Europa e o euro teriam desaparecido. A crise da dívida foi resolvida pela criação de mais dívidas. As expansões e explosões econômicas, que começaram em 1971 com os petrodólares árabes, continuam. O *hot money* procura por pessoas e instituições que queiram emprestar mais e mais dinheiro. Desde 1971, a economia mundial não consegue crescer a menos que as pessoas peçam dinheiro emprestado.

Hoje, existem trilhões de dólares (e outras moedas fiduciárias) à procura de um lar, razão pela qual as taxas de juros são baixas para os tomadores e poupadores. Simplificando: o mundo financeiro ama os devedores e castiga os poupadores.

Por que os Banqueiros Não Gostam de Poupadores?

Para entender melhor a crise financeira mundial, tudo que precisamos fazer é entender o negócio de banqueiros. Na figura a seguir, estão as demonstrações financeiras de um banqueiro e de um poupador:

Capítulo 3

Banqueiro
DEMONSTRAÇÃO FINANCEIRA

Renda

Despesas

BALANÇO PATRIMONIAL

Ativos	Passivos
	$100

Poupador
DEMONSTRAÇÃO FINANCEIRA

Renda

Despesas

BALANÇO PATRIMONIAL

Ativos	Passivos
$100	

Explicação
Para o poupador, seus $100 são um ativo. Para o banqueiro, os mesmos $100 do poupador representam um passivo.

Pergunta Frequente
Por que é um passivo para o banqueiro?

Resposta Curta
A definição de um ativo é algo que põe dinheiro em seu bolso. A definição de um passivo é algo que tira dinheiro de seu bolso. Uma vez que o banqueiro deve pagar juros para o poupador, os $100 do poupador são ativo para ele e um passivo para o banqueiro.

O Poder da Educação Financeira

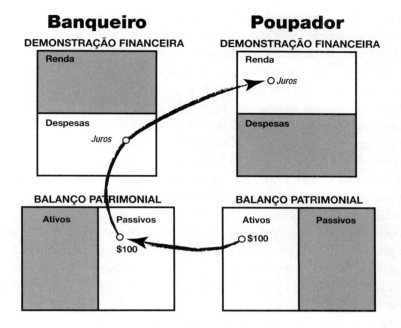

Pergunta Frequente
Como os bancos fazem dinheiro?

Resposta Curta
Com os devedores.

Explicação
Os sistemas bancários do mundo trabalham com um sistema conhecido como sistema de reservas fracionárias.

Simplificando: para cada centavo que você poupa, o banco pode emprestar um múltiplo específico desse dinheiro. Por exemplo, vamos dizer que você poupe $1 com uma reserva fracionária de $10. O banqueiro pode emprestar $10. Como mágica, seu $1 se torna $10, que o banco empresta a altas taxas de juros, especialmente nos cartões de crédito. É assim que eles fazem dinheiro com os devedores e perdem dinheiro com os poupadores. E a razão de os bancos amarem os devedores é: quanto maior a dívida, melhor.

Se o governo quer aumentar a oferta monetária, a reserva fracionária é aumentada para, digamos, 40, que foi o que o aconteceu, em 2004, nos Estados Unidos, quando foi permitido esse aumento para os cinco maiores bancos ameri-

Capítulo 3

canos para salvar a economia. Essa proporção 1:40 de reserva fracionária causou uma bolha gigantesca e, hoje, os Estados Unidos estão em uma crise global de endividamento, dívida que não pode ser paga.

Quando devedores não conseguem pagar seus empréstimos, os poupadores fazem filas nas entradas dos bancos para pegar seu dinheiro de volta. Isso é chamado de "corrida aos bancos". Uma corrida dessa natureza é causada, principalmente, pelo sistema de reservas fracionárias, um sistema que permite que os bancos emprestem mais do que o dinheiro que eles têm em depósito.

Se o governo deseja desacelerar a economia, pode reduzir a proporção para, digamos, 5. Isso significa que, para cada centavo que depositamos, os bancos só podem emprestar 5. Com menos dinheiro para emprestar, as taxas de juros sobem e a economia desacelera.

Como você já deve ter percebido, o sistema de reservas fracionárias destrói o poder de compra de sua poupança ao criar, magicamente, dinheiro do nada, cada vez que você deposita alguma coisa. Esse sistema é o mesmo ao redor do mundo, um sistema ordenado pelo Banco Mundial e pelo FMI, o Fundo Monetário Internacional.

Com uma reserva fracionária de 10, o diagrama a seguir seria um exemplo mais completo. O banqueiro paga para o poupador 2% de juros sobre um depósito de $100. Multiplicando o dinheiro do poupador por 10, o banqueiro agora tem $1.000. Ele empresta esses $1.000 que ele criou magicamente a uma taxa de juros muito mais alta, de 10%, para um tomador.

O poupador ganha 2% sobre o depósito de $100, ou seja, $100 x 2% = $2.

Os banqueiros emprestam os $100 do poupador multiplicado por 10 a uma taxa de juros de 10% ou $100 x 10 = $1.000 x 10% = $100.

Neste exemplo, o banco ganha $100 sobre o depósito de $100 do poupador e paga apenas $2 pelo uso do dinheiro. É por isso que os banqueiros amam os poupadores e os tomadores.

O Poder da Educação Financeira

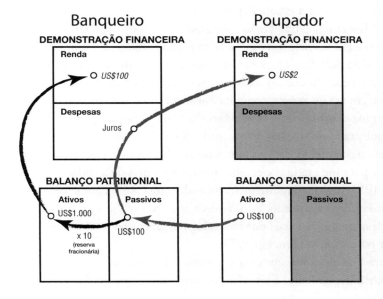

Simplificando

Se isso é muito confuso, tudo que você precisa saber é que os banqueiros precisam dos tomadores de empréstimos, e não dos poupadores. Se eu e você pararmos de emprestar dinheiro com os bancos, a economia para de funcionar, porque, hoje, todo dinheiro é dívida. Em outras palavras: "As dívidas fazem o mundo girar."

Os Impostos Recompensam os Devedores

Agora você sabe por que o sistema tributário recompensa os devedores com isenção de impostos e pune os poupadores tributando os juros sobre os rendimentos pela alíquota mais alta, como renda auferida.

Aprenda a Ser Devedor

Em 1973, retornei do Vietnã. Fiquei fora do Havaí desde 1965. No último ano de serviço, tive a sorte de ser designado para trabalhar na Estação Aérea dos Fuzileiros Navais na Baía de Kanehoe, no Havaí.

Quando saí do Havaí, era um garoto de 18 anos e voltei para casa quando já era um jovem, aos 26. Durante toda a vida, eu havia respeitosamente escutado

Capítulo 3

os adultos. Fui para a escola depois de receber uma indicação para a Academia Federal Militar em Nova York e me graduei com um bacharelado em Ciências. Logo após a graduação, consegui um emprego como terceiro imediato nos navios petroleiros da *Standard Oil*, e ganhava muito dinheiro para um garoto de 21 anos. Eu estava recebendo quase o dobro de meu pai, que tinha quase 50 anos.

Mas, em vez de fazer carreira na *Standard Oil* e, um dia, me tornar capitão de navio, eu me demiti. Juntei-me à Marinha, como tenente, ganhando US$200 por mês, o que era muito menos do que os US$4 mil por mês que recebia na *Standard Oil*. Meu treinamento de voo começou em Pensacola, Flórida, onde precisei de dois anos para me graduar e receber meus emblemas de aviador.

Em 1971, fui imediatamente transferido para Camp Pendleton, na Califórnia, para treinamento avançado, e fui embarcado para o Vietnã a bordo de um avião de carreira, em 1972. Passei por três acidentes aéreos naquele ano e fiquei feliz em retornar para casa, inteiro, em 1973.

Agora que eu estava em casa e prestes a deixar o serviço militar, era hora de me tornar independente. Eu tinha 26 anos e sabia que era hora de decidir o que eu queria ser quando crescesse.

A nova base aérea ficava a apenas 15 minutos da casa do meu pai pobre e 30 minutos do escritório de meu pai rico em Waikiki. Durante meu último ano como piloto, visitei ambos e busquei seus conselhos para meu futuro.

Meu pai pobre achava que eu deveria voar em companhias aéreas, como estava fazendo a maioria de meus colegas pilotos. Quando disse a ele que eu não queria voar mais, ele sugeriu que eu voltasse para a *Standard Oil* e navegasse como terceiro imediato. Ele me disse: "O salário é excelente e você terá cinco meses de licença; assim, só terá de trabalhar por sete meses." Quando disse não para essa ideia, ele recomendou que eu voltasse para a faculdade, fizesse o mestrado, possivelmente um doutorado e, então, conseguisse um emprego público. Minha resposta a isso foi: "Eu preferiria voltar a lutar no Vietnã."

Eu tinha um problema com os conselhos de meu pai sobre voltar para a faculdade e trabalhar para o governo. Esse era o mesmo conselho que ele havia seguido a vida inteira, um conselho que não funcionara para ele próprio. Aos 54 anos, ele estava desempregado e vivendo de suas economias. Seu plano de vida havia falhado quando ele abriu mão do seu cargo de Secretário de Educação do Estado do Havaí para se candidatar a governador pelo Partido Republicano. Seu chefe buscava a reeleição, pelo partido da oposição, o Democrata. Quando meu pai perdeu, ele entrou para a lista negra do governo.

O Poder da Educação Financeira

Fiquei perturbado ao ouvir dele o conselho que não havia funcionado para si próprio. Ele achava que eu devia trabalhar para o governo no quadrante E. O desemprego de meu pai, altamente culto, bem formado, trabalhador, aos 54 anos, representou um vislumbre do futuro, no qual estamos hoje.

Agradeci a meu pai e dirigi para o escritório de meu pai rico, em Waikiki. Agora eu sabia o conselho de que pai queria seguir. Eu sabia que o que eu queria ser quando crescesse era me tornar um empreendedor que operasse nos quadrantes D e I.

Aprenda a Investir em Dívidas

Em 1973, meu pai rico disse que havia três coisas que eu precisava aprender se quisesse seguir seus passos. Eram elas:

1. **Aprenda a vender.**

   A habilidade de vender é a coisa mais importante para um empreendedor. O trabalho mais importante de um empreendedor é levantar dinheiro.

2. **Aprenda a investir de acordo com as tendências do mercado.**

   Hoje, isso é chamado de análise técnica, predizer o futuro dos mercados avaliando o passado.

3. **Aprenda a investir no mercado imobiliário.** Aprenda a administrar as dívidas para enriquecer.

O pai rico sabia muito bem das mudanças das regras monetárias de Nixon em 1971. Por isso, em 1972, enquanto eu estava no Vietnã, ele sugeriu que eu seguisse as cotações do ouro nos jornais e prestasse atenção a como o povo vietnamita estava respondendo às mudanças do dinheiro. No livro *O Segredo dos Ricos*, escrevi sobre quando entreguei a uma vendedora de frutas vietnamita uma nota de US$50 e ela recusou. Esse ato representou meu vislumbre do futuro e da crise vindoura do dólar, uma crise que ainda estava por acontecer.

Quando perguntei ao pai rico por que eu deveria fazer cursos sobre investimentos imobiliários, ele respondeu: "O dólar não é mais dinheiro. O dólar é dívida. Se você quiser enriquecer, precisa aprender a usar as dívidas para fazer crescer sua fortuna."

Quando perguntei se ele me ensinaria, ouvi a seguinte resposta: "Não. Invista em sua educação em primeiro lugar." Ele não queria perder seu tempo com alguém que nada sabia sobre imóveis e dívidas. Encorajando-me a aprender, ele

Capítulo 3

disse: "Guiarei você após o término de seus cursos. Serei seu mentor e seu *coach*, mas, antes, você precisa buscar a própria educação."

Deixei seu escritório um pouco abatido. Não tinha ideia de onde encontrar uma verdadeira educação no setor imobiliário. Sabia que havia cursos para corretores imobiliários. Sabia disso porque, com frequência, meu pai rico fazia piadas sobre esse tipo de agentes: "A razão para serem chamados de corretores é porque o dinheiro corre deles. Eles têm menos dinheiro do que você." Explicando mais, ele acrescentava: "A maioria dos corretores imobiliários faz cursos para tirar suas licenças, não para investir no mercado imobiliário. Uma licença permite que eles vendam imóveis e ganhem dinheiro no quadrante A. Grande parte pouco sabe sobre os investimentos imobiliários do quadrante I." Ao sair do escritório dele, eu sabia que precisava encontrar educação real para o quadrante I. Sabia que não queria ser um agente imobiliário do quadrante A.

Certa noite, já bem tarde, eu estava me preparando para um voo bem cedo na Estação Aérea dos Fuzileiros Navais e vi um comercial, convidando os telespectadores a fazerem um curso sobre investimentos em imóveis. Disquei o número da tela e me inscrevi para uma apresentação prévia grátis, que aconteceria alguns dias depois. No seminário gratuito, ouvi exatamente o que queria ouvir e paguei US$385 por um curso de três dias, que aconteceria em algumas semanas. Na época, isso representava uma fortuna para um piloto da Marinha, cujo salário era menos de US$900 brutos por mês. Como a maioria das pessoas, eu tinha um financiamento imobiliário, um financiamento de automóvel e outras despesas. Minha mente pirou ao pensar se eu estava sendo esperto ou tolo. Fiquei imaginando se eu estava sendo roubado e se sairia daquele seminário sem nada a acrescentar.

No final das contas, aqueles US$385 se tornaram um dos melhores investimentos que já fiz. Aquele curso me possibilitou ganhar muitos milhões de dólares, várias vezes, quase sempre isentos de impostos. Mais importante do que dinheiro é o impacto que o curso exerceu em nossa vida. Ter investido em nossa educação, naquele curso, é uma das razões pelas quais Kim e eu nos tornamos financeiramente independentes: Kim aos 37 e eu, aos 47 anos.

Em 1973, fiz exatamente aquilo que o instrutor do curso de mercado imobiliário nos ensinou. Passei semanas olhando investimentos diversos. Em todas as imobiliárias em que estive os corretores me diziam a mesma coisa: "Você não vai conseguir encontrar esse tipo de negócio no Havaí. O Havaí é muito caro."

Estava preparado para esse tipo de conversa negativa dos agentes imobiliários porque o instrutor do curso nos havia alertado, dizendo: "É por isso que eles são

O Poder da Educação Financeira

corretores, e não investidores. Se fossem investidores em imóveis, não precisariam ser vendedores."

Após semanas de buscas e de ouvir constantemente a mesma coisa — "Não dá. O que você quer não existe" —, finalmente descobri uma pequena imobiliária, em um beco de Waikiki, e encontrei as respostas que vinha buscando. Quando disse ao corretor: "Estou procurando por uma propriedade para investimento, em uma excelente área, com pouco ou nada de entrada e algo que me dê um fluxo positivo de caixa", ele sorriu e disse: "Tenho exatamente o que você quer. Na verdade, tenho 35 delas."

Três dias depois, voei para a ilha de Mauí, aluguei um carro e dirigi por 45 minutos até a propriedade. Uma vez lá, mal pude acreditar no que vi. O projeto era espetacular. Ficava em uma rua de frente para uma praia linda e isolada, exatamente como os cartões-postais antigos do Havaí. A razão para o preço estar tão bom é que a propriedade inteira estava em processo de execução hipotecária. Tudo estava à venda. Como uma criança em uma loja de doces, visitei cada uma das unidades, em busca daquela que eu queria. Finalmente, escolhi uma. O preço por unidade era US$18 mil. Os termos: 10% de entrada, ou US$1.800, e o restante com financiamento do vendedor.

Isso significava que eu não precisava me candidatar a um empréstimo bancário. Era tudo que os outros corretores disseram que não existia, e estava na ilha de Mauí, perto de um dos mais requisitados resorts da região.

Quando soube que a propriedade geraria fluxo de caixa, mesmo financiando 100%, puxei meu cartão de crédito e paguei a entrada de US$1.800. Não coloquei nada do meu próprio bolso no investimento e ainda fiz dinheiro. Finalmente, comprei um total de três dessas propriedades. Teria comprado mais, porém meu cartão de crédito estava no limite.

Tudo correu bem por cerca de seis meses. Então, as portas do inferno se abriram. As fossas sépticas do projeto quebraram, esgoto puro rolou pela minha melhor unidade e eu aprendi sobre fluxo negativo de caixa e os perigos de estar excessivamente endividado. No momento em que o sistema séptico quebrou e meu inquilino se mudou, meu ativo se transformou em um passivo. Em vez do lucro mensal de US$20, estava perdendo US$300 por mês. Estava enfrentando o pesadelo que mantém a maioria dos investidores fora do mercado imobiliário: administração da propriedade e fluxo negativo de caixa.

Minha educação de vida real havia começado. Graças a Deus, minhas outras duas unidades ainda estavam em operação. Eu estava aprendendo a como usar

Capítulo 3

dívida para enriquecer e como uma dívida pode empobrecer. Foi o princípio de uma inestimável educação sobre o poder do endividamento.

Hoje, os corretores de imóveis continuam dizendo a mim e a Kim: "Vocês não vão conseguir fazer isso." Eles dizem isso, mesmo vendo que estamos comprando complexos de 300 a 500 unidades com dívida e fazendo milhões isentos de impostos. A maioria dos corretores não pode fazer o que fazemos porque eles foram educados para o quadrante A, e não para o quadrante I.

Como as dívidas podem ser letais, recomendamos que você comece pequeno. Adquira pequenas coisas, como Kim fez quando comprou suas primeiras 20 unidades. Aprenda a administrar dívidas e imóveis.

Como a maioria das pessoas sabe, endividar-se é fácil. Administrar dívidas é difícil.

Por que Há Tantas Pessoas em Dificuldade?

Pergunta Frequente

Por que tantas pessoas estão enfrentando problemas com endividamento?

Resposta Curta

Elas usam dívida para comprar passivos. Os ricos usam dívidas para comprar ativos.

Explicação

Em *Pai Rico, Pai Pobre*, afirmei que sua casa não é um ativo. A maioria das casas não é um ativo porque o dono paga prestação, impostos, seguros e manutenção. Em nossas propriedades, os inquilinos pagam pelas despesas, mais nossos lucros.

Nós usamos dívidas para financiar ativos que colocam dinheiro em nossos bolsos. Não é necessário que sejam imóveis. Por exemplo, Kim e eu temos um barco de 58 pés. Para a maioria das pessoas, um barco é um enorme passivo, um buraco na água por onde seu dinheiro vaza. Nosso barco é um ativo porque ele está no serviço de charter — assim, os turistas pagam nossa dívida, seguros, manutenção e mais o aluguel. Fazemos dinheiro e usamos o barco quando desejamos.

Lembre-se: não é a classe de ativos que determina se algo (casa, barco, empresas, petróleo ou ouro) é um ativo ou passivo. O que determina se algo é um ativo ou passivo é a direção do dinheiro. Se o dinheiro flui para seu bolso, é um ativo. Se, ao contrário, o dinheiro sai do bolso, é um passivo. É simples assim, em teoria. O desafio está na prática.

O Poder da Educação Financeira

Os Imóveis e a Experiência da Vida Real

Pergunta Frequente
Você nos daria um exemplo real de como atingir 100% de endividamento e ainda conseguir um fluxo de caixa positivo?

Resposta Curta
Claro.

Exemplo de Vida Real

Estou extraindo esse exemplo de um projeto que Kim e eu temos com nosso parceiro no ramo imobiliário, Ken McElroy. Ken e seu sócio, Ross McAllister, conseguiram o negócio, fizeram todo o trabalho e administram a propriedade. Kim e eu somos parceiros financeiros no projeto.

Projeto: 144 apartamentos + 10 acres de terra.

Localização: Tucson, Arizona.

Tucson é uma cidade com forte crescimento de postos de trabalho provenientes da Universidade do Arizona, das Forças Armadas e das agências do governo tais como a *U.S. Border Patrol*, que patrulha as fronteiras. Como a maioria dos empregos é transitória, há uma alta demanda por residências de aluguel.

A propriedade não estava listada com corretores de imóveis. Ken e Ross eram os administradores. Quando o dono disse que queria vender, o projeto mudou de mãos, para Ken, Ross, Kim, eu e outros dois investidores.

Como você deve saber, a maioria dos grandes negócios não chega às mãos dos corretores de imóveis. A maioria dos grandes acordos vai para *insiders*, no boca a boca.

Preço: US$7,6 milhões (US$7,1 milhões pelas 144 unidades e US$500 mil pelas terras).

Financiamento: US$2,6 milhões em participações dos investidores e US$5 milhões por meio de um novo financiamento.

Plano: Construir 108 novas unidades nos 10 acres.

Financiamento para a nova adição: US$5 milhões para construir as 108 novas unidades. A propriedade existente e os 10 acres foram usados como garantia para o empréstimo novo.

Total de unidades: 252 unidades quando concluído.

Pacote total: US$2,6 milhões em patrimônio + *US$10 milhões em dívida*.

Novo principal: US$12,6 milhões.

Capítulo 3

Nova estimativa de valor: US$18 milhões. Um aumento nos aluguéis aumentou a estimativa de valor.

Novo financiamento: 75% de alavancagem = US$13,5 milhões (US$18 milhões × 75% = US$13,5 milhões).

Pagamento de empréstimos antigos: US$13,5 milhões - US$10 milhões = US$3,5 milhões.

Retorno para os investidores: US$3,5 milhões.

Transação líquida: Kim e eu investimos US$1 milhão. Dos US$3,5 milhões de retorno para os investidores, recebemos US$1,4 milhão. Essa quantia foi reinvestida em uma propriedade de 350 unidades em Oklahoma.

Impostos pagos sobre o US$1,4 milhão: 0.

Hoje, Kim, Ken, Ross e eu possuímos 252 unidades em Tucson. Recebemos uma renda mensal por essas propriedades. Como temos zero investido nelas, nosso ROI (retorno sobre investimento) é infinito.

Ao longo de sete anos, Kim e eu investimos em mais de 2.500 propriedades com Ken e Ross, adotando a mesma estratégia de investimentos. Hoje, o clima econômico nos tem oferecido oportunidades para comprar ainda mais propriedades porque os preços, nos Estados Unidos, estão muito baixos e, mais importante, as taxas de juros estão baixas. As taxas baixas de juros aumentam nossa renda. Por sua vez, os aluguéis estão subindo, porque menos pessoas estão conseguindo comprar as próprias casas — dessa forma, elas alugam.

Durante a bolha do mercado imobiliário entre 2005 e 2007, Kim, Ken, Ross e eu perdemos inquilinos porque estavam usando o crédito *subprime* para comprar casas que depois não conseguiriam pagar. Durante aquela bolha, na verdade, fizemos menos dinheiro. Mas, uma vez que a bolha estourou, os inquilinos voltaram em massa, nosso fluxo de caixa aumentou e nossas propriedades aumentaram de valor, enquanto o preço das casas residenciais caiu.

Quando os bancos avaliam projetos enormes, multimilionários, eles focam no histórico do tomador do empréstimo e da propriedade. Eles tomam suas decisões de investimentos principalmente baseados no fluxo de renda, não no tomador em si.

Quando as pessoas compram suas casas próprias, o banco foca na capacidade do mutuário porque uma residência privada não produz renda.

A boa notícia é que a mesma estratégia pode ser aplicada para pequenos negócios do mercado imobiliário. Eu usei 100% de financiamento para comprar meus primeiros apartamentos em Mauí. Ainda que nem todos os investimentos funcionem dessa maneira, esse é nosso objetivo: queremos de volta o que pagamos

O Poder da Educação Financeira

de entradas, um ativo gratuito, fluxo positivo de caixa e isenção de impostos. Kim, Ken, Ross e eu chamamos isso de retorno infinito de impressão de dinheiro.

Retorno Infinito

Pergunta Frequente
O que é um retorno infinito?

Resposta Curta
Dinheiro sem esforço.

Explicação
Se eu tenho zero no ativo e recebo $1, um retorno sobre zero é infinito. É dinheiro sem esforço. O ativo é gratuito, uma vez que conseguimos nosso dinheiro de volta.

Mantendo isso excessivamente simples, usarei o seguinte exemplo. Digamos que uma propriedade custe $100 mil e minha entrada seja de $20 mil. Se eu recebo $200 de fluxo positivo líquido de renda, após todas as despesas (inclusive o pagamento do financiamento), tenho 1% de retorno mensal no meu investimento de $20 mil. Isso é um retorno de 12% anual ou $2.400 por ano.

O ROI é a renda líquida dividida pelo valor da entrada.

$$\frac{\text{Renda Líquida (mensal) \$200}}{\text{Entrada \quad \$20.000}} = 1\% \text{ ao mês, ou } 12\% \text{ ao ano}$$

Nossa estratégia de investimento é conseguir aqueles $20 mil de volta e continuar a receber $200 ao mês. Quando os $20 mil retornam, o ROI é infinito. Esse era o cenário de investimento que eu buscava quando terminei aquele curso de mercado imobiliário, em 1973. Isso é o que a maioria dos corretores afirmava ser impossível. Hoje, continuamos nos empenhando pelo impossível.

Para a maioria das pessoas, $200 por mês, um retorno de 1%, parece pouco, e certamente é pouco animador. Mas se você possui 100 desses pequenos negócios, isso representa $20 mil ao mês em fluxo de caixa. E 1.000 propriedades são $200 mil ao mês. Isso é muito mais do que um médico ou advogado consegue por mês.

Quando Kim começou, seu objetivo eram 20 unidades. Ela conseguiu isso em 18 meses porque a economia estava terrível. E não está tão diferente hoje.

Capítulo 3

Uma vez conquistadas as 20 propriedades, Kim as vendeu com diferimento fiscal sobre os ganhos de capital. Com esse adiamento de pagamento de impostos, Kim comprou dois prédios de apartamentos ainda maiores, um com 29 unidades e outro com 18 unidades. Hoje, seguindo a fórmula de retorno infinito, ela tem quase 3.000 unidades de apartamentos, prédios comerciais, um resort de luxo e cinco campos de golfe — todos com fluxo de caixa positivo, mesmo em mercados em baixa. Seu objetivo é conseguir adicionar 500 novas unidades a cada ano, usando a mesma fórmula — a fórmula que os corretores de imóveis afirmam que não existe. Essa diferença de modelo mental realça a diferença entre uma educação do mercado imobiliário dos quadrantes A e I. A verdadeira ironia é que os corretores pagam impostos sobre sua renda auferida, e os investidores conseguem descontos gigantescos nos impostos sobre seus rendimentos.

Não temos dinheiro próprio investido na propriedade da maioria dos nossos investimentos. Se tivermos, estamos sempre no processo de recebê-lo de volta. Isso leva, na maioria dos casos, de um a cinco anos.

Quando conseguimos o dinheiro de volta, o movimentamos para adquirir mais ativos. Essa fórmula é conhecida como "velocidade do dinheiro". Escrevi sobre a velocidade do dinheiro em maiores detalhes no livro *Quem Mexeu no Meu Dinheiro?*, publicado em 2004. Essa fórmula não mudou e a velocidade aumentou ainda mais na horrível economia americana. Se você agiu, conforme sugerido em *Quem Mexeu no Meu Dinheiro?*, antes da quebra do mercado, provavelmente está recebendo seu dinheiro de volta agora.

Ken McElroy Compartilha Como Usar as Dívidas

*Os bancos precisam de seus depósitos para poder emprestar dinheiro. Os bancos não podem emprestar até que tenham **seu** dinheiro para emprestar. A essa altura, você tem duas escolhas: usar o endividamento para se enriquecer ou usar o endividamento para enriquecer os outros.*

As grandes fortunas se formaram com o uso de dívidas. Há dívidas boas e dívidas ruins.

Se você empresta dinheiro e gasta em algo que se valoriza, isso é dívida boa. Se você empresta dinheiro e gasta em algo que se desvaloriza, isso é dívida ruim. Você usa uma dívida boa para melhorar sua situação e aumentar seu patrimônio líquido. Você deve evitar totalmente as dívidas ruins.

Endividamento é alavancagem. Tudo aquilo onde você usa dívida será ampliado, sejam coisas boas ou ruins. Se você empresta dinheiro para um passivo, como um carro

O Poder da Educação Financeira

que eventualmente será inútil, você está aumentando seus custos de forma negativa. Dívidas ruins criam um passivo que tira dinheiro de seu bolso.

Usar a dívida como alavancagem também pode ser uma experiência extremamente positiva quando você está adquirindo ativos.

Minha empresa usa dívida e alavancagem para criar riqueza para meus investidores adquirindo ativos, especialmente propriedades multifamiliares. Essas propriedades não apenas produzem um fluxo mensal de renda, como também crescem em valor ao longo do tempo usando princípios sólidos de administração.

Um bom exemplo do uso de dívidas e alavancagem é quando um grupo de investidores, inclusive Robert e Kim Kiyosaki, compraram uma propriedade de 288 unidades, localizada em Broken Arrow, Oklahoma, um subúrbio de Tulsa. Essa propriedade era bem localizada e tivemos várias oportunidades de aumentar as receitas e diminuir as despesas.

Na compra, a propriedade estava avaliada em mais de US$14 milhões. O valor se baseia sempre no fluxo líquido de renda. Usando a avaliação, o banco nos permitiu assumir um financiamento de US$9.750.000, a uma taxa anual de juros de 4,99%. Também nos candidatamos a um segundo empréstimo de US$1.090.000, a uma taxa anual de juros de 6,5%. Esse é um exemplo de dívida boa.

O banco nos concedeu esse empréstimo porque a propriedade tinha uma taxa alta de ocupação e eles sabiam que os aluguéis que coletaríamos dos residentes seriam mais do que suficientes para fazer os pagamentos do financiamento imobiliário.

Levantamos US$3,4 milhões dos investidores para o pagamento da entrada e o capital de giro.

O tempo todo, nossa estratégia consistia em instalar novas lavadoras e secadoras de roupas em todas as unidades, o que poderia nos dar um adicional de US$25 de aluguel em cada unidade, um total de US$86.400 em renda anual adicional (288 unidades × 25 × 12 = 86.400).

Em apenas três anos e meio, conseguimos aumentar a renda líquida operacional anual dessa propriedade em mais de US$300 mil. O empréstimo original decresceu em mais de US$600 mil porque pagamos o financiamento usando os pagamentos dos aluguéis dos residentes durante esse mesmo período.

Hoje, essa propriedade vale mais de US$20 milhões. O valor aumentou porque o fluxo líquido de renda aumentou.

Usando dívida boa e alavancagem e com apenas US$3,4 milhões de entrada, o valor dessa propriedade aumentou em mais de US$6 milhões, quase US$2 milhões

Capítulo 3

ao ano. O fluxo anual de caixa aumentou em mais de US$300 mil e é distribuído aos investidores.

O plano de negócios inicial era sempre refinanciar usando dívida nova para alavancar e retornar aos investidores o patrimônio inicial investido. Ao final de 2011, planejamos refinanciar a propriedade com nova dívida, através de um empréstimo novo de US$15 milhões, a uma taxa baixa fixa de juros, que pagará a dívida existente de US$10 milhões, sobrando US$5 milhões para serem distribuídos.

Não há nada melhor do que retornar o dinheiro dos investidores. Nesse caso, se o resultado é US$5 milhões, retornamos não apenas os US$3,4 milhões originais, como também um adicional de US$1,6 milhão. Não se esqueça de que os investidores também recebem uma boa renda mensal enquanto o dinheiro está investido.

Uma vez que os investidores recebem seu dinheiro de volta integralmente, o investimento deles na propriedade passa a ser zero. O "investimento original retornado" e os ganhos adicionais são isentos de impostos porque são um refinanciamento.

Em 2012, com um novo financiamento, a propriedade continuará a render fluxo para todos os investidores, o que criará um retorno infinito.

Quero enfatizar que esse cenário foi planejado desde o início. Os investidores que usam alavancagem e dívida conseguem colher as recompensas de valorização na quantia "emprestada". Se você usa dívida boa e compra ativos que geram fluxo de caixa, acumula grandes fortunas.

Outro Tipo de ROI

A maioria dos corretores ou agentes imobiliários diz que um retorno de 10% é um bom retorno. Mas, na maioria dos casos, esse retorno de 10% é sobre ganhos de capital, e não sobre o fluxo de caixa. Não é dinheiro verdadeiro. Mais uma vez, esse é o problema com a obtenção de sua educação financeira no quadrante A (na maioria dos casos, nesse quadrante também estão as vendas). Como investidor, preciso saber sobre que tipo de ROI o vendedor está falando. É de 10% sobre o fluxo de caixa ou ganhos de capital, e quais são as consequências tributárias? Eu sou punido com impostos ou recebo incentivos fiscais? Mais importante: como faço para obter um retorno infinito (também conhecido como "dinheiro sem esforço" ou "impressão do meu próprio dinheiro")?

Se você sabe o que está fazendo, as dívidas podem ser uma vantagem arrebatadora.

O Poder da Educação Financeira

O Segredo do Quadrante I

O segredo do quadrante I é DOP: dinheiro de outras pessoas. Como você sabe, muitas pessoas investem, mas usam seu próprio dinheiro.

Para ser um verdadeiro I, uma pessoa precisa aprender a usar DOP para investir, seja de bancos, fundos de pensão ou investidores privados.

Um investidor inteligente pode usar DOP em qualquer classe de ativos, incluindo ações, metais preciosos como ouro e commodities como o petróleo. DOP é o segredo do quadrante I, independentemente da classe de ativos. Depois que você aprender o segredo, você o verá sendo utilizado em todos os lugares.

Quando Kim investiu em sua primeira casa, investiu US$5 mil e emprestou US$40 mil. No momento em que fez isso, ela se tornou uma verdadeira investidora, utilizando DOP para investir. Quando usei meu cartão de crédito para comprar as unidades de US$18 mil em Mauí, eu estava usando 100% de dívida para financiar meus investimentos. No momento em que fiz isso, eu me mudei para o quadrante I.

Quando Kim e eu investimos US$1 milhão com Ken e Ross, nós o fizemos porque o plano de negócios deles foi usar dinheiro do banco para conseguir nosso dinheiro de volta. Se eles dissessem que tínhamos de deixar aquele US$1 milhão lá para sempre, não teríamos investido. Conseguimos aquele US$1 milhão de volta em apenas três anos e meio. Usamos DOP tanto quanto possível, porque queremos nosso dinheiro de volta. E mais: queremos manter o ativo, queremos o fluxo de caixa e queremos as vantagens fiscais. Isso é o que os verdadeiros investidores do quadrante I fazem.

Quando invisto em petróleo, uso DOP do governo e das companhias petrolíferas para comprar poços de petróleo para mim. Quando compro ações, uso opções e a dinâmica do mercado para comprar ativos para mim.

Meu pai rico dizia com frequência: "Apenas os preguiçosos e os tolos usam o próprio dinheiro." DOP é o segredo dos verdadeiros investidores.

Perguntas Finais

Pergunta Frequente

O governo não vai fechar essa brecha?

Resposta Curta

Qualquer coisa é possível, mas eu duvido.

Explicação

Capítulo 3

Afirmei anteriormente que, após 1971, o dinheiro tornou-se dívida. Para a economia crescer, precisa de devedores. É por isso que os impostos do governo punem os poupadores e incentivam os devedores, especialmente aqueles que podem assumir grandes quantidades de dívida.

Se o governo acabasse com essa possibilidade, a economia pararia imediatamente, o caos se instalaria e a multidão criticaria severamente os políticos. Se o governo fechasse essa brecha, abriria outras para seus amigos, aqueles com dinheiro e que financiam suas campanhas.

Pergunta Frequente

Isso não é cruel para as pessoas que não sabem como usar a dívida?

Resposta Curta

Muito cruel. Eu rio e choro toda vez que vejo alguém ganhar na loteria ou quando jovens atletas recebem um contrato de US$50 milhões para praticar esportes profissionais. Qual é a primeira coisa que essas pessoas fazem? Elas compram uma casa grande e bons carros, não só para si, mas também para seus familiares e amigos. Em vez de usar seu dinheiro para ficarem ainda mais ricas, elas usam seu dinheiro para se endividar profundamente, dívida por passivos. Não demora muito para o dinheiro ser transferido de volta para o governo e para os ricos. Ao final, resta ao tolo apenas o endividamento.

Pergunta Frequente

O que acontece se o governo federal começa a emitir muita moeda e uma hiperinflação se estabelece?

Resposta Curta

Isso seria maravilhoso. Eu pagaria meus empréstimos com dinheiro mais barato e aumentaria os aluguéis para compensar a inflação.

Pergunta Frequente

E se você estiver errado e houver um colapso econômico e seus inquilinos não puderem pagar o aluguel?

Resposta Curta

Sem problemas.

Explicação

A maioria dos nossos empréstimos é financiamento *non-recourse*, o que significa que, se não pudermos pagar, entregaremos a propriedade de volta ao banco. O

O Poder da Educação Financeira

financiamento *non-recourse* significa que o banco não pode ir atrás de nenhum outro ativo que possuímos.

Meu pai rico dizia com frequência: "Se você deve ao banco US$20 mil e não puder pagar, *você tem um problema*. Se você deve ao banco US$20 milhões e não puder pagar, *o banco tem um problema.*"

Hoje, os bancos estão muito mais cuidadosos quando emprestam milhões. Por isso você deve fazer cursos muito bons sobre o mercado imobiliário, e não cursos para corretores. Os verdadeiros investidores do mercado imobiliário precisam saber como administrar dívidas e propriedades.

Não importa quanto dinheiro você tenha, comece pequeno. Invista em muitos pequenos negócios, praticando para ganhar experiência em administração de dívidas, propriedades e inquilinos. Uma vez que um banqueiro saiba que você tem experiência e um cadastro de sucesso, eles emprestarão tanto dinheiro quanto você possa lidar.

Palavras Finais

Todos os dias, bilhões são emitidos pelos bancos. Todos os dias, há trilhões à procura de um lugar para pousar. A principal razão para um número crescente de pessoas cultas pobres é porque elas nunca aprenderam a acessar essa fonte multimilionária. A maioria das pessoas, porque nunca aprendeu a nadar, está ao lado desse oceano gigantesco de dinheiro, com medo de mergulhar.

Em 1997, o livro *Pai Rico, Pai Pobre* afirmou: "Sua casa não é um ativo." Cartas de ódio chegaram pelo correio, vindas de corretores de imóveis do mundo inteiro.

Em 2006, em Fênix, nos Estados Unidos, um detestável corretor de imóveis fazia um comercial de televisão encorajando as pessoas a comprarem casas com ele, porque os preços iam subir. Quatro anos depois, o mesmo corretor fez um comercial em que encorajava as pessoas que compraram casas com ele a contratá-lo novamente, dessa vez para se livrar das casas cujos preços caíram.

Novamente, essa é a diferença entre uma educação em imóveis do quadrante A e uma educação verdadeira sobre o mercado imobiliário do quadrante I.

A coisa realmente triste é que, em 2010, as taxas de juros, nos Estados Unidos, estavam realmente baixas e os bancos estavam praticamente entregando imóveis excelentes por quase nada. Foi uma época para os ricos ficarem mais ricos, enquanto, ironicamente, os pobres ficaram mais pobres.

Como diz a Bíblia: "Meu povo foi destruído pela falta de conhecimento." Hoje, milhões de pessoas estão padecendo porque não sabem a diferença entre ativos e pas-

Capítulo 3

sivos. Milhões estão padecendo porque têm de trabalhar arduamente por dinheiro, enquanto os governos estão emitindo trilhões de dólares, o que significa um aumento em impostos e inflação. Então, essas pessoas tentam poupar dinheiro e usam dívida ruim para adquirir passivos, que elas acreditam que são ativos. Isso é insanidade financeira.

A vantagem arrebatadora é o conhecimento para usar dívida a fim de adquirir ativos, que produzem fluxo de caixa para um retorno infinito — e saber que não se deve poupar dinheiro, porque ele não é mais dinheiro. Agora ele é dívida e é por isso que os poupadores são perdedores.

Capítulo 4

VANTAGEM ARREBATADORA #4
RISCO

Pergunta Frequente
Imóveis são bons investimentos?

Resposta Curta
Não sei. Você é um bom investidor do mercado imobiliário?

Pergunta Frequente
Investir em ações é um bom investimento?

Resposta Curta
Não sei. Você é um bom investidor em ações?

Pergunta Frequente
Um negócio é um bom investimento?

Resposta
Não sei. Você é um bom empresário?

Você entendeu o que quero dizer. Sem educação financeira, você vai perder seu dinheiro, independentemente do tipo de investimento.

Risco Extremo

Regularmente, ouço: "Odeio risco. Prefiro me sentir seguro. Já tenho desafios suficientes." Para evitar o risco, as pessoas acabam vivendo de maneira extremamente arriscada.

Capítulo 4

Oximoro

A definição de oximoro é: "Palavras que se contradizem." Exemplos são: camarão jumbo, serviços do governo, tratamento dentário indolor, político honesto e guerra santa.

No mundo do dinheiro, as coisas a seguir também são oximoros:

1. Segurança no emprego
2. Economizar dinheiro
3. Investir com segurança
4. Parte justa
5. Fundo Mútuo
6. Carteira diversificada
7. Livre de dívidas

As pessoas que são avessas ao risco são aquelas que mais usam esses oximoros. E eles as conduzem para uma vida de risco extremo.

Aqueles com educação financeira sabem por que essas palavras são oximoros financeiros. Para aqueles sem educação financeira, esses oximoros soam como sabedoria financeira. Vou explicar:

1. Segurança no emprego

Quando me formei no ensino médio, muitos de meus colegas não foram para a faculdade. Não era preciso; havia muitos empregos bem-remunerados à espera dos diplomados do ensino médio. Muitos dos milhares de empregos nas plantações de abacaxi e açúcar pagavam altos salários para os operadores de equipamentos pesados, os trabalhadores da fábrica de conservas e dos escritórios. A maioria era de empregos sindicalizados com boa remuneração e grandes benefícios.

Hoje, a maioria dessas plantações não existe mais. Meus colegas de classe trabalham para o McDonald's ou se tornaram empresários em "agricultura tropical", também conhecida como plantação de maconha. Muitos estão se saindo muito bem como agricultores ilegais. Obviamente, eles não pagam muito em impostos. Para o mundo exterior, eles são pessoas pobres que recebem ajuda do governo, mas dirigem automóveis modernos e sofisticados, pagos à vista.

Ironicamente, devido à atual crise econômica e à tecnologia, os únicos com problemas financeiros são aqueles meus colegas que foram para a faculdade. Uma das meninas mais bonitas e mais inteligentes da minha escola, alguns anos mais jovem do que eu, graduada em uma pequena universidade de elite da Nova Inglaterra, está agora desempregada e vive nas florestas do Havaí rural, quase como eremita. Ela está à espera de ter idade suficiente para se aposentar e passar a receber aposentadoria da previdência oficial.

O Poder da Educação Financeira

Assim que o Presidente Nixon abriu o comércio com a China, os postos de trabalho fluíram para o exterior, os dólares ajudaram a China a construir novas fábricas. Como a China construiu fábricas imensas para trabalhadores de baixos salários, os empregados bem pagos dos Estados Unidos deixaram de ser necessários. As vagas de média gerência para pessoas com curso superior também começaram a desaparecer.

Não são apenas os empregos de baixos salários que fluem para o exterior, a tecnologia também está eliminando os empregos de altos salários. Tecnologia é uma razão crescente para que a segurança do emprego se transforme em um oximoro. Na década de 1920, mais de 2 milhões de americanos trabalhavam em ferrovias. Hoje, elas operam de forma eficiente com menos de 300 mil trabalhadores. O fato de haver menos trabalhadores implica aumento de lucros para os donos das ferrovias, proprietários como Warren Buffett, que, em 2009, pagou US$34 bilhões para comprar a ferrovia de Santa Fé, a Burlington Northern. Avanços na tecnologia eliminaram postos de trabalho e custos trabalhistas reduzidos se traduzem em mais lucros para os proprietários. Por que Buffett compraria uma ferrovia, e não uma empresa moderna de tecnologia? A resposta é simples: fluxo de caixa estável.

Postos de trabalho continuarão a ser eliminados nos países desenvolvidos porque seus trabalhadores recebem até 40 vezes mais do que os trabalhadores de menores salários do mundo. Isso significa que esses empregos não voltarão. Mesmo a China, que já foi um país de baixos salários, está enfrentando problemas porque os trabalhadores chineses estão demandando salários mais altos. À medida que os trabalhadores chineses ganham cada vez mais, os empregos migram para países com níveis salariais ainda mais baixos, como Filipinas, Coreia do Norte, Quirguistão e Indonésia.

Com os avanços tecnológicos, ganham os proprietários das empresas e perdem os funcionários. Mesmo no Vale do Silício, onde é criada boa parte das novas tecnologias, a fabricação em si ocorre fora da América. O computador que uso para escrever este livro foi concebido nos Estados Unidos e fabricado na China. Enquanto estou escrevendo este livro, sei que, em poucos meses, ele estará à venda em vários idiomas diferentes. Após a publicação, meus custos caem e minhas receitas aumentam, provenientes desse ativo que criei.

Meu negócio está em expansão em todo o mundo com menos funcionários do que no ano passado. A tecnologia é uma vantagem arrebatadora crescente para aqueles que estão no quadrante D e, às vezes, é uma desvantagem para aqueles que estão nos quadrantes E e A.

Capítulo 4

Aqueles com segurança no emprego pagarão cada vez mais em impostos. Com o crescimento das dívidas nacionais, os governos aumentarão os impostos. Os quadrantes com menos espaço de manobra para minimizar o pagamento de tributos são os empregados que estão no quadrante E, os especialistas, como médicos e advogados, no quadrante A. Durante as crises, os governos aumentam os benefícios fiscais para aqueles que estão nos quadrantes D e I e aumentam os impostos para aqueles que se encontram nos quadrantes E e A.

Aumento de desemprego não é um problema apenas nos Estados Unidos e na Europa. É um problema mundial, mesmo na China. Desemprego prolongado leva a agitação social, revolução política e derrubada de governos. É por isso que a maioria dos países faz qualquer coisa para roubar empregos de outros países.

Jogando com Seu Dinheiro

Para manter empregos e pessoas empregadas, os países estão brincando com seu dinheiro. Ao manter a moeda enfraquecida, por meio das taxas de câmbio, ou fazendo emissões excessivas, as exportações ficam mais baratas. Se a moeda de um país se fortalece e se torna mais cara, suas exportações se tornam mais caras e diminuem, e, dessa forma, ainda mais empregos são perdidos.

Em 1966, quando viajei pela primeira vez ao Japão, como estudante a bordo de um navio cargueiro americano, o dólar dos Estados Unidos poderia comprar 360 ienes. Mesmo como simples estudante, eu podia comprar uma boa quantidade de ienes com meus dólares. O Japão era barato para um americano.

Hoje, o dólar dos Estados Unidos compra cerca de 90 ienes. Isso significa que o iene ficou mais forte e o dólar, mais fraco. Hoje, o Japão é caro para os americanos.

Se o Japão quiser salvar sua economia, precisa enfraquecer o iene, talvez trazê-lo de volta ao câmbio de 150 ienes para cada dólar. As exportações americanas, então, tornar-se-iam mais caras, exportaríamos menos e, assim, perderíamos postos de trabalho.

Manter as pessoas empregadas é uma das razões para que os países joguem com seu dinheiro.

A Guerra do Dinheiro

Hoje, os Estados Unidos e a China estão em uma "guerra de dinheiro". Os Estados Unidos querem que a China eleve o valor de sua moeda para que

O Poder da Educação Financeira

possamos exportar mais para eles e importar menos. A China sabe que, se o valor de seu dinheiro aumentar, o mesmo acontecerá com o desemprego em seu país.

Em retaliação, os Estados Unidos mantêm o processo de desvalorização do dólar e a China, a desvalorização de sua moeda, o yuan. Moeda mais fraca significa inflação em casa.

Essa é uma razão para que o oximoro seguinte, poupar dinheiro, seja ridículo. Por que poupar dinheiro quando os países estão enfraquecendo suas moedas, tornando seu dinheiro menos valioso e as compras no WalMart, mais caras?

Os Estados Unidos precisam enfraquecer o dólar se quiserem salvar os empregos. Podem exportar mais com um dólar fraco. Isso significa que haverá mais demanda por bens manufaturados na América, o que, por sua vez, significa que haverá mais empregos.

Essas são algumas razões pelas quais a segurança no emprego é um oximoro.

História de Educação Financeira
Os piores ditadores da história moderna chegaram ao poder em tempos de crise financeira. Hitler chegou ao poder na Alemanha, Mao chegou ao poder na China, Lênin, na Rússia, e Milosevic, na Sérvia e Iugoslávia, durante uma crise econômica.

Hitler e o presidente dos Estados Unidos, Franklin Delano Roosevelt (FDR), chegaram ao poder no mesmo ano de 1933. FDR, ainda que muito amado, criou muitas das instituições financeiras que causaram os desafios financeiros que os Estados Unidos enfrentam hoje. Algumas de suas criações foram a Assistência Social, o *Federal Deposit Insurance Corporation* (FDIC), e a *Federal Housing Administration* (FHA). Ele também tirou os Estados Unidos do padrão-ouro em 1933.

Muitas pessoas acreditam que foi a Segunda Guerra Mundial que tirou os Estados Unidos da Grande Depressão. Ainda que a guerra tenha contribuído para aumentar a produtividade e o equilíbrio financeiro dos Estados Unidos, foi, na verdade, o acordo de Bretton Woods, de 1944, que restaurou o padrão-ouro e aumentou o poder do dólar e dos EUA globalmente. Em 1971, Nixon rompeu o acordo de Bretton Woods com o mundo e, hoje, estamos em uma crise de novo, diante de uma possível nova depressão.

O colapso do acordo do ouro é conhecido como o "choque Nixon". Após 1971, a prosperidade que foi criada nos Estados Unidos se deu por meio de dívida e inflação, e não pela produção de bens manufaturados que o mundo queria comprar.

Capítulo 4

Sem a disciplina de ouro, o Fed iniciou um processo conhecido como inflação sistemática. Os Estados Unidos desfrutaram bons anos porque a economia estava baseada em quantidades cada vez maiores de dinheiro de mentira. A dívida nacional dos Estados Unidos é um esquema Ponzi de endividamento e moeda fiduciária (fiat). Uma dívida que é paga com o dinheiro do contribuinte e que, por sua vez, vale cada vez menos.

Esse sistema sobreviverá enquanto o resto do mundo concordar com esse roubo de dinheiro. Se o mundo acordar para a fantasia de que é possível comprar coisas com dinheiro falso, a fantasia acaba. Se o dólar dos Estados Unidos implodir, o país inteiro implodirá com ele. Esse é o ponto em que estamos, enquanto escrevo esse livro, os americanos se endividaram por muitas e muitas gerações vindouras.

2. *Economizar dinheiro*

Por que poupar dinheiro quando nossos governos estão enfraquecendo o poder de compra de nosso dinheiro?

Como você sabe, depois de 1971, o dinheiro deixou de ser dinheiro e se tornou dívida.

Antes de 1971, os Estados Unidos eram obrigados a ter reservas de ouro para lastrear o dólar. Mas quando os Estados Unidos estavam importando mais do que exportando, o ouro fluía para fora dos Estados Unidos. Quando a França exigiu pagamento em ouro, Nixon retirou o dólar do padrão-ouro.

Após 1971, quando os Estados Unidos e outros países precisam de dinheiro, podem imprimir. Aliás, hoje, nem é necessário uma prensa. Hoje, o dinheiro é digital, apenas um bip eletrônico na tela.

Para criar dinheiro, o Tesouro emite títulos de dívida, que são nada mais nada menos do que uma promessa de pagamento da parte dos contribuintes.

Digamos que o Tesouro americano emita US$10 milhões em títulos.

Investidores privados, bancos e países como China, Japão e Inglaterra compram esses títulos, especialmente os da dívida americana, porque é considerada a mais segura de todas as dívidas, especialmente agora que se passou a imprimir dinheiro para pagá-la.

O problema é que, se o mundo de repente não quiser mais a dívida americana, o Fed vai imprimir ainda mais dinheiro de mentira. Isto levará à inflação e, possivelmente, à hiperinflação.

O Poder da Educação Financeira

Flexibilização Quantitativa

Se ninguém aparece para comprar as dívidas do Tesouro, os bancos centrais preenchem um cheque (mesmo que não haja nada em sua conta) e compram o título. Quando o banco central de um país assina um cheque, cria dinheiro do nada, razão pela qual isso é chamado de *flexibilização quantitativa*. A razão para se ter mudado o nome de *emissão de moeda* para *flexibilização quantitativa* é o fato de isso soar mais inteligente, mesmo sendo suicídio financeiro. Se você ou eu preencho um cheque sem fundos e não pago, posso sofrer sérias consequências.

É por isso que *poupar dinheiro* é um oximoro.

Definições de Educação Financeira
Inflação versus hiperinflação: Inflação significa, apenas, que há mais dinheiro perseguindo menos bens e serviços.

Hiperinflação tem pouco a ver com oferta de dinheiro, como muitos acreditam. Hiperinflação pode ser excesso ou escassez de dinheiro. O problema com a hiperinflação é que ninguém quer aquele dinheiro, independentemente de ser muito ou pouco. Em situação de hiperinflação, o dinheiro é tão valioso quanto papel higiênico usado. Ninguém quer. Torna-se uma piada.

Para pagar a Guerra Revolucionária, o congresso americano criou o dólar continental. O problema foi que a guerra durou muito tempo e eles continuaram a imprimir os continentais para pagar os soldados e comprar material de guerra. Quando o valor do continental foi para zero, soldados e fornecedores ficaram sem nada. Daí o ditado criado entre os americanos, "Não vale um continental", ou seja, não vale um tostão furado.

Quando a Guerra Civil estourou, os estados confederados imprimiram o dólar confederado, com os mesmos resultados.

A Alemanha fez a mesma coisa após a Primeira Guerra Mundial, e o povo alemão usou o *reichsmark* como papel de parede, para deflagrar incêndios e, provavelmente, como papel higiênico. Quando a economia alemã entrou em colapso, Adolf Hitler subiu ao poder, em 1933, o mesmo ano em que Presidente Franklin Delano Roosevelt desatrelou o dólar do padrão-ouro.

Carrego em minha carteira uma nota novinha de 100 trilhões do Zimbábue, que, numericamente, é $100.000.000.000.000. Essa nota já comprou três ovos. Hoje compra menos.

Capítulo 4

O então presidente do Fed, Ben Bernanke, imprimiu trilhões de dólares e o ex-presidente Obama gastou trilhões de dólares.

Dinheiro de mentira provoca guerras entre nações, bem como guerras entre dinheiro verdadeiro (ouro, prata, alimentos, petróleo, coisas com valor intrínseco) e os pedaços de papel impressos.

3. *Investir com segurança*

Não há investimento seguro — apenas investidores inteligentes.

Como foi dito no início deste capítulo, quando me fazem perguntas como: "Imóveis são bons investimentos?" ou "Ações são bons investimentos?", minha resposta é sempre a mesma: "Você é um bom investidor?"

Nenhum investimento é seguro se você é um tolo, nem mesmo o ouro. Você pode perder muito dinheiro investindo em dinheiro real — ouro e prata.

Em 2011, o ouro batia recordes históricos, porque houve uma corrida para perseguir o ouro de tolo. A febre do ouro criou tolos apressados que correm atrás do aumento dos preços do metal, da mesma forma que fizeram quando os preços das ações e dos imóveis estavam em bolha. Enquanto escrevo[1], o ouro está a mais de US$1.300 a onça, o maior valor histórico, mas não se medirmos em dólares de 1980, quando o ouro chegou a US$850 a onça e a prata bateu US$50. Para ser o maior valor real, o ouro precisaria custar, a onça, US$2.400 de hoje.

Ainda hoje é possível ver o frenesi provocado pelo outro. Em todos os lugares há cartazes "Compramos ouro". Nos Estados Unidos, por causa da crise, as pessoas estão vendendo a US$300 a onça, não a US$1.300, as próprias joias, da mãe, da família, desesperados por dinheiro.

Mesmo quando se investe em moedas de ouro, há muitos novos investidores que estão sendo enganados pelo ouro dos tolos, comprando "moedas de ouro raras", também conhecidas como moedas de numismática. Um amigo de um amigo estava todo animado com a compra de uma moeda de ouro rara, da última depressão. Ele pagou cerca de US$3 mil por uma moeda que valia US$1.200.

Acredito ser possível que o ouro atinja US$3 mil a onça em poucos anos, e não acho que US$7 mil estejam fora de questão. Isso significa que você deve

---

[1] Os valores se referem a 2011, quando o livro foi escrito. (N. E.)

O Poder da Educação Financeira

sair e comprá-lo? Minha resposta é não. Você ainda precisa se educar sobre o mercado de ouro, especialmente com os atuais preços.

Em termos muito simples e em teoria, o preço do ouro é igual à oferta de moeda. Quanto mais os governos imprimem dinheiro, aumentando a oferta monetária, mais o preço do ouro sobe. O ouro sobe à medida que o poder de compra do dólar desce. É por isso que acho engraçado o ex-presidente do Fed, Ben Bernanke, ter declarado em 9 de junho de 2010: "Eu não compreendo perfeitamente os movimentos do preço do ouro."

Este é o cara que estava imprimindo dinheiro. Graduou-se no MIT, lecionou em Stanford e Harvard, é especialista na última depressão, dirigia o banco mais poderoso do mundo e diz que não entende os movimentos do preço do ouro?

Isso é perturbador, mas sua falta de compreensão faz dele o melhor amigo dos investidores em ouro. Quanto mais confuso o presidente do Fed, mais comprarei em ouro, prata e petróleo.

Bernanke me faz lembrar meu pai pobre, um professor universitário com doutorado observando o mundo com a mentalidade do quadrante E. Se Bernanke trabalhasse no quadrante I, poderia entender por que o preço do ouro subiria a cada dólar que ele imprimia, quer dizer, flexibilizava quantitativamente.

Foi por causa de líderes como os ex-presidentes do Fed, Greenspan e Bernanke, que comprei uma mina de ouro em 1997. Eu sabia que eles estavam destruindo o dólar.

Kim e eu também compramos ouro, tanto quanto foi possível antes do ano 2000, quando o ouro estava abaixo de US$300 e a prata, a menos de US$3 a onça.

Para aqueles que estão considerando poupar em metais preciosos, em vez de poupar dinheiro, eu começaria com a prata. A prata, em 2011, é um investimento muito melhor do que o ouro. Digo isso porque, neste momento, há mais ouro no planeta Terra do que prata. O ouro também é entesourado, por isso há tanto ouro no mundo. A prata é usada, tanto quanto o petróleo, por isso há muito menos prata do que ouro.

É possível que algum dia, em um futuro não muito distante, a prata venha a custar mais do que o ouro. Mas, por favor, não me tome como dono da verdade. Faça sua própria pesquisa.

Durante anos, os bancos centrais vendiam ouro abaixo do custo e adquiriam dólares. Hoje, eles se desfazem dos dólares e compram ouro, aumentando o

Capítulo 4

preço do metal, o que torna a moeda fiduciária inútil, dificultando a vida do povo. São pessoas instruídas fazendo coisas estúpidas.

O que quero dizer é que você pode perder dinheiro comprando ouro. Se você tivesse comprado em 1980, estaria perdendo dinheiro até hoje, mesmo com o ouro a US$1.300 a onça. O preço do ouro teria de bater a casa de US$2.400 para que você recebesse seus US$850 de 1980 de volta. Se você pode perder dinheiro comprando ouro, pode perder comprando qualquer coisa.

É por isso que *investimento seguro* é um oximoro.

Quando abri o capital de minha mina de ouro, Kim e eu éramos acionistas vendedores, e não acionistas compradores.

Existem diferenças entre acionistas vendedores, acionistas donos de ações preferenciais ou de ações ordinárias.

É por isso que *parte justa* é um oximoro.

4. **Parte justa**

Nada é justo quando se trata de dinheiro. Deus não é justo. Se Deus fosse justo, eu seria parecido com Johnny Depp.

Nada é justo no mercado de ações. Algumas pessoas recebem mais do que sua parte justa por suas ações. O investidor médio investe no mercado de capitais comprando ações. Mas poucos investidores sabem que existem diferentes tipos de ações e elas não são justas. Por exemplo, existem ações *ordinárias* para o homem comum. Os investidores inteligentes preferem ter ações *preferenciais*. Simplificando: os investidores que possuem ações preferenciais recebem tratamento preferencial sobre os plebeus que possuem ações ordinárias. A maioria dos fundos mútuos está repleta de ações ordinárias.

Existe outra classe de ações muito superiores às ações preferenciais. Esse nível pode ser visualizado no jogo de tabuleiro *CASHFLOW® 101*.

A maioria daqueles na Corrida dos Ratos investe em ações ordinárias e preferenciais.

O Poder da Educação Financeira

Pista de Alta Velocidade

Investidores neste nível não investem em ações. Eles investem em percentuais.

Ao fazer suas pesquisas sobre uma empresa de capital aberto, analisando um prospecto, você verá uma categoria conhecida como "acionistas vendedores". Estes são os acionistas que possuem grandes blocos de ações, digamos de 1 a 10 milhões de ações.

Eles são chamados de "acionistas vendedores" porque venderam apenas uma porcentagem de sua empresa e receberam um grande bloco de ações. Construir um negócio e abrir o capital de sua empresa através de uma oferta pública inicial (IPO) é outra forma de imprimir dinheiro — neste caso, impressão de ações ou certificados de ações.

5. *Fundo mútuo*

Não há nada mútuo em um fundo mútuo. Um termo melhor seria fundo *unilateral*.

Isso não significa que não gosto de fundos mútuos. Pessoalmente, adoro esses fundos porque eles me fornecem dinheiro para investir.

Quando abri o capital de minha mina de ouro, através de um IPO, foi um grupo de administradoras de fundos mútuos que comprou a maioria das ações que oferecemos.

Esses fundos são projetados para pessoas que não sabem nada sobre investimento e se sentem mais confortáveis em ter um gestor de fundos escolhendo seus investimentos.

O problema é que o investidor coloca 100% do dinheiro, corre 100% do risco e recebe apenas 20% dos lucros (se houver lucros). A administradora leva 80% do dinheiro do investidor por meio de taxas de administração e outras despesas.

Capítulo 4

Para mim, este é um fundo unilateral, e não um fundo mútuo. Para piorar as coisas, as alíquotas de impostos não são boas nesse tipo de investimentos.

Tom Wheelwright Explica:

Quando você investe em um fundo mútuo, é tributado de dois modos diferentes. Primeiro, é tributado sobre os ganhos de capital quando o fundo faz uma transação (compra e vende). E segundo, é tributado quando sai do fundo em si. O resultado deste sistema de tributação é que você pode pagar sobre ganhos de capital em operações do fundo mútuo de ações em um ano que o fundo perde valor. Imagine pagar impostos quando você perde dinheiro. É exatamente isso que acontece com muitas pessoas quando elas possuem investimentos em fundos mútuos.

Existem algumas vantagens nesse tipo de fundo. Em vez de discutir os prós e os contras dos fundos mútuos, deixarei o consultor da Rich Dad Company, Andy Tanner, explicar esse tipo de ativo financeiro.

Andy Tanner Explica os Prós e os Contras dos Fundos:

Quando se trata dos prós e dos contras dos fundos mútuos, eu diria que a maioria dos prós está a favor das instituições que vendem os fundos mútuos, juntamente com seus gestores, que cobram taxas e comissões dos investidores do fundo. Os investidores colocam o dinheiro, assumem os riscos e as instituições e seus gestores são pagos, funcione o fundo bem ou não. Combine isso com um programa consistente de custo médio[2] e você tem um fluxo constante de dinheiro entrando no fundo o tempo todo. Como diz Robert, há sempre duas faces da moeda, e não há dúvida de que as administradoras de fundos estão do lado mais rentável.

Acho que o apelo de fundos mútuos e dos planos de aposentadoria, como o PGBL e o VGBL, é que, aparentemente, parecem oferecer ao investidor uma forma de investir sem que se precise ter uma boa educação financeira. Além disso, eles também dão ao investidor uma sensação de segurança, porque normalmente os gestores diversificam o dinheiro em vários setores diferentes.

O problema é que as aparências enganam. Não estou convencido de que investir em um plano de previdência, que investe em fundos mútuos, seja uma alternativa para a educação financeira. O tipo de diversificação que os fundos carregam dá origem ao que, creio, seja um sentimento falso muito perigoso de segurança. Na verdade, eles não dão mais controle ao investidor do que se ele estivesse investindo em uma única ação. O risco está relacionado ao controle. Menos controle significa mais risco, e é por isso que esperança não é uma estratégia.

---

[2] Conhecido como *dollar-cost-averaging*, o custo médio é uma estratégia de investimento que consiste em investir periodicamente o mesmo montante para se proteger das flutuações do mercado, aproveitando a tendência de longo prazo. (N. E.)

O Poder da Educação Financeira

Eu diria que há pelo menos quatro problemas importantes com os fundos, em especial os de previdência, que mereceria uma discussão mais aprofundada com seu conselheiro financeiro:

Primeiro, esse tipo de diversificação faz pouquíssimo, ou nada, para proteger o investidor contra uma queda de grande porte do mercado de ações, contra um mercado estagnado em longo prazo ou até mesmo um mercado em expansão, mas que não consegue superar a inflação durante longos períodos.

Quando uma pessoa compra uma grande quantidade de ações de uma única empresa (como Warren Buffett, que comprou milhões de ações da Coca-Cola), a grande preocupação é que o preço da ação da empresa venha a cair, o que, obviamente, está além do controle do investidor. Da mesma forma, quando uma pessoa investe de modo diversificado em todo o mercado, ainda é possível (se não provável) que todo mercado caia, o que também está completamente fora do controle do investidor. Acho que a maioria das pessoas concorda que os mercados mundiais se tornaram mais voláteis e, provavelmente, mais frágeis do que nunca.

Se você deseja adicionar uma expressão a seu vocabulário financeiro, a próxima vez que estiver com seu consultor financeiro, peça-lhe para explicar o significado de "risco sistêmico". A maioria dos fundos e planos de aposentadoria faz a suposição perigosa de que o mercado sempre sobe em longo prazo, mas não há garantia de que isso vá realmente acontecer, não para a atual geração de investidores.

Segundo, a questão da consistência. A Standard & Poors divulgou dados que mostram que, se uma pessoa investe em fundos que têm bom desempenho em determinado ano, raramente são capazes de repetir esse desempenho ao longo de períodos de 5 a 10 anos. Em outras palavras, o desempenho passado não é realmente uma indicação sólida de resultados futuros.

Terceiro é a questão dos honorários. Ainda que a maioria das taxas e comissões cobradas pelo sistema financeiro possa ser encontrada em algum lugar das entrelinhas dos contratos, a maioria dos investidores com quem falo não tem a menor ideia de quanto são e como isso afetará o resultado de seus investimentos.

Quarto é a questão de bater o mercado. Hoje não é muito difícil encontrar instrumentos financeiros que estão prontamente disponíveis para o investidor individual que queira, pelo menos, imitar o mercado (mesmo desempenho). Produtos como fundos negociados em bolsa permitem que um investidor possa fazer praticamente tudo o que a maioria dos fundos mútuos faz em termos de acompanhamento do mercado de índices. Por que eu deveria pagar despesas enormes para uma carteira que vai fazer o que o mercado já faz? Se o que meu fundo de previdência faz é imitar o mercado, que valor tem a gestão profissional? Se uma pessoa examinar seus planos de previdência, são boas as chances de ver que eles tiveram bom desempenho quando

111

Capítulo 4

o mercado estava bem e sangraram quando o mercado estava mal. Infelizmente, a maioria das pessoas acha que tem talento suficiente e depois acaba perdendo dinheiro quando o mercado cai.

Há muito mais a ser dito além desses prós e contras. Para muitas pessoas, as decisões que tomam terão grande impacto sobre seu futuro financeiro. Em minha opinião, isso merece uma discussão franca com um consultor e uma séria ponderação sobre um plano de educação financeira.

Como explicou Andy, fundos mútuos, bancos e fundos de pensão são importantes porque fornecem o dinheiro que aqueles que estão nos quadrantes D e I usam para investir.

Para o investidor sem instrução, os fundos mútuos são um oximoro, porque eles são fundos unilaterais, e não mutuamente benéficos.

6. *Carteira diversificada*

A maioria das pessoas não investe de forma diversificada — e sim *menos piorada*.

As quatro classes de ativos básicos no mundo dos investimentos estão demonstradas na coluna do ativo do balanço financeiro a seguir.

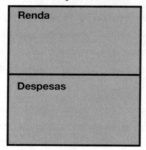

O Poder da Educação Financeira

A maioria das pessoas que acredita ter uma carteira diversificada não está realmente diversificando, porque investe, principalmente, em uma classe de ativos: ativos de papel, também conhecidos como investimentos em papéis.

Os ativos de papel são ações, títulos, fundos mútuos, fundos de índices (ETFs), seguros, capitalização e poupança.

Mais uma vez, essas pessoas não estão investindo de modo diversificado, e sim menos piorado. Ainda mais hediondo, os fundos multimercados, por definição, são diversificados, compostos de uma cesta de diferentes ações, títulos e outros ativos de papel; então, quando uma pessoa possui uma carteira diversificada de fundos, imagina que está para lá de diversificada.

Quando o mercado de ações cai, como aconteceu em 2007, a maioria dos ativos de papel despenca em uníssono. É por isso que mesmo o fundo de Warren Buffett, o *Berkshire Hathaway*, despencou na crise.

Como o próprio Buffett diz: *"Diversificação é uma proteção contra a ignorância. (Ela) faz pouquíssimo sentido para aqueles que sabem o que estão fazendo."*

Jim Cramer, um investidor muito inteligente e um especialista no mercado de ações, faz, com frequência, um segmento em seu programa de televisão intitulado "Estou diversificado?". Durante esse segmento, os telespectadores ligam e recitam as ações que estão segurando em suas carteiras. Por exemplo, um telespectador pode dizer: "Eu tenho ações da *Exxon, GE, IBM, Procter and Gamble* e *Bank of America*. Também tenho um fundo de mercados emergentes, dois fundos multimercados, um ETF de ouro, um fundo de índices da bolsa e acabei de comprar um fundo de índice de dividendos. Estou diversificado?"

Jim Cramer, em seguida, avalia a carteira diversificada do espectador. Em minha opinião, a carteira acima não é diversificada. É menos piorada. É *melhorzinha*, mas não diversificada, porque está repleta de apenas uma classe de ativos: os ativos de papel. Se o mercado despencar, e despencará, a diversificação não irá protegê-la.

Se a quebra do mercado for grave, como foi em 1929 e 2007, o mercado de ações pode não se recuperar por anos, destruindo, mais uma vez, as carteiras dos investidores focados em ganhos de capital.

Hoje, existem mais fundos mútuos do que empresas de capital aberto. Isso demonstra como a diversificação tornou-se algo insano.

Capítulo 4

Em 2007, quando os mercados começaram a afundar, tudo ruiu, inclusive o mercado imobiliário. A diversificação não salvou milhões de pessoas de sua falta de educação financeira.

Carteira diversificada é um oximoro para a maioria das pessoas. É uma carteira menos piorada, mas não menos arriscada.

Por que os Investidores Estão Perdendo?

Pergunta Frequente
Por que os investidores sem instrução financeira perdem tanto?

Resposta Curta
Eles investem sem seguro.

Explicação
Você não pode dirigir um carro sem seguro. Você não compra uma casa sem seguro. No entanto, quando a maioria dos investidores investe, investe sem seguro. Quando o mercado de ações caiu, eles perderam porque não tinham seguro.

Quando invisto em imóveis faço seguro. Se o edifício queimar, minhas perdas serão cobertas. Mesmo a minha renda pessoal está segurada. Os maiores perdedores na última crise foram aqueles que tinham seu dinheiro investido em ativos de papel que não estavam assegurados, como aconteceu com os planos de previdência nos Estados Unidos, por exemplo. Isso vai além do risco. É idiotice.

Todos nós sabemos que os mercados sofrerão novas quebras, mas, mesmo assim, a maioria dos investidores investe em coisas que não têm seguro.

Pergunta Frequente
Quanto tempo durou a última Grande Depressão (1929)?

Resposta Curta
25 anos.

Explicação
Em 1929, o índice da bolsa de Nova York, o Dow Jones, atingiu um máximo histórico de 381 pontos. Demorou até 1954 — ou seja, 25 anos — para que ele alcançasse os 381 pontos novamente.

Esse é o problema daqueles que investem para obter ganhos de capital. É por isso que os investidores de ouro que, ao final de 1980, entraram tardiamente no mercado e compraram o ouro a US$850 a onça ainda não se recuperaram. É por

O Poder da Educação Financeira

isso que os *baby boomers*, que estavam contando com seus planos de previdência (diversificados em ativos de papel) e com a valorização de suas casas (ambos ganhos de capital) para a aposentadoria estão em apuros.

Em 9 de outubro de 2007, o Dow Jones atingiu um máximo histórico de 14.164. Em 9 de março de 2009, havia caído para 6.547. Milhões de investidores perderam trilhões de dólares. Quanto tempo levará para que os investidores em ganhos de capital recebam seu dinheiro de volta?

Hoje, milhões de pessoas do mundo inteiro estão de dedos cruzados, esperando que os índices das bolsas continuem subindo. Isso não é investir. Isso é jogar. Apostar seu futuro em altos e baixos de qualquer mercado é arriscado, muito arriscado.

Ensinaram-me a diversificar de forma diferente. Eu possuo bens em diferentes classes de ativos, não apenas em ativos de papel. Por exemplo, invisto em petróleo, mas não invisto em ações de companhias petrolíferas. Invisto em imóveis, mas não invisto em fundos imobiliários. Adoro fluxo de caixa, retorno infinito e vantagens fiscais, e é por isso que geralmente fico fora de ativos de papel.

Título é um ativo de papel. Eu não invisto em títulos. Prefiro emprestar dinheiro para comprar prédios de apartamentos, especialmente quando as taxas de juros estão baixas.

Quando os bancos centrais estão imprimindo dinheiro, eu poupo em ouro e prata, e não em dinheiro. Se os bancos pararem de imprimir dinheiro, venderei ouro e prata e volto para o dinheiro.

Em resumo, diversifico ao possuir porcentagens de investimentos nas diferentes classes de ativos, e não em ativos de papel (ações, títulos, fundos mútuos, fundos de índice ETFs), que representam essas classes de ativos.

Como Warren Buffett diz: "Diversificação é a proteção da ignorância."

A pergunta é: "De qual ignorância — da sua, do corretor da bolsa ou dos planejadores financeiros que lhe vendem uma carteira menos piorada?" Ou da ignorância do seu corretor de imóveis, que lhe diz que sua casa é um ativo e os imóveis sempre sobem em valor (ganhos de capital)?

Definição de Educação Financeira

Um fundo mútuo já é diversificado. Geralmente, um fundo é uma variedade diversificada de ações, renda fixa ou outros ativos semelhantes. Quando uma pessoa monta uma carteira diversificada de fundos mútuos, em muitos casos está comprando as mesmas coisas, ainda que em fundos diferentes. Isso não é diversificação; é concentração.

Capítulo 4

7. *Livre de dívidas*

Eu sempre rio quando alguém me diz: "Estou livre de dívidas. Minha casa e meu carro estão quitados, e eu pago nossos cartões de crédito integralmente no vencimento".

Em vez de argumentar e perturbar esse sonho, eu digo: "Parabéns", e sigo em frente. Que vivam em seus oximoros!

O que eu gostaria de dizer é: "Você viu o tamanho da dívida nacional? Como você pode estar livre de dívidas se você e eu estamos pagando o principal e os juros das dívidas de nossos países — nos Estados Unidos, quase US$75 trilhões em dívida? Como você pode ser tão ingênuo?"

Em 2010, a parte de cada cidadão americano na dívida nacional era de US$174 mil por pessoa ou US$665 mil por família.

Uma Crise Criada por Pessoas

A crise do *subprime* de 2007 foi causada pelo endividamento excessivo dos mutuários de alto risco.

Uma Crise Criada por Nações

A próxima crise será provocada pelo endividamento excessivo de nações *subprime*. Até agora, o mundo tem suportado a quebra de países menores, como os do PIIGS (Portugal, Irlanda, Itália, Grécia e Espanha).

Se a Alemanha não tivesse socorrido a Grécia, a crise teria se espalhado pela Europa. O primeiro país importante a afundar provavelmente será o Japão.

Por que o Japão está em apuros? Dívida. O Japão tem o maior percentual de dívida em relação ao PIB entre as grandes potências mundiais. A ironia é que o Japão é altamente qualificado, a população é homogênea e trabalhadora e possui uma das mais altas taxas de poupança no mundo. Apesar do esforço, da solidez e da ética pessoal de poupança, o governo japonês continua a gerir mal a economia.

A ilusão que os líderes norte-americanos promovem é que os americanos, se trabalharem arduamente e economizarem mais dinheiro, conseguirão, sozinhos, sair dessa montanha de dívidas. Por isso o ex-presidente Obama dizia: "Os trabalhadores americanos são os mais produtivos do mundo." Parece que ele quer que os trabalhadores americanos salvem a economia dos Estados Unidos, quando é a incompetência em curso dos líderes políticos e financeiros a verdadeira causa do problema. As pessoas que mais necessitam de educação financeira são os líderes.

O Poder da Educação Financeira

Acreditar que trabalho árduo e poupança salvarão a economia dos Estados Unidos é equivalente a um trabalhador que ganha US$10 por hora acreditar que pode trabalhar arduamente e pagar um financiamento de uma casa de US$2 milhões, um financiamento de um Mercedes, um Porsche, pagar uma escola particular para seus filhos e, ainda, poupar o suficiente para uma aposentadoria antecipada segura.

Esta é a mesma fantasia que milhões de americanos, japoneses, britânicos e europeus e seus líderes de governo estão vivendo. Se o Japão afundar, esmagado por sua montanha de dívidas, o mundo inteiro mergulha com ele.

Insanidade Financeira

O Japão está fazendo a mesma coisa que os Estados Unidos: usando dívida em uma tentativa de estimular a sua economia. Isso não é diferente de um trabalhador que usa crédito para pagar os juros de seus cartões de crédito. Durante o boom imobiliário, milhões de pessoas refinanciaram suas casas para pagar seus cartões de crédito e continuaram usando seus cartões. Quando todo o sistema derreteu, as pessoas perderam suas casas.

A insanidade é que os líderes do mundo ocidental estão fazendo a mesma coisa hoje, usando dívida para resolver uma crise causada por dívida.

Se o Japão entrar em colapso, será seguido por Inglaterra, Europa, Estados Unidos e China. Vamos esperar que isso não aconteça.

A Crise do *Baby Boom*

Nos Estados Unidos, existem aproximadamente 75 milhões de pessoas que nasceram após a Segunda Grande Guerra, conhecidas como *baby boomers*, que estão prestes a usar a previdência e a assistência social. Japão, Inglaterra, França e Alemanha têm o mesmo problema: *baby boomers* contando com promessas que seus países não podem manter.

Se 75 milhões de *baby boomers* americanos vierem a custar apenas US$1 mil por mês para a previdência e a assistência social, isso significa um adicional de US$7,5 bilhões em pagamentos mensais do governo. Obviamente, as impressoras estarão funcionando, produzindo cheques sem fundos.

É por isso que *livre de dívidas* é um oximoro, mesmo que você esteja livre de dívidas.

Capítulo 4

Pergunta Frequente
Quanto tempo nós temos?

Resposta Curta
Espero que isso nunca aconteça. Mas, se os maiores países ruírem sob montanhas de dívidas, quem sobrará para salvar o mundo? Se o Japão afundar, a crise vai se espalhar pelo resto do mundo.

Explicação
Em 2010, a dívida do Japão era de 200% do PIB. A dos Estados Unidos, de aproximadamente 58,9% de dívida em relação ao PIB, e continua crescendo. A da Inglaterra era de 71% e continua a crescer.

Definição de Educação Financeira
A relação dívida-PIB é uma comparação do que um país tem em relação à sua produção, o que indica a capacidade do país em pagar sua dívida.

Por exemplo, no caso do Japão, seu PIB é de aproximadamente US$5 trilhões, a quarta maior economia do mundo, e sua dívida relatada é de aproximadamente US$10 trilhões. Isso significa, aproximadamente, US$75 mil por pessoa.

A relação dívida-PIB do Japão é similar à de um trabalhador que ganha $50 mil por ano e tem $100 mil em dívidas de cartão de crédito. Para piorar a situação, o trabalhador faz uso de mais cartões de crédito para pagar os juros sobre sua dívida de $100 mil, algo que só aumenta a dívida.

Em termos muito simples, a relação dívida e PIB representa a avaliação de crédito de um país.

Pergunta Frequente
Por que o aumento da dívida?

Resposta Curta
Países são como muitas pessoas: gastam mais do que produzem e fazem promessas que não podem cumprir.

Explicação
A dívida que mais cresce nos Estados Unidos vem da seguridade social e da assistência médica (Medicare), ou seja, de promessas que não poderão ser cumpridas.

Pergunta Frequente
A culpa é dos políticos?

O Poder da Educação Financeira

Resposta Curta

Não. A culpa é do povo.

Explicação

Os políticos dirão qualquer coisa e farão qualquer promessa para serem eleitos. Uma vez que deixam o cargo, os políticos recebem seus salários e benefícios médicos vitaliciamente e resta aos eleitores pagarem promessas que não podem arcar.

Pergunta Frequente

Por quanto tempo isso vai continuar?

Resposta Curta

Não muito mais.

Explicação

Nenhuma moeda fiduciária jamais sobreviveu. O dólar dos Estados Unidos perdeu 95% de seu poder de compra em 40 anos. Não vai demorar muito para que ele perca os 5% restantes. Não há como o sistema aguentar tal endividamento.

Hora de Agir

Pergunta Frequente

O que posso fazer?

Resposta Curta

Reduzir o risco.

Pergunta Frequente

Como faço para reduzir o risco?

Resposta Curta

Assuma o controle.

Explicação

O oposto de risco é controle. Por exemplo, se os freios de seu carro falham, você tem menos controle e o risco aumenta.

Pergunta Frequente

Sobre o que devo assumir o controle?

Resposta Curta

Sua educação.

Capítulo 4

Explicação

Quando estamos na escola, temos pouco controle sobre o que aprender e sobre quem são nossos professores.

Na Academia Militar em Nova York, por exemplo, eu era obrigado a fazer três anos de Cálculo. Toda vez que eu perguntava ao meu professor "Por que estou estudando cálculo?", sua resposta era: "Porque cálculo é um requisito para que se forme."

Quando perguntei: "Em que, no mundo real, usarei três anos de cálculo?", sua resposta foi: "Eu não sei."

Em quarenta anos, desde que me formei, ainda não usei qualquer um dos cálculos que aprendi. Matemática simples — adição, subtração, multiplicação e divisão — é tudo que preciso para construir e controlar minha riqueza.

Se você planeja construir foguetes, você precisa saber cálculo. Se você só quer ser rico, matemática simples é tudo o que é necessário.

Disse anteriormente que meu pai rico me aconselhou a aprender três coisas se eu quisesse seguir seus passos. Essas três coisas são:

1. Aprenda a vender (controle de receitas).
2. Aprenda a investir em imóveis (controle de dívidas).
3. Aprenda sobre análise técnica (controle dos mercados).

Esses três cursos são importantes para as pessoas que querem estar nos quadrantes D e I. Esses três cursos reduziram meu risco e aumentaram meu controle nesses quadrantes.

Pergunta Frequente

Entendo por que entender de vendas é importante se você quiser ser um empreendedor. Sei por que usar dívida para alcançar fluxo de caixa de longo prazo é importante se quiser investir no mercado imobiliário. Mas por que análise técnica?

Resposta Curta

Para ver o passado, o presente e o futuro.

Explicação

Analistas técnicos usam gráficos que se baseiam em fatos do passado e do presente com a esperança de poder prever o futuro.

A seguir, está o gráfico da variação do preço do ouro entre o ano 2000 e 2010.

O Poder da Educação Financeira

Como você pode ver, o preço do ouro vem escalando há 10 anos. Na figura a seguir, temos o gráfico do preço do ouro a partir de abril de 2010.

Para mim, esse gráfico demonstra que o preço do ouro vai subir por mais algum tempo. É como um alpinista prestes a atingir o cume. A parte mais íngreme ainda está por vir. Essa é a história que o gráfico está me contando. Pessoas que não gostam de investir em ouro e olham para o mesmo gráfico diriam que a bolha estourou e os preços vão cair a pique.

É por isso que prefiro prata. O preço da prata ainda está dormente, acessível a todos, mesmo àqueles mais pobres.

Capítulo 4

Enquanto escrevo este livro[3], o ouro está cerca de US$1.400 e a prata, pouco mais de US$30. O ouro é entesourado e a prata é consumida. O preço da prata está dormente, mas você tem de fazer a própria investigação e chegar às próprias conclusões.

O que nos reserva o futuro? Tudo o que faço é olhar para a última tendência do dólar americano, na figura a seguir, para continuar comprando e mantendo o ouro e a prata.

Obviamente, os gráficos estão sempre mudando à medida que a economia muda, e é por isso que um curso sobre análise técnica é essencial.

Gráficos permitem que você veja o passado e o presente e lhe fornecem melhores chances de predizer com precisão o futuro. Gráficos reduzem o risco e podem aumentar as recompensas. Por isso o pai rico recomendou que eu fizesse cursos sobre análise técnica, porque os gráficos se baseiam em fatos, não em opiniões.

Um Foco Diferente

Meu pai rico sugeriu que eu aprendesse a vender, aprendesse a investir em imóveis e aprendesse análise técnica, porque eu estava me preparando para os quadrantes D e I.

---

[3] O autor se refere ao ano 2011. (N. E.)

Olhando para uma demonstração financeira, você verá a diferença entre E/A e D/I. Eles focam em diferentes partes das demonstrações financeiras, razão pela qual é necessário um tipo diferente de educação.

Es e As focam em renda:

D e I focam em ativos:

O que É Arriscado?

E e A acreditam que investir é arriscado porque eles têm, se é que têm, educação financeira limitada sobre aquilo que faz parte da coluna dos ativos. Investir não é arriscado. A falta de educação financeira é que é muito arriscada.

Ds e Is focam nos ativos que lhes ensinam a gerenciar essa coluna e reduzir os riscos.

Quatro Diferentes Classes de Ativos

Quando eu era garoto, meu pai rico me ensinou sobre as quatro classes básicas de ativos na coluna de ativos. Ele disse: "Quanto mais você sabe sobre as diferentes classes de ativos, mais seu controle aumenta e mais o risco diminui."

Existem quatro tipos básicos de ativos na coluna de ativos representada abaixo.

Capítulo 4

BALANÇO PATRIMONIAL

Ativos	Passivos
Negócios	
Imóveis	
Ativos de Papel	
Commodities	

A capacidade de vender, administrar a dívida e analisar as tendências do mercado é essencial para todas as quatro classes de ativos.

Classe de Ativos: Negócios

As pessoas mais ricas do mundo são empreendedores como Bill Gates, da Microsoft, Steve Jobs, da Apple, Richard Branson, da Virgin, e Sergey Brin, da Google.

A capacidade de vender é essencial para os empreendedores. A razão pela qual a maioria dos negócios fracassa é porque o empresário não tem habilidade suficiente em vendas. Em 1974, a IBM e a Xerox tinham o melhor treinamento de vendas. Fui contratado pela Xerox e enviado para Leesburg, na Virgínia, para treinamento de vendas intensivo. Foram necessários quatro anos de treinamento para que eu fosse do último lugar para o primeiro lugar em vendas.

Na escola, nunca me dei bem em Inglês, porque eu não conseguia escrever. Ainda não escrevo bem. No entanto, como disse no livro *Pai Rico, Pai Pobre*, não sou um autor que "escreve bem", sou um autor que "vende bem".

O pai rico costumava dizer: "Venda significa lucro." Se você quer mais renda, aprenda a vender.

Classe de Ativos: Imóveis

O mercado imobiliário é o ativo que mais exige capacidade de gestão de dívida, de propriedade e de inquilinos.

Em 1973, fiz meu primeiro curso verdadeiro sobre esse mercado. Hoje, Kim e eu estamos endividados em dezenas de milhões de dólares, dívida que produz milhões de dólares em receitas, em grande parte livre de impostos. Quando os bancos americanos reduzem as taxas de juros, nossos pagamentos dos financiamentos diminuem e nosso lucro aumenta. O mercado imobiliário é fantástico porque dívidas e impostos enriquecem o investidor.

Classe de Ativos: Ativos de Papel

Kim e eu raramente investimos em ativos financeiros porque os ativos de papel são os que nos possibilitam menor controle. Ao analisar ações, títulos ou fundos, o investidor tem controle zero sobre receitas, despesas, ativos e passivos.

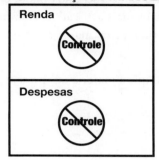

Classe de Ativos: Commodities

A compra de moedas de ouro e prata é o que exige menos educação financeira, mas você ainda precisa saber algo sobre essa classe de ativos. Os preços do ouro e da prata variam. Além disso, existem muitos vigaristas no negócio de metais preciosos, especialmente hoje, com os preços subindo.

Qual Classe de Ativos É Melhor para Você?
Pergunta Frequente
Qual classe de ativos é melhor para mim?

Capítulo 4

Resposta Curta
Aquelas em que você está interessado.

Explicação
Lembre-se: são empreendimentos que criam a maior parte das pessoas verdadeiramente ricas, mas esse tipo de negócio é o que exige a melhor educação financeira. O mercado imobiliário exige a segunda maior educação financeira. Ativos de papel são fáceis, mas são os mais arriscados. Commodities como ouro e prata requerem menos educação financeira, mas não estão livres de risco.

Pergunta Frequente
Qual é a classe de ativos em que a maioria das pessoas investe?

Resposta Curta
Ativos de papel.

Explicação
Os ativos de papel são os mais líquidos, o que significa que é fácil entrar e sair. Ativos de papel requerem o mínimo de educação financeira, zero habilidade de vendas e zero competência de gestão. Tudo que você tem a fazer é estar online ou ligar para um corretor e dizer: "Quero comprar ou vender 100 ações disso." Você pode treinar um macaco para comprar e vender ativos de papel.

Pergunta Frequente
Por que você não investe mais em ativos de papel?

Resposta Curta
Não há controle suficiente.

Explicação
Como empreendedor, quero ter controle sobre as colunas de receitas, despesas, ativos e passivos das demonstrações financeiras. Se eu investir, digamos, na Microsoft, Bill Gates não vai atender minha chamada telefônica. Ele não se importa se eu acho que suas despesas são muito altas ou muito baixas. Eu me importo.

Quando invisto em petróleo, posso ligar para o presidente e ele atenderá minha ligação. Quando invisto em imóveis, posso ligar para Ken McElroy ou para meu gerente de plantão. Quando administro minhas empresas, posso telefonar para qualquer pessoa nos escritórios ao redor do mundo e discutir acordos. Isso é o que quero dizer com controle.

O Poder da Educação Financeira

Isso não significa que os ativos de papel são um mau investimento. Ativos financeiros enriquecem muito algumas pessoas. Mas outras pessoas não instruídas financeiramente já perderam trilhões, pois foram forçadas a entrar no mercado de ações por leis governamentais, leis que criaram planos e fundos de previdência.

História de Educação Financeira

Vários países do mundo, recentemente, passaram a adotar sistemas de previdência privada, do tipo PGBL ou VGBL. Em termos simples, os governos e as empresas não estão mais dispostos a pagar um salário vitalício aos empregados que se aposentam. Sem nenhuma educação financeira, trabalhadores em todo o mundo foram forçados a se tornar investidores. Quando isso aconteceu, o número de planejadores financeiros explodiu. Foi como jogar cordeiros a um grupo de leões famintos.

Muitos professores, enfermeiros, funcionários de escritórios e vendedores de seguros mudaram de profissão e se tornaram planejadores financeiros. Mais uma vez, o problema é que a maioria desses planejadores financeiros obtém sua educação financeira aprendendo a vender no quadrante A, e não no quadrante I.

Para ser justo, conheci alguns planejadores financeiros excelentes, muito inteligentes e dedicados. O problema é que encontrei apenas alguns. A maioria dos planejadores financeiros está no negócio para ganhar dinheiro. Eles sabem como vender seus produtos, geralmente ativos de papel. Na verdade, a maioria dos planejadores financeiros só pode vender os produtos da empresa em que trabalha. Uma vez que não sabe ganhar dinheiro vendendo outros ativos, a maioria sabe pouco sobre o setor imobiliário, petróleo, impostos, dívidas, análise técnica e as razões históricas para o preço do ouro estar subindo.

Educação financeira adequada é essencial para distinguir um aconselhamento financeiro bom de um ruim.

Se seu consultor financeiro perdeu dinheiro, eu não culparia o conselheiro. Olharia para mim mesmo e me perguntaria se estou disposto a reduzir o risco, aumentando a minha educação financeira, que é o que você está fazendo agora.

Há alguns conselheiros terríveis e estúpidos no mundo real. Mas se você não distingue entre conselhos bons e maus, qualquer conselho serve.

Pergunta Frequente
Como uma pessoa faz dinheiro e reduz os riscos com os ativos de papel?

Resposta Curta
Inicie na parte rasa da piscina. Faça cursos e pratique, ou seja, compre e venda.

Capítulo 4

Explicação

No mundo dos investimentos, há sempre profissionais e amadores. O mercado de ações é um ótimo lugar para os profissionais, porque existem muitos amadores que são forçados a ficar nas profundezas da piscina, onde os tubarões costumam esperar.

Eu não sou bom em ativos de papel, por isso é melhor eu deixar que o Andy, novamente, explique esse mundo, sob seu ponto de vista. Ele é ótimo em investimentos de ativos de papel e é um grande professor.

Andy Tanner explica:

Quando se trata de ativos de papel, eu diria que as maiores diferenças entre os investidores amadores e investidores profissionais são: a) como eles procuram gerar renda e b) como gerenciam o risco. A mais fácil das duas discussões é a abordagem de gestão de risco.

No setor imobiliário, o grito de guerra é normalmente "localização, localização, localização". Parece que, em ativos de papel, o grito de guerra é "diversificação, diversificação, diversificação". Em minha opinião, em ambos, imóveis e ativos financeiros, o grito de guerra deveria ser "fluxo de caixa, fluxo de caixa, fluxo de caixa".

Os investidores menos sofisticados parecem mais propensos a gerir o risco por meio do que lhes é vendido como diversificação. Esse tipo de diversificação é uma esperança de que os vencedores serão mais numerosos do que os perdedores, e que isso ocorra em um ritmo que lhes permita atingir seus objetivos financeiros, que superem a inflação e que não sejam prejudicados por possíveis mudanças na legislação tributária. Mas os profissionais, muitas vezes, procuram gerenciar o risco por compra de contratos. Embora esses contratos custem dinheiro, dão ao investidor a oportunidade de algum controle. Embora eu não possa prevenir nem controlar um furacão, um contrato de seguro contra enchentes controla o risco associado ao evento, caso venha a acontecer.

Por exemplo, uma investidora espalha seu dinheiro em lotes de ações diferentes e espera que as vencedoras superem as perdedoras em longo prazo. Outro investidor compra um contrato que lhe dá o direito de vender suas ações a um preço fixo não importa o quanto o preço das ações caia. Um contrato de opção de venda é um tipo simples de contrato que permite isso.

A discussão de geração de renda a partir de ativos de papel é um pouco mais complicada. Uma das coisas mais importantes a se aprender é a diferença entre um investidor que tem um objetivo de fluxo de caixa e um com objetivo de produzir ganho de capital. Em minha opinião, os amadores confiam mais em ganho de capital e os profissionais tendem a procurar o fluxo de caixa.

O Poder da Educação Financeira

Assim, em poucas palavras, amadores, muitas vezes, procuram ganhar seu dinheiro com ativos de papel que permitem ganhos de capital e gerenciar o risco pela diversificação. Os profissionais, com frequência, procuram ganhar dinheiro por meio de estratégias de fluxo de caixa e gerenciam o risco usando contratos.

Seguro para Ativos de Papel

Andy disse muito bem. Em 2007, ver a quebra da bolsa perturbou-me profundamente, por saber as consequências que teria para milhões de investidores, pessoas que acreditavam que o mercado de ações sempre sobe em longo prazo e que a diversificação era um seguro contra perdas.

Para piorar as coisas, em 2010, os investidores não segurados entraram novamente no mercado, na esperança de que os preços voltariam a subir (ganhos de capital).

Os investidores profissionais investem com seguros, mesmo no mercado de ações.

Mais uma vez, peço que Andy explique como usa seguro para proteger seus ativos de papel.

Andy Tanner explica:

Uma das coisas que compro regularmente é seguro de aluguel. Eu faço isso para o caso de meus inquilinos danificarem minha propriedade ao, acidentalmente, iniciar um incêndio, por exemplo. Imagine tentar gerenciar esse tipo de risco com diversificação. Não faria muito sentido para mim, comprar um monte de casas e ficar na esperança de que, embora alguns inquilinos pudessem queimá-las, a maioria não faria isso.

Gosto de ter um contrato pelo qual pago relativamente pouco para proteger um ativo que vale muito. A maioria de nós chama esse tipo de contrato de "seguro". Quando uma pessoa se envolve em um acidente automobilístico, a primeira pergunta que muitas vezes é feita é: "Você tem seguro?"

No mercado de ações, não costumamos usar a palavra seguro. Em vez disso, usamos a palavra "hedge".

Como o seguro, podemos proteger uma quantidade relativamente grande de dinheiro contra a perda gastando uma quantidade relativamente pequena de dinheiro em um contrato tão simples quanto uma opção de venda, como mencionei anteriormente. Muitos investidores profissionais gastam dinheiro em opções de venda em tempos de incerteza e quando se deparam com eventos que estão além de seu controle, tais como um relatório de lucros ou um anúncio feito pelo banco central.

Capítulo 4

Quanto mais arriscada a situação, mais caro o contrato. Na verdade, esses tipos de contratos podem dar uma perspectiva aos investidores a respeito do quanto uma situação é arriscada. Um exemplo disso é o seguro contra inadimplência — para países como Grécia, Portugal, Irlanda e Espanha. Os credores não querem emprestar dinheiro para esses países todos, esperando que alguns paguem e outros não. Eles querem contratos que os protejam contra a inadimplência. Ultimamente, os preços desses contratos têm sido cada vez maiores, o que me diz que as coisas estão ficando mais instáveis.

Mas uma pessoa não precisa ser um multimilionário para tirar proveito do hedging. Com um pouco de educação financeira, qualquer um pode aprender como usar um contrato de opção para se proteger contra a perda.

A ironia dessa ideia é que muitas pessoas rotulam o mercado de opções como demasiadamente arriscado. Na realidade, muitas das pessoas que compram opções estão fazendo isso para reduzir o próprio risco. Elas usam a opção como um hedge, e não para especulação. Eu compro muitas opções com a ideia de que vou perder 100% do dinheiro que gastei na opção. Para mim, a situação não é muito diferente do gasto que faço em segurar minhas propriedades alugadas. A renda da propriedade alugada paga pelo seguro, assim como o rendimento de um ativo de papel pagará pela opção que o protege.

Imprimindo Dinheiro com Ativos de Papel

Pergunta Frequente

Você pode imprimir o próprio dinheiro com ativos de papel? Posso conseguir um retorno infinito com meu investimento?

Resposta Curta

Sim.

Explicação

Vou deixar que Andy explique, uma vez que essa é sua área de especialização.

Andy Tanner explica:

Sabemos que é impossível para uma ação realmente atingir o número teórico de infinito. No entanto, no mercado de ações, podemos fazer transações que podem nos colocar em risco de uma perda infinita. Um exemplo é a venda a descoberto. Quando compramos esse tipo de contrato de venda, perdemos dinheiro quando o preço das ações sobe. Como não há limite de escalada para o preço das ações, a venda a descoberto (ou short) é considerada uma transação que envolve um risco infinito.

O Poder da Educação Financeira

Ainda que o preço das ações nunca vá realmente alcançar o infinito, esse é um conceito que devemos compreender para ambos os casos, ganhos e perdas.

Outra maneira de olhar para o infinito é esta: à medida que a quantidade de dinheiro que colocamos em um investimento se aproxima de zero, o retorno que recebemos nesse investimento se aproxima do infinito. Por isso, se pudermos encontrar um investimento imobiliário que não requer dinheiro próprio, estamos aplicando o conceito de retorno infinito. Essa é uma das razões pelas quais a dívida, no mundo imobiliário, pode torná-lo rico.

Com ativos de papel, podemos fazer isso sem usar qualquer dívida. Isso mesmo: dívida zero. Se há uma coisa que os ativos de papel possibilitam é a capacidade de escala e, por causa disso, esse tipo de investimento está disponível para praticamente qualquer um que esteja disposto a obter a necessária educação financeira. Quero enfatizar, mais uma vez, que uma pessoa não precisa ser um multimilionário para aprender sobre esses tipos de investimentos.

Quando Robert me pediu para contribuir com este capítulo e mostrar como "imprimir dinheiro", pensei que a maneira mais fácil de fazê-lo poderia ser a de fazer uma transação muito pequena (1.000 ações) e usá-la como um exemplo de ganho entre $500 e $600, mais ou menos, de fluxo de caixa. Apesar de esse ser o mesmo processo que meus colegas de fundos hedge usam quando aplicam milhões, nós podemos realmente reduzir a escala para alguém que só quer gerar suas primeiras centenas de dólares de outro lugar que não seja seu salário. Usarei algumas figuras para ilustrar e também o conceito simples de hedging discutido anteriormente neste capítulo.

No mundo dos ativos de papel, um investidor pode optar por ser um comprador de um contrato e gastar dinheiro ou ser o vendedor de um contrato e receber dinheiro. É realmente um conceito muito simples. Compradores gastam dinheiro. Vendedores recebem dinheiro.

Robert, com frequência, menciona a importância de fazer cursos para aprender análise técnica básica. É o termo que usamos para olhar para os altos e baixos dos mercados.

Aqui está uma ilustração dos altos e baixos do S & P 500, um dos índices de bolsa dos Estados Unidos.

Capítulo 4

Uma vez que encontramos um forte nível de suporte pouco acima do nível de 1.000, um investidor pode procurar "imprimir dinheiro" com a venda de um contrato de opção, digamos, no nível 945. Mas nós, na verdade, não chamamos de "imprimir dinheiro". Chamamos isso de "contratar uma opção".

Isso significa que o comprador do contrato teria agora "seguro" para o S & P 500 se ele cair abaixo de 945 antes de o contrato expirar.

Em uma demonstração financeira, podemos assinalar essa venda, "que põe dinheiro no nosso bolso", da seguinte maneira:

O Poder da Educação Financeira

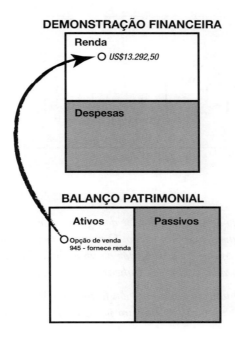

É interessante notar, a esta altura, que muita gente criticou Robert por dizer que "sua casa não é um ativo", porque não coloca dinheiro em seu bolso. Eu posso me ver sendo alvo de críticas semelhantes por colocar uma opção de venda em uma coluna de ativos. Que assim seja. Mas o fato é que elas produzem renda. No extrato que você recebe de sua corretora de valores, pode perceber algo mais ou menos parecido com a figura a seguir. Perceba que o custo ajustado é zero, portanto o retorno ajustado é zero, ou infinito (ou indefinido), quando a opção expira.

AÇÃO	TIPO	QUANT.	ABERT.	CUSTO AJUSTE AÇÃO	CUSTO AJUSTE	FECH.	RETORNO AJUSTE AÇÃO	RETORNO AJUSTE	RESULTADO AJUSTE (%)	RESULTADO AJUSTE (%)
SPX 945 Put 16/10/2010	Short	1.000	25/08/2010	$0,00	$0,00	18/10/2010	$13,29	$13.292,50	$13.292,50	-

Reimpresso com autorização

Embora possa ser difícil prever a direção que o mercado vai tomar, encontrar uma faixa na qual é provável que ele fique por um curto tempo — seja para baixo, para cima ou para os lados —, é muito mais fácil, na minha opinião.

Na figura a seguir podemos ver como o mercado realmente se moveu até o vencimento.

133

Capítulo 4

Claro que quando somos o comprador do seguro isso é uma despesa e não traz dinheiro a menos que a casa pegue fogo. O mesmo é verdadeiro com este exemplo de opção de venda. Assim, ser o vendedor de uma opção é uma forma comum de os investidores sofisticados ganharem dinheiro.

Isso é realmente muito similar a uma das formas que Warren Buffett tem usado, há um bom tempo, para ganhar dinheiro no mercado. Como noticiou o *Wall Street Journal*:

> **THE WALL STREET JOURNAL. MERCADOS**
>
> **Buffett ganha com derivativos**
> Por Karen Richardson
>
> O bilionário vendedor de seguros Warren Buffett está vendendo mais derivativos ultimamente.
>
> Este ano, a holding Berkshire Hataway Inc., de Omaha, presidida por Warren Buffett, arrecadou mais de US$2,5 bilhões vendendo seguros sobre índices de ações e títulos sob a forma de contratos de derivativos, que garantem pagamentos aos compradores em caso de uma perda específica em questões subordinadas aos contratos.

Algumas pessoas pensam equivocadamente que Warren Buffett é contra o uso desses contratos, porque ele tem se referido a certos tipos deles como "armas financeiras de destruição em massa". E para os que desconhecem o mercado, provavelmente são. Mas, na verdade, o próprio Buffett faz bilhões e bilhões ao vendê-los. Por permitir tão pouco controle, os ativos de papel carregam mais risco; assim, os investidores vão pagar muito dinheiro por um hedge — uma proteção.

134

O Poder da Educação Financeira

Na verdade, podemos usar o dinheiro que recebemos vendendo opções de venda para comprar opções de venda como hedge que nos ajudem a controlar nosso risco e ainda receber um fluxo de caixa positivo.

Ficaria assim:

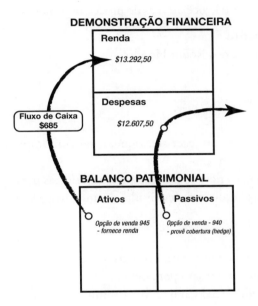

Note em nosso extrato da corretora que obtemos um retorno infinito sobre as opções que vendemos e uma perda de 100% sobre as opções de venda que compramos — muito semelhante ao dinheiro que gastamos para fazer seguro de nossos imóveis.

Para alguém que é novo nesses tipos de transações, pode parecer que há muito a se aprender. E há. Mas, com um compromisso constante em relação à sua educação financeira, acredito que qualquer pessoa possa aprender.

Entrego você de volta ao Robert.

Proteção de Robin Hood

Quando criança, eu adorava a história de Robin Hood. Depois que cresci, percebi que Robin Hood era um ladrão. Ele justificava suas ações difamando a realeza e dizendo: "Eu roubo dos ricos para dar aos pobres."

Capítulo 4

Hoje, milhões de pessoas acreditam que não há problema algum em roubar dos ricos e dar a si próprio.

À medida que a economia piora e a pobreza aumenta, cada vez mais pessoas vão se transformar em Robin Hoods. Alguns vão se transformar em criminosos: invadindo casas, roubando carros, sequestrando pessoas e roubando bancos. Há outros que vão roubar de você através de processos judiciais.

Pergunta Frequente
Como você se protege dos Robin Hoods?

Resposta Curta
Use as leis dos ricos.

Explicação
Há muitas maneiras de proteger sua riqueza, tal como um alarme na casa, um seguro, uma arma ou um cão.

Durante séculos, os ricos têm usado pessoas jurídicas para proteção de seus ativos. Para saber mais, recomendo a consulta de um advogado especializado.

Conclusão

A melhor maneira de minimizar o risco não é evitando riscos, nem utilizando oximoros que realmente acabam por aumentá-los.

A melhor maneira de reduzir o risco é assumindo o controle. E isso começa com sua educação financeira. Quanto mais você souber, maior controle terá sobre sua vida e suas finanças.

O risco é real. Acidentes, erros e crimes acontecem todos os dias. Uma das razões para que os ricos fiquem cada vez mais ricos é que eles assumem o controle de sua educação financeira, em vez de evitar o risco e acreditar na segurança do trabalho, em poupar dinheiro, em investimentos seguros, partes justas, fundos mútuos, carteiras diversificadas e estar livre de dívidas — oximoros que, na verdade, aumentam o risco.

O risco está aumentando e está ligado à incerteza. Com o terrorismo, a incerteza econômica, a ascensão da China e o declínio do Ocidente, o risco aumenta porque a incerteza é maior.

A educação financeira verdadeira lhe dá mais controle sobre o risco. E esse controle sobre o risco é uma vantagem arrebatadora.

Capítulo 5

VANTAGEM ARREBATADORA #5
COMPENSAÇÃO

Os Ricos Não Trabalham por Dinheiro

No livro *Pai Rico, Pai Pobre*, a lição nº 1 do pai rico é: "Os ricos não trabalham por dinheiro."

Essa declaração incomodou muita gente em 1997, quando *Pai Rico, Pai Pobre* foi publicado, e ainda hoje incomoda — especialmente as pessoas que acreditam que os ricos são pessoas famintas por dinheiro. Concordo, alguns são de fato.

No entanto, são as pessoas que trabalham por dinheiro que se tornam famintas por dinheiro, especialmente em uma crise financeira.

Pergunta Frequente

Por que não trabalhar por dinheiro?

Resposta Curta

Porque o dinheiro não é mais dinheiro.

Explicação

Na velha economia, era possível trabalhar arduamente e economizar dinheiro suficiente para desfrutar de uma vida boa. Uma vez que uma pessoa se aposentava, ganharia juros suficientes sobre suas economias para ter uma vida confortável.

Nesta nova economia pós-crise, não são apenas as taxas de juros que não são suficientes, mas o fato de que os governos continuam a imprimir trilhões em dinheiro de mentira, uma ação que destrói o poder de compra de seu trabalho e de suas economias.

O mais assustador na nova economia são os juros compostos dos trilhões de dólares de dívida. Não sei como isso é sustentável. O mundo desmoronará se os juros dos Estados Unidos subirem — como aconteceu na década de 1980 — e os contribuintes americanos disserem: "Desculpe, não podemos fazer o pagamento

Capítulo 5

sobre a dívida nacional este mês." Quando isso acontecer, a verdadeira crise econômica mundial virá à tona.

O poder que uma dívida exerce sobre a economia já foi demonstrado no Japão, na América Latina, no México, na Rússia, na Islândia, na Grécia, na Espanha, na Itália, em Portugal e na Irlanda. Os Estados Unidos, a Inglaterra e a Europa serão os próximos. Bem-vindos à nova economia.

O Banquinho de Três Pernas

Na velha economia, os consultores financeiros falavam, com frequência, sobre o banquinho de três pernas da aposentadoria. Uma perna era de poupança pessoal, outra, um fundo de pensão, e a terceira, a previdência social. O banquinho de três pernas sustentou a geração da Segunda Guerra Mundial, mas, para milhões de pessoas na atual geração, esse banquinho não tem pernas.

Pergunta Frequente

O que acontece se eu trabalhar por dinheiro?

Resposta Curta

Quanto mais dinheiro você faz... mais dinheiro perde.

Explicação

Duas coisas acontecem com as pessoas que trabalham por dinheiro:

1. Elas podem ser pegas no ciclo de trabalho árduo, impostos mais altos, dívida e inflação. Elas se parecem com ratos em uma loja de animais, correndo furiosamente em uma roda, para nunca chegar a lugar algum.

2. Elas param de trabalhar. Muitas pessoas dizem: "Por que trabalhar tanto? Se eu ganhar mais dinheiro, o governo me toma ainda mais. Por que trabalhar se eu não vou chegar a lugar algum?"

É por isso que os ricos não trabalham por dinheiro. Na nova economia, uma pessoa precisa saber como converter seu dinheiro de mentira em dinheiro real da forma mais rápida e segura possível.

Isso exige educação financeira, a educação que irá prepará-lo para fazer o que o governo quer que seja feito: coisas como possuir um negócio, em vez de ser empregado, proporcionar habitação, em vez de comprar uma casa, produzir petróleo, em vez de queimar, produzir alimentos em vez de comer. Em vários países ao redor do mundo, os governos recompensam os *produtores* e punem os *consumidores* que trabalham por dinheiro.

O Poder da Educação Financeira

Mais Dinheiro Não Faz de Você uma Pessoa Rica

Eu me lembro da década de 1950, quando meu pai pobre ganhava US$300 por mês ou US$3.600 por ano. Sua renda mal cobria as despesas de uma família de seis pessoas. Ele trabalhou arduamente, mas estava sempre sem dinheiro, gastando mais do que ganhava, e nossa família vivia em dificuldades. Ele não conseguia avançar, então voltou para a faculdade em busca de diplomas de graus mais avançados que lhe permitiriam ganhar mais dinheiro.

Na década de 1960, sua carreira decolou, recebendo promoção após promoção, subindo a escada do sistema educacional do Havaí. Em 1968, ele estava ganhando US$65 mil por ano, como Secretário de Educação do Estado — o que, na época, era um monte de dinheiro. O problema foi que, mesmo com mais dinheiro, meu pai ainda continuava sem dinheiro. Ele comprou uma nova casa em um bairro caro e um carro novo, e ainda tinha as despesas dos filhos na faculdade. Sua renda subiu, mas também subiram as despesas com o novo estilo de vida. Ele não tinha ativos, exceto um pouco de dinheiro na poupança.

No início dos anos 1970, meu pai concorreu para o posto de vice-governador e perdeu. Com mais de cinquenta anos, ele estava desempregado e mais falido ainda. Não fosse pela assistência social e uma pequena pensão, ele seria um miserável.

Quando o dólar se desatrelou do padrão-ouro em 1971, deu-se início ao maior boom financeiro da história do mundo, mas meu pai não fez parte dele. Embora tivesse um PhD em Educação, sua formação não o preparara para o mundo real do dinheiro. Ele via o mundo a partir dos quadrantes E e A e nada sabia sobre os quadrantes D ou I.

À medida que seus amigos ficavam mais ricos, meu pai ficava mais irritado e amargo. Sua raiva cresceu, assim como sua crença de que pessoas ricas eram gananciosas.

Hoje, milhões de pessoas se veem na mesma situação do meu pai pobre. Muitas são bem instruídas e trabalhadoras, mas estão ficando para trás, em vez de seguir em frente. Elas ficam para trás porque trabalham por dinheiro e poupam.

Parabéns! Você É um trilionário!

Sabemos que o mundo está imprimindo dinheiro. Emite-se dinheiro nas economias boas e ruins. A pergunta é: quanto dinheiro está sendo impresso?

Se os Estados Unidos estão imprimindo trilhões de dólares, quanto imprime o resto do mundo? Talvez a melhor pergunta seja: o que esses trilhões em dinheiro impresso farão por você? Vão torná-lo mais rico ou mais pobre?

Capítulo 5

Se a turbulência financeira dos últimos anos nos levar à hiperinflação, haverá mais milionários, bilionários e até mesmo trilionários. Você poderá vir a ser um deles.

Ironicamente, neste admirável mundo novo, já existem muitos trilionários, mas eles estão quebrados. Por exemplo, se você se mudasse hoje para o Zimbábue, poderia ser um trilionário em dólares do Zimbábue.

Na verdade, se você quer ser um trilionário, tudo que tem a fazer é entrar na internet e comprar online uma nota de US$1 trilhão da moeda do Zimbábue e, então, poderá sair por aí dizendo a seus amigos: "Eu sou um trilionário."

Você seria um trilionário, mas ainda estaria falido. Bem-vindo à nova economia.

Eu carrego uma nota de *$100 trilhões* de dólares do Zimbábue na minha carteira. Numericamente, isso significa $100.000.000.000.000. Eu a levo comigo para me lembrar que $100 trilhões de dólares do Zimbábue podem me comprar um ovo naquele país, mas apenas se o ovo estiver à venda.

Muito dinheiro é a armadilha da nova economia. Apesar de trilhões de dólares na economia americana, milhões de pessoas estão quebradas ou quebrarão em breve.

Pergunta Frequente
Se os ricos não trabalham por dinheiro, trabalham pelo quê?

Resposta Curta
Ativos que produzem fluxo de caixa, seja nas economias boas ou ruins.

Explicação
Em vez de poupar dinheiro em um banco ou em um plano de previdência recheado de ativos de papel, é importante converter seu dinheiro para ativos reais: ativos que mantêm o valor, produzem fluxo de caixa e oferecem incentivos fiscais.

Pergunta Frequente
Por que a certeza de que seus ativos são ativos seguros?

Resposta Curta
Eles produzem fluxo de caixa nas economias boas e ruins, com incentivos fiscais.

Explicação

O Poder da Educação Financeira

Ao longo da história, papéis-moeda apareceram e sumiram. Nos Estados Unidos, houve o continental durante a guerra revolucionária e o dólar confederado durante a Guerra Civil.

Embora ambas as moedas tenham entrado em colapso, tornando-se inúteis, havia ainda uma economia com pessoas trabalhando, comprando, vendendo e negociando. Em outras palavras, o dinheiro se tornou inútil, mas a economia não ficou paralisada.

Muitas pessoas tornaram-se extremamente ricas durante esses colapsos financeiros. Grandes ativos tornaram-se disponíveis por quase nada. O problema é que as pessoas que foram treinadas para procurar um emprego, como meu pai pobre, não conseguem distinguir a diferença entre ativos e passivos.

Eu invisto em ativos que são essenciais para a economia. Invisto em edifícios de apartamentos de aluguel porque as pessoas precisam de um teto sobre suas cabeças. A maioria das pessoas prefere pagar aluguel a viver debaixo de uma ponte. O governo também ajuda as pessoas sem dinheiro. Se a economia entrar em colapso, o governo vai imprimir mais dinheiro e provavelmente auxiliará as pessoas a arrumarem moradias (mesmo que o dinheiro valha cada vez menos).

Invisto em petróleo porque o petróleo mantém o mundo girando, aquecido e alimentado. E invisto em ouro e prata porque, quando os governos imprimem dinheiro, o ouro e a prata conservam seu valor intrínseco.

Há muitos tipos diferentes de ativos que são essenciais para a economia. Encontre os que lhe interessam.

Pergunta Frequente
Como você sabe o que é importante para a economia?

Resposta Curta
Olhe para as demonstrações financeiras, especialmente a coluna das despesas.

Explicação
Quando você olha para a demonstração financeira de uma pessoa, se ela tiver uma, pode ver o que é importante para elas e para sua economia pessoal, onde elas gastam dinheiro. Alguns exemplos são:

Capítulo 5

DEMONSTRAÇÃO FINANCEIRA

Renda

Despesas
Impostos: para não ir para a cadeia
Moradia: para ter um teto sobre a cabeça
Alimentação: sem alimentos, a próxima opção é o canibalismo
Combustível: para nos deslocarmos e para nos aquecermos
Vestuário: a maior parte de nós fica melhor vestido
Comunicação: telefones celulares
Transporte: as pessoas precisam ir para o trabalho
Entretenimento: recreação, filmes e TV
Educação: para sobrevivência econômica

Pergunta Frequente

Você pode distinguir uma pessoa rica de uma pessoa pobre olhando para sua demonstração financeira?

Resposta Curta

Sim.

Explicação

É por isso que o banqueiro pede suas referências financeiras, não o histórico escolar. Quando você olha para as demonstrações financeiras de uma pessoa, pode avaliar o que é importante para ela. E também pode prever o futuro dela.

Minha coluna de ativos:

BALANÇO PATRIMONIAL

Ativos	Passivos
Companhia de educação Edifícios de apartamentos Resort e 5 campos de golfe Prédios comerciais Petróleo Propriedade intelectual Ouro e prata Empreendimento de energia solar	

O Poder da Educação Financeira

Pessoas pobres focam apenas na coluna de despesas. Elas ganham o suficiente para sobreviver no dia a dia, com um teto sobre sua cabeça, comida na mesa, gasolina no carro e roupas no corpo. Não é uma questão de quanto ganham. É sobre o que elas acham que é importante. Há muitas pessoas que ganham um monte de dinheiro, mas gastam tudo na coluna das despesas. Elas vivem de salário em salário, mesmo ganhando muito dinheiro. Elas não têm futuro, porque vivem para o dia de hoje.

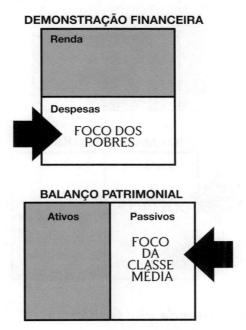

A classe média se concentra na coluna do passivo. Elas querem passivos que melhorem seu estilo de vida. Aparentar riqueza, para o estilo de vida da classe média, é mais importante do que ser rico. Elas querem uma casa maior, carros, boa comida, férias, educação e outros luxos... Tudo pago com dívida. Essas pessoas gastam mais dinheiro do que ganham e se afundam profundamente em dívidas. Em vez de comprarem um apartamento simples, elas compram uma casa grande em um bairro melhor. Caso invistam, preferem entregar seu dinheiro para terceiros administrarem, porque preferem aproveitar a vida a ter aulas e aprender a gerenciar a própria riqueza.

Os ricos se concentram na coluna de ativos. Eles sabem que, se focarem em ativos em primeiro lugar, as despesas e os passivos estarão sob controle.

143

Capítulo 5

Na nova economia, se você não colocar seu dinheiro na coluna dos ativos, convertendo seu dinheiro em ativos que possibilitem fluxo de caixa, provavelmente vai trabalhar arduamente durante toda a vida.

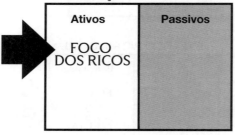

Não Gastamos Menos do que Ganhamos

A maioria dos planejadores financeiros recomenda que gastemos menos do que ganhamos. Este é um bom conselho para os pobres e a classe média. Não é um bom conselho para pessoas que queiram ser ricas. Kim e eu não vivemos assim. Acreditamos que viver aquém das possibilidades deprime nosso espírito.

Então, em vez de viver dessa forma, investimos em educação e em ativos. Por exemplo, quando estávamos construindo a *Rich Dad Company*, fizemos cursos quase todos os fins de semana, aprendendo tanto quanto podíamos sobre os negócios na nova economia. Fizemos o mesmo para o setor imobiliário, análise técnica e commodities.

Hoje, quando queremos um novo passivo, talvez um carro novo ou férias, tudo o que temos a fazer é adquirir ou desenvolver um ativo primeiro que pagará por esse passivo.

O Poder da Educação Financeira

Há um ano, no meio do caos financeiro, eu queria uma nova Ferrari. Quando eu disse a Kim que iria comprar, ela não disse: "Você não pode ter uma nova Ferrari. Não temos condições." Tampouco disse: "Por que você precisa de uma Ferrari? Você já tem um Lamborghini, um Porsche, um Bentley e uma caminhonete Ford." Também não escutei: "Qual carro você vai vender?"

Ela não diz essas palavras porque sabe que um novo passivo significa que ficaremos ainda mais ricos. Em vez de me lembrar quantos carros tenho, ela disse: "Em que você vai investir?" Em outras palavras, que ativo você vai adquirir para pagar por esse passivo?

Eu já tinha encontrado e investido em um projeto novo de poços de petróleo. Quando o poço começou a produzir, pagou pela Ferrari. A estimativa é que esse poço produza petróleo por cerca de vinte anos. A Ferrari estará paga muito tempo antes do esgotamento dessa produção.

Kim está feliz porque tem um novo ativo e eu estou feliz porque tenho uma Ferrari nova.

Nossa regra é simples: *ativos compram nossos passivos*. Em vez de vivermos abaixo de nossas possibilidades, nós as expandimos, concentrando-nos na coluna dos ativos. Ao longo dos anos, tenho escrito livros, comprei um miniarmazém e subdividi terrenos em lotes para comprar passivos. Alguns dos passivos, como os carros, por exemplo, já não existem mais, mas os ativos ainda nos fornecem fluxo de caixa. Nossos passivos nos inspiram a enriquecer ainda mais.

Também proibimos a nós mesmos de dizer: "Não temos condições" ou "Você não pode ter isso ou aquilo". Sabemos que podemos pagar por tudo que quisermos, desde que, em primeiro lugar, tenhamos adquirido os ativos para tal. Saber como criar ou adquirir ativos é a razão de os ricos não trabalharem por dinheiro.

Pergunta Frequente

Mas se você está adquirindo ativos por causa de fluxo de caixa, não está ainda trabalhando por dinheiro?

Resposta Curta

Sim, mas há diferença. A diferença é a razão para os ricos ficarem ainda mais ricos, independentemente da economia.

Explicação

Em vez de trabalharem por dinheiro, os ricos seguem as Leis de Compensação.

Capítulo 5

As Leis de Compensação

A seção seguinte explica três variações diferentes das Leis de Compensação. Para ser mais bem recompensado, você deve segui-las.

Lei de Compensação 1
Reciprocidade: Dai e receberás.

Aprendi esta lei há muito tempo, na escola dominical. Por mais óbvio que seja, quando se trata de dinheiro, muitas pessoas parecem esquecer-se desta lei. Elas querem receber, mas não querem dar ou dar apenas depois de receber.

Muitas pessoas querem receber mais e fazer menos. Meu pai pobre foi uma dessas pessoas. Como chefe do sindicato dos professores do Havaí, ele trabalhou arduamente para garantir mais dinheiro e menos trabalho para seus professores. Eu me lembro de uma batalha que ele assumiu, exigindo que os professores ensinassem a menos estudantes e recebessem salários maiores, com mais dias de folga e melhores benefícios. Para meu pai pobre, isso fazia sentido.

Para meu pai rico, a filosofia do meu pai pobre violou uma das leis de compensação. O pai rico acreditava em dar mais se você quiser receber mais.

Sempre me pareceu estranho que muitas pessoas achassem que meu era ganancioso e meu pai pobre estava certo em sua luta por mais salário e menos trabalho para seus professores.

Quando me formei na Academia de Marinha Mercante, no Kings Point, Nova York, entrei para uma empresa não sindicalizada, a *Standard Oil*, porque não queria participar da MM&P (Masters, Mates and Pilots), um sindicato profissional para os oficiais de navios. Eu teria feito mais dinheiro como um membro do sindicato, mas, conhecendo meu pai pobre e seus amigos, professores e funcionários sindicalizados, não poderia concordar com a filosofia dos sindicatos. Na minha opinião, o conceito de querer trabalhar menos e receber mais, em última análise, faz todos ficarem mais pobres, independentemente da quantidade de dinheiro que ganhem.

Uma das razões para existirem cada vez menos navios de carga dos Estados Unidos e menos empregos nesses navios é porque os sindicatos forçam essas empresas a mover suas operações para países com salários mais baixos. Uma razão pela qual a General Motors está em apuros é porque os dirigentes

O Poder da Educação Financeira

sindicais foram mais fortes do que os líderes da empresa. Hoje, o verdadeiro custo da mão de obra sindicalizada da indústria automobilística dos Estados Unidos é a perda de milhões de postos de trabalho, fábricas que se mudaram para o exterior e uma economia mais fraca.

Isso não significa que sou antissindicalista. Os sindicatos têm feito uma série de coisas boas para os trabalhadores, protegendo-os de proprietários de empresas cruéis e gananciosos. Os sindicatos nos deram o fim de semana de dois dias. Respeito o direito de uma pessoa escolher suas afiliações de trabalho e sua filosofia. Quando me formei na academia, escolhi não ser sindicalizado. Fiz a minha escolha porque eu preferia me concentrar em dar mais para receber mais a trabalhar menos e ganhar mais.

Kim se torna mais rica a cada ano porque, a cada ano, ela produz mais. Em 1989, ela começou com uma casa para alugar. Hoje, tem mais de 3 mil unidades de aluguel. Ela ganha mais, hoje, porque fornece mais moradia para mais pessoas. Em dez anos, ela pode vir a ter 20 mil unidades e ganhará mais porque segue a lei de compensação. Sei que algumas pessoas podem dizer que Kim é gananciosa. Meu pai pobre diria isso.

Do ponto de vista de meu pai rico, Kim está sendo generosa porque obedece à primeira lei da compensação: dai e receberás. A lei da reciprocidade também funciona ao contrário. Se você enganar as pessoas, elas lhe darão de volta o que você lhes deu. Isso foi o que aconteceu com Bernie Madoff. Ele tirou dinheiro do povo e acabou na cadeia. Ele teve o que mereceu.

Infelizmente, muitos dos maiores criminosos não são apanhados. Alguns deles ainda estão no controle das diretrizes econômicas.

Lei de Compensação 2
Aprenda a dar mais.

A maioria das pessoas vai à escola para aprender a ganhar dinheiro, mas só para si e sua família. Poucas pessoas vão à escola para aprender a produzir mais e produzir mais para mais pessoas.

A maioria das pessoas vai à escola para se tornar E e A. O problema com o lado esquerdo do quadrante é que o número de pessoas a quem podemos servir é limitado. Por exemplo, quando me formei na Kings Point, eu poderia trabalhar para apenas uma empresa, a *Standard Oil*, como um empregado.

Capítulo 5

A maioria das pessoas no quadrante E — médicos, por exemplo — só pode trabalhar em um paciente por vez.

A razão pela qual escolhi seguir meu pai rico nos quadrantes D e I foi porque meu sucesso ajudaria mais pessoas. E, quanto mais pessoas ajudo, mais ganho.

Quando uma pessoa é bem-sucedida em atender mais pessoas, impostos e dívida também funcionam a seu favor. É por isso que dívida e impostos enriquecem as pessoas nos lados D e I do quadrante.

Se você se concentrar em ganhar dinheiro apenas para si mesmo ou apenas para melhorar sua vida e a de sua família, logo os impostos e as dívidas trabalharão contra você.

Uma razão pela qual tantas pessoas estão financeiramente limitadas é porque foram para a faculdade e aprenderam a trabalhar por dinheiro nos lados E e A do quadrante, em vez de aprender a servir mais pessoas no lado D e I.

Lei de Compensação 3
Alavancando o poder da capitalização da educação financeira.

Quanto mais você aprende sobre os lados D e I, mais vai ganhar. Com o tempo, à medida que sua educação for se multiplicando, o mesmo acontecerá com seus retornos. Em outras palavras, você ganha mais e mais com menos e menos esforço.

Este é o verdadeiro poder da educação financeira.

Para entender melhor a Lei de Compensação 3, uma pessoa precisa entender que o verdadeiro poder da educação não é encontrado em uma sala de aula, seminários, livros, boletins ou diplomas.

Simplificando: "Você pode *ensinar* uma pessoa a pescar, mas não pode forçá-la a *aprender* a pescar." Existem dois pontos importantes relacionados a essa afirmação:

1. *O poder da educação é desencadeado depois que você sai da escola, termina um curso, seminários ou lê um livro e começa a aplicar o que aprendeu.*
   É por isso que os médicos fazem seis anos de faculdade e depois tornam-se plantonistas ou médicos residentes por mais um bom tempo. Ao longo desse processo, ganham experiência de vida real, antes de se tornarem verdadeiramente médicos.

   Eu só me tornei um oficial de navio depois que saí da academia. E não me tornei um piloto até que havia terminado os dois anos de escola de aviação.

O Poder da Educação Financeira

Não me tornei um piloto de combate competente até que estive no Vietnã por seis meses. Pilotos incompetentes muitas vezes eram mortos nos primeiros dois meses.

Pessoas que não têm educação financeira normalmente fracassam. Em vez de assistirem a cursos sobre empreendedorismo ou investimentos, elas começam negociando no mercado de ações, no mercado imobiliário ou se tornam empresárias. Depois ficam imaginando a razão pela qual fracassaram ou não conseguiram produzir resultados extraordinários. E quando fracassam, muitas desistem, culpando alguém ou alguma coisa por seus erros.

Como você deve se lembrar de um capítulo anterior, afirmei que, em 1973, quando minha carreira de piloto acabou, eu me inscrevi em cursos de investimentos sobre o mercado imobiliário e o treinamento de vendas com a Xerox.

Hoje as pessoas me dizem: "Posso levá-lo para almoçar? Quero aprender com você tudo sobre investimentos em imóveis." Fico louco ao ver a ingenuidade das pessoas com relação à educação financeira. Tornar-se financeiramente instruído não é algo que você faz durante um almoço.

Também encontrei idiotas financeiros que me disseram: "Já comprei e vendi algumas casas próprias. Eu sei como investir em imóveis."

Há uma enorme diferença entre comprar uma casa e comprar 300 unidades de apartamentos. O sucesso ou fracasso está no poder de educação financeira. Assistir a um seminário de três dias me deu os fundamentos para me tornar um investidor imobiliário, um investidor que utiliza dívida para adquirir riquezas.

Embora os fundamentos sejam os mesmos para uma única propriedade de aluguel ou um imóvel de 300 unidades, a diferença de rentabilidade está no grau de educação e nos anos de experiência.

Meu pai pobre fracassou em seu primeiro e único negócio, uma franquia de sorvetes. Para ele, o franqueador o trapaceou. Em minha opinião, foi sua falta de educação empreendedora e sua inexperiência que lhe custaram todas as suas economias e dois anos de sua vida.

A coisa mais estranha sobre as pessoas que se saíram bem na escola, como foi o caso de meu pai, é que elas respeitam a formação acadêmica, mas não respeitam a educação financeira. Elas parecem achar que abrir empresas e investir deveria ser algo fácil para elas só porque possuem um doutorado ou são médicos, contadores, advogados.

Para mim, isso é arrogância acadêmica. É também uma arrogância muito cara.

Capítulo 5

2. *Aprendizado também se acumula. A verdadeira abundância de dinheiro está no poder da capitalização da educação financeira.*
Em outras palavras, quanto mais você aprende sobre dinheiro nos quadrantes D e I, mais dinheiro você fará.

O Fracasso da Educação

Na figura a seguir, encontra-se o Cone de Aprendizagem. Ele foi desenvolvido por Edgar Dale, em 1969.

Cone de Aprendizagem		
Depois de duas semanas, tendemos a nos lembrar de		Natureza do envolvimento
90% do que dizemos e fazemos	Colocando em prática	Ativa
	Simulando a experiência real	
	Fazendo uma experiência dramática ativa	
70% do que dizemos	Conversando	
	Participando de um debate	
50% do que ouvimos e vemos	Presenciando uma atividade	Passiva
	Assistindo a uma demonstração	
	Assistindo a uma apresentação	
	Assistindo a um filme	
30% do que vemos	Olhando fotos	
20% do que ouvimos	Ouvindo	
10% do que lemos	Lendo	

Fonte: Cone de Aprendizagem adaptado de Dale, (1969).

150

O Cone de Aprendizagem ilustra a eficácia de vários métodos de aprendizado por meio da medição da retenção.

Você pode notar que a forma mais impactante de aprender é ilustrada no topo do cone: prática e simulação da coisa real. A forma menos significativa para se aprender está no fundo do cone: leitura e palestra. Na escola de aviação, os pilotos eram treinados exaustivamente em simuladores. Uma vez que mostrássemos competência nos simuladores, podíamos pilotar as aeronaves verdadeiras. Por isso que eu e Kim criamos os jogos *CASHFLOW*® na forma de simulador. O jogo permite ao jogador cometer todos os erros possíveis com dinheiro fictício, e não de verdade.

Cone de Aprendizagem

Depois de duas semanas, tendemos a nos lembrar de		Natureza de envolvimento
	Colocando em prática	
90% **do que dizemos e fazemos**	Simulando a experiência real	Ativa
	Fazendo uma experiência dramática ativa	
70% **do que dizemos**	Conversando	
	Participando de um debate	
50% **do que ouvimos e vemos**	Presenciando uma atividade	
	Assistindo a uma demonstração	
	Assistindo a uma apresentação	Passiva
	Assistindo a um filme	
30% **do que vemos**	Olhando fotos	
20% **do que ouvimos**	Ouvindo	
10% **do que lemos**	Lendo	

Fonte: Cone de Aprendizagem adaptado de Dale, (1969).

Capítulo 5

É preciso algum tempo para se tornar um investidor ou empreendedor melhor, antes de iniciar um negócio ou investir as economias de uma vida inteira, isso ajudará a aumentar suas chances de sucesso.

Quanto mais importante e arriscado o empreendimento é, mais importantes são os jogos e as simulações no processo de aprendizagem. É por isso que atletas profissionais praticam mais do que jogam, os atores ensaiam mais do que atuam e os médicos e advogados chamam seus negócios de "prática".

O poder de multiplicação da educação é impressionante. A maioria de nós já ouviu falar sobre o poder dos juros compostos. Muitos de nós sabemos que os fundos mútuos lucram por causa do poder de composição de despesas e a maioria de nós está consciente da composição das dívidas nacionais.

O Poder da Aprendizagem

Para explicar melhor o poder de capitalização da aprendizagem, usarei o jogo de golfe como metáfora. Quando uma pessoa joga golfe pela primeira vez, o processo pode ser doloroso, desagradável e frustrante. O golfista novo coloca uma boa quantidade de tempo e esforço por pouquíssimo de retorno. Muitas pessoas desistem após a primeira lição.

Mas se insistem com o processo de aprendizagem — fazem aulas, contratam um treinador, jogam 18 buracos 3 a 4 dias por semana e entram em torneios nos fins de semana, em poucos anos é provável que possam vencer até mesmo os jogadores mais talentosos.

Para desenvolver realmente seus talentos, eles teriam de aumentar sua dedicação ao aprendizado.

No mundo dos golfistas profissionais, a diferença de ganhos entre os 20 vencedores do topo e os 125 melhores é menos do que uma tacada. Em outras palavras, os 20 primeiros fazem milhões e os 100 jogadores seguintes do ranking de golfe conseguem levar uma vida bem confortável.

O jogo é o mesmo. E a diferença não é apenas o talento natural. A diferença está na dedicação para aprender a se tornar o melhor. Isso é um exemplo da Lei de Compensação 3: o poder da capitalização da educação.

Educação não é uma classe, um curso, ou algumas lições. A verdadeira educação é um processo. A verdadeira educação às vezes pode ser um processo *doloroso*, especialmente no início, quando é um trabalho árduo, em que se tem pouco em troca.

O Poder da Educação Financeira

Ainda que Tiger Woods possa não ser um bom exemplo de fidelidade no casamento, é um bom exemplo de sucesso no golfe. Tiger desistiu de Stanford, em 1996, para se tornar um jogador de golfe profissional aos vinte anos.

No momento em que se tornou profissional, ele assinou contratos de propaganda no valor de US$40 milhões com a Nike e US$20 milhões com a Titleist. Nada mal para quem abandonou a faculdade.

Alguns poderiam dizer que ele é naturalmente talentoso e se tornou um sucesso da noite para o dia. Ele pode ser naturalmente dotado, mas não foi um sucesso instantâneo. Foi preciso investir tempo, dedicação e sacrifício para desenvolver seus talentos. Mais importante do que a idade em que ele se tornou profissional é a idade em que começou a carreira no golfe.

Quando Tiger era um bebê, seu pai criou um *driving range* (espaço para treinamento) em sua garagem, com um tapete e uma rede. Antes que Tiger pudesse andar, ele se sentava em sua cadeirinha e assistia a seu pai praticando bater bolas na rede.

Quando Tiger tinha nove meses, seu pai serrou um taco de golfe para que Tiger pudesse bater bolas naquela mesma rede. Aos dezoito meses, Tiger começou a ir ao campo de golfe com seu pai para treinar.

Com três anos, ele acertou um 48 em nove buracos no Clube de Golfe da Marinha, na Califórnia. Quando tinha quatro anos, seu pai contratou um treinador.

Aos seis anos, começou a jogar em competições juniores. E, em 1984, com a idade de oito anos, venceu, na faixa de 9 a 10 anos para meninos, o Campeonato Mundial de Juniores.

Você já compreendeu o que quero dizer.

O sucesso exige investimento em tempo, sacrifício e dedicação. Esta é a verdadeira educação. Trata-se de um processo. Para a maioria das pessoas mais bem-sucedidas, não há essa coisa de "sucesso imediato". Meu pai rico sempre disse: "O sucesso exige sacrifício." Ele também disse: "A maioria das pessoas não é rica porque quer dinheiro sem sacrifício."

As razões pelas quais tão poucas pessoas atingem o lado D e I do quadrante CASHFLOW é porque a vida é mais fácil do lado E/A, ao menos assim parece no início. Para a maioria das pessoas no lado E/A, a vida ficará mais difícil na nova economia, especialmente à medida que envelhecem. E sucesso em longo prazo também requer caráter forte, legal, ético e moral, como Tiger está descobrindo de maneira difícil (e cara).

Capítulo 5

Retorno Infinito

Retornos infinitos são o resultado da obediência à Lei de Compensação 3. Quando Kim começou, em 1989, com sua casa de 2 quartos/1 banheiro, trabalhou arduamente para ganhar somente US$25 por mês em fluxo de caixa líquido. Vinte anos depois, ela trabalha menos e faz muito mais dinheiro — muitas vezes, retorno infinito, o que significa dinheiro por nada. Mesmo nesta crise econômica, sua riqueza está se acelerando, fazendo mais dinheiro com muito menos esforço, porque seus retornos infinitos são o resultado da Lei de Compensação 3.

Amigos Mais Influentes e Mais Antenados

Mais um aspecto da Lei de Compensação 3 é a amizade com pessoas mais influentes e "antenadas". Quando a inteligência financeira aumenta, você também começa a conhecer pessoas mais influentes. Quando você conhece pessoas assim, é convidado a participar de investimentos que são chamados de "insiders". Esses são investimentos que nunca chegam ao mercado. Os investimentos são tão bons que não precisam ser anunciados para que sejam vendidos. Alguém faz uma chamada telefônica e, pronto, o investimento está fora do mercado.

O investimento em resorts e campos de golfe que Kim e eu fizemos foi um insider. No momento em que a propriedade entrou em execução de hipoteca, o banqueiro ligou para apenas quatro pessoas e ela foi vendida.

Esse é outro exemplo do poder da capitalização da educação financeira. Se Kim e eu fôssemos desonestos, imorais ou fora da lei, nunca teríamos sido convidados para essa parceria. Uma boa reputação também é uma vantagem arrebatadora.

O Poder da Educação Financeira

Obedecer às leis de compensação permitiu que Kim se aposentasse aos 37 e eu, aos 47 anos. Obedecer às leis nos concedeu nossa independência financeira, algo que menos gente vai conseguir no admirável mundo novo da nova economia.

Kim e eu fundamos a *Rich Dad Company* só depois de termos alcançado a nossa independência. Antes de falarmos ou escrevermos sobre nossa independência, tivemos de testá-la. Queríamos saber se nossa educação financeira era real e se poderíamos sobreviver aos altos e baixos da economia.

Eu diria que nossa independência sobreviveu porque obedecia às leis de compensação. Nós sempre nos lembrávamos de dar mais, se quiséssemos mais em tro-

O Poder da Educação Financeira

ca. Continuamos a aprender a dar mais a partir dos quadrantes D e I. E sabíamos que tínhamos de continuar a aprender e praticar, melhorar nossas habilidades nos quadrantes D e I.

Pergunta Frequente

Mas seu pai rico não lhe deu uma vantagem inicial? Não é essa sua vantagem arrebatadora?

Resposta Curta

Sim e não.

Explicação

Meu pai rico não me deu nada. Ele me mostrou o caminho. Com nove anos, jogando *Banco Imobiliário*, eu sabia a diferença entre ativos e passivos. Mas ainda tive de fazer cursos e aprender, transformando minha educação em ativos reais.

O que me deu a vantagem arrebatadora foi a educação financeira, aplicada à vida real.

A maior vantagem arrebatadora que Kim e eu temos é que não paramos de aprender. Nós frequentamos aulas e aplicamos o que aprendemos. Sabemos que, se quisermos mais, precisamos aprender a doar mais. Quanto mais dermos, mais benefícios fiscais e mais empréstimos a juros baixos receberemos. Sabemos que, se dermos aos outros uma vida melhor, receberemos uma vida melhor em troca.

Pergunta Frequente

A maioria das pessoas não frequenta cursos financeiros para ganhar dinheiro apenas para si?

Resposta Curta

Sim e não.

Explicação

É muito importante aprender a cuidar de si mesmo. Há também muitas pessoas que querem salvar o mundo, mas não conseguem se salvar. Se você não pode salvar a si mesmo, será menos eficaz para salvar o mundo.

Quando eu era jovem, aprendi que "Deus ajuda a quem ajuda a si mesmo". Muitos alunos saem da escola querendo ajudar as pessoas, mas não conseguem ajudar a si próprios. Se você quiser salvar o mundo, aprenda a se salvar em primeiro lugar. Em seguida, vá socorrer o mundo.

Capítulo 5

A Hora para Mudar de Carreira

Em 1981, tive o privilégio de assistir a uma conferência com o dr. R. Buckminster Fuller, em um fim de semana nas montanhas da Califórnia. Para aqueles não familiarizados com o trabalho do dr. Fuller, ele é muito conhecido pela expressão "o gênio amigo do planeta". O dr. Fuller é o inventor do domo geodésico e de centenas de outras invenções, todas dedicadas a fazer do mundo um lugar melhor.

Durante uma de suas falas, ele disse algo que mudou minha vida. Na época, eu estava falido, tendo perdido meu primeiro grande negócio, o das carteiras de náilon e Velcro®. Eu sabia o que fazer, mas estava enfrentando dificuldades. Algo estava errado. Ali sentado, ouvindo um dos maiores gênios do mundo, percebi o que havia esqueci-do. Escutando o dr. Fuller, percebi que estava desobedecendo às Leis da Compensação.

Naquela manhã, o dr. Fuller disse ao grupo: "Eu não trabalho por dinheiro. Dediquei minha vida a serviço dos outros." Falando sobre os princípios que gover-nam o mundo, ele disse: "A quanto mais pessoas eu sirvo, mais eficaz me torno."

Suas palavras me atingiram como um raio. Ocorreu-me que eu estava enfren-tando dificuldades, assim como minha empresa, porque eu só estava pensando em ganhar dinheiro para mim. Ali eu soube que era a hora de mudar de carreira, mais uma vez.

Poucos meses depois, comecei a treinar para me tornar um professor, um pro-fessor de empreendedorismo que seguiria os princípios ensinados pelo dr. Fuller, princípios que seguem as leis da compensação.

Foi difícil me decidir por me tornar professor, porque eu realmente não gosta-va de escola nem da maioria de meus professores. Além disso, todos os professores que eu conhecia eram pobres. Finalmente, tomei a decisão de ensinar, comprome-tendo-me a seguir as Leis de Compensação e focar em servir cada vez mais pessoas, em vez de apenas ganhar dinheiro.

A vantagem arrebatadora que eu tinha sobre a maioria dos professores era que eu era empreendedor. Eu sabia que podia construir um negócio como empresário educacional, fora do sistema escolar tradicional.

Dois anos mais tarde, em 1984, depois de praticar muito como professor, muitas vezes realizando seminários aos quais ninguém aparecia, vendi meu negó-cio das carteiras e dei um salto de fé. No momento em que fiz meu compromisso, conheci Kim. Quando eu disse a ela o que estava fazendo, ela disse que queria se juntar a mim nesta nova aventura.

O Poder da Educação Financeira

Embora não tivéssemos dinheiro, tínhamos um ao outro. Eu nunca teria feito isso sem ela.

Em alguns dos nossos livros, escrevo sobre o fato de que Kim e eu fomos sem-teto por algum tempo, dormindo em um carro emprestado, vivendo em porões ou salas de estar de amigos, enquanto aprendíamos a ser professores.

Por cinco anos, nossa fé foi testada. Durante cinco anos, foi extremamente difícil vender assentos suficientes para que nossas aulas cobrissem as despesas do nosso negócio e nossas próprias despesas. Após cinco anos, o negócio deslanchou e nós expandimos com escritórios na Austrália, no Canadá, em Cingapura, na Nova Zelândia e nos Estados Unidos.

Em 1994, dez anos depois do nosso salto de fé, Kim e eu éramos financeiramente livres.

Em 1996, seguindo as Leis de Compensação, Kim e eu criamos nosso jogo de tabuleiro *CASHFLOW*®. Nós criamos o jogo para que pudéssemos atender mais pessoas, ensiná-las as mesmas lições financeiras que meu pai rico me ensinou.

Em 1997, *Pai Rico, Pai Pobre* foi publicado. Foi um esforço monumental, porque não gosto de escrever. Fui expulso duas vezes da escola porque não gosto de escrever. Ainda assim, escrevi esse livro porque eu estava seguindo as Leis de Compensação, cujo foco era atender a mais pessoas, e não apenas ganhar dinheiro.

No ano 2000, *Rich Dad, Poor Dad* entrou na lista de best-sellers do *The New York Times*. Foi o único livro autopublicado daquela lista.

Também em 2000, Oprah Winfrey me chamou e, depois, de uma hora no programa da Oprah, com uma mulher que é confiável e respeitada em todo o mundo, passei de praticamente um desconhecido a um personagem no cenário mundial.

Tudo que Kim e eu estávamos fazendo era seguir as Leis de Compensação e o foco em servir mais pessoas. Hoje, embora tenhamos dinheiro mais do que suficiente, continuamos trabalhando e o lucro de nossos ativos continua a crescer. Sabemos que é porque estamos alavancando nossa vantagem arrebatadora ao obedecer às Leis de Compensação.

Conclusão

Escrevo este livro porque há ganância demais no mundo. Para que esta crise financeira acabe, precisamos de pessoas mais generosas.

Escrevo para incentivar as pessoas boas como você a aprenderem Educação Financeira, a cuidarem de si mesmos financeiramente e a se concentrarem nos talentos que Deus lhes deu.

Como o dr. Fuller lembrou-me em 1981, é sendo generoso que descobrimos nossos dons e a criatividade dados por Deus.

Conclusão

UMA TAREFA PARA O CAPITALISMO

O capitalismo está sob severo ataque devido à crise financeira. Muitas pessoas acreditam que os capitalistas são gananciosos, corruptos e maus. Admito, muitos são.

No entanto, se você observar o que fazem os verdadeiros capitalistas, verá que eles lucram apenas se e quando melhoram a vida das pessoas, muitas vezes poupando nosso tempo e dinheiro. Os irmãos Wright, por exemplo, foram os primeiros a voar, mas foram os capitalistas que construíram a indústria aérea, fazendo com que voar fosse seguro e acessível às massas. Hoje, fico feliz em pagar por um bilhete de avião, porque voar é mais fácil, mais rápido e muito menos doloroso do que andar a pé, o que todos nós estaríamos fazendo se não fosse pelos capitalistas.

O mesmo é verdade para meu telefone celular. Posso fazer negócios de qualquer lugar do mundo, mesmo durante as férias. Fico feliz em pagar pelo uso do meu celular, porque ele facilita minha vida e me torna ainda mais rico.

A General Electric, fundada por Thomas Edison, não apenas torna a vida melhor por causa da eletricidade, mas também a prolonga por meio da tecnologia médica. Pago de bom grado pelos benefícios que os produtos médicos da GE trazem à minha vida.

E o que eu faria sem meu computador Apple? Poderia nunca ter escrito *Pai Rico, Pai Pobre* se não fosse por Steve Jobs, que simplificou muito o computador para um cara pouco tecnológico como eu pudesse usar. Os poucos dólares que gasto com meu computador me permitem fazer milhões de dólares a cada ano.

E meus Ferrari, Bentley, Ford ou Porsche seriam inúteis se o governo não cobrasse impostos dos proprietários de automóveis para construir e reparar nossas estradas.

Conclusão

Acredito que você já me entendeu. Embora seja verdade que existam pessoas gananciosas, corruptas e preguiçosas que exploram o sistema capitalista, elas não são os verdadeiros capitalistas. São pessoas gananciosas, corruptas e preguiçosas.

Esta crise financeira foi causada pela corrupção nos mais altos níveis do governo e das empresas. Como um câncer, a corrupção legalizada corrói a fibra moral do mundo. Homens e mulheres de poder, ansiando por mais poder, vendem suas almas para glorificar seus egos, destruindo vidas e sugando a riqueza das pessoas a quem, supostamente, deveriam servir.

Nos vários governos do mundo, vemos políticos profissionais em excesso. Muitos funcionários públicos trabalham, sem nunca ter tido uma experiência em empresas do mundo real, administrando a maior empresa do mundo: os negócios do governo. Não admira que os governos sejam corruptos.

Ainda que negócios e líderes políticos corruptos e incompetentes tenham prejudicado a economia, acredito que uma das maiores razões para esta crise financeira é um sistema obsoleto de ensino. Quanto mais gastamos em educação, pior fica o sistema.

Um problema com o sistema escolar é o fracasso em focar no verdadeiro capitalismo. Assim, temos capitalismo e governos corrompidos administrando o mundo. Nas escolas, há uma agenda socialista sutil, uma corrente sutil insinuando que "os ricos são gananciosos".

De acordo com a teoria marxista, o proletariado é uma classe da sociedade capitalista que não detém a propriedade dos meios de produção. Tudo que eles têm para trocar é seu trabalho por um salário. Proletários são trabalhadores assalariados treinados — como Pavlov e seus cães — para trabalhar por dinheiro.

Nosso sistema escolar produz esse tipo de capitalismo, uma classe proletária, um trabalhador assalariado, uma pessoa que deixa a escola à procura de um emprego. Muitos nunca terão nada de valor e muitos vão morrer sem nada, porque nossas escolas, ressentindo-se dos ricos, produzem trabalhadores que, segundo eles, são explorados pelos ricos.

Um emprego não é um ativo. Você não pode possuir um emprego. Você não pode passar seu emprego para seus filhos.

O dinheiro não é um ativo. Hoje, o dinheiro é dívida e está rapidamente se desvalorizando com mais dívida nacional.

O Poder da Educação Financeira

Sua casa não é um ativo. Você é o ativo. Todos os meses, os mutuários enviam dinheiro para o banco, para as companhias de seguros, para as empresas de serviços de utilidade pública e para o governo, através de impostos.

Seu plano de previdência não é um ativo. É um passivo sem fundos. Suas economias vão para os ricos, que usam seu dinheiro para adquirir os próprios ativos reais.

Alunos que saem da escola à procura de um trabalho bem pago logo caem nas garras do capitalismo, não porque o capitalismo seja necessariamente mau, mas porque o sistema educativo não os prepara para o mundo real. Sem educação financeira, treina-se os alunos para serem vítimas do capitalismo. A crença do sistema escolar de que "os ricos são gananciosos" torna-se uma profecia autorrealizável.

Como eu sempre disse, os verdadeiros capitalistas são generosos. Eles produzem muito e recebem muito. Será que o sistema escolar não é o verdadeiro defensor dos gananciosos?

Marx previu uma guerra entre o proletariado e a burguesia, a classe capitalista, uma vez que os trabalhadores desejam, naturalmente, que seus salários sejam os mais altos possíveis, enquanto a burguesia — os capitalistas — deseja que os salários sejam os mais baixos possíveis.

No admirável mundo novo da nova economia, na guerra em curso entre altos salários versus baixos salários, a classe capitalista está ganhando. Os capitalistas ganham porque é fácil transferir a produção para nações com níveis salariais mais baixos. Tecnologia também reduz o número de trabalhadores necessários para gerenciar uma empresa. A produção sobe, os custos da mão de obra caem e os capitalistas ganham.

O mundo está mudando rapidamente. Os sistemas de ensino, não. As escolas continuam a ensinar as pessoas a serem proletários, a buscar um emprego de alto salário assim que deixam a escola. Isso é um suicídio financeiro.

Lembre-se sempre: um emprego não é um ativo, nem dinheiro, tampouco uma casa. A poupança do trabalhador em seu plano de previdência é apenas uma fonte de recursos para os capitalistas de verdade. Quando os mercados quebram, como sempre acontece, os trabalhadores perdem e os capitalistas ganham.

Segundo a teoria marxista, o proletariado é uma classe da sociedade capitalista que não detém a propriedade dos meios de produção. Na nova economia, onde

Conclusão

o dinheiro não é mais dinheiro real, a classe operária trabalha para nada. Ela não tem ativos.

Como empregador, eu ocasionalmente entrevisto candidatos em busca de um trabalho. Infelizmente, a maioria está focada apenas nos salários e benefícios: "Quanto você vai me pagar?", "Quais são meus benefícios?", "Qual é o horário?", "Quanto tempo livre posso ter?" ou "Quão rápido consigo ser promovido?"

Ninguém nunca perguntou: "Qual é a missão desta empresa?", "Qual problema a empresa está buscando resolver?", "O que posso aprender ao trabalhar aqui?"

Em vez de fazerem perguntas socialmente responsáveis, eles querem saber sobre o salário e as condições de trabalho — enfim, o modelo mental do proletariado.

Essa programação de classe trabalhadora começa quando os pais dizem a seus filhos: "Vá para a faculdade para conseguir um emprego bem-remunerado" ou "Vá para a faculdade e se torne um advogado, médico ou web designer. Se você tem um diploma, sempre terá algo em que se apoiar".

Lembre-se da regra nº 1 do pai rico: os ricos não trabalham por dinheiro.

A programação do pensamento proletário começa em casa. Pais da classe trabalhadora querem que seus filhos se tornem trabalhadores mais instruídos, pessoas que, em última análise, trabalharão para os super-ricos.

Quando uma criança entra na escola, os professores (que também são da classe proletária do capitalismo, uma classe que não possui os meios de produção) prosseguem com a programação, dizendo: "Se você fizer o que digo e obtiver boas notas, vencerá seus colegas na competição pelos melhores empregos."

Uma vez que o jovem entra na faculdade, vencendo muitos de seus colegas menos preparados, os professores continuam com seus dogmas de classe trabalhadora, dizendo: "Se você tem um mestrado ou um doutorado, seu currículo melhora muito. Quanto mais elevado for seu grau de diplomação, maiores serão suas chances de conseguir os melhores postos nas empresas."

Pavlov provocou salivação em seus cães ao tocar um sino. Nosso sistema educacional toca o sino da escola, repicando a promessa de um trabalho bem pago. Tudo que alguém precisa dizer é "trabalho de alto salário" e as pessoas começam a fazer fila.

Se uma pessoa "ganha" a posição, batendo os candidatos menos qualificados, fica mais do que feliz em ver impostos e previdência oficial deduzidos diretamente de sua folha de pagamento — de modo que o governo é pago antes que ela própria receba seu dinheiro.

O Poder da Educação Financeira

Depois que o governo tem a garantia de ter sido pago, o novo empregado se compromete em poupar para o futuro, em fundos de previdência privada e outros, investindo em sua aposentadoria, o que significa que os ricos são os próximos a receber.

Nos Estados Unidos, se a empresa possui um fundo de pensão e um trabalhador se recusa a investir no fundo patrocinado, perde a contribuição correspondente do seu empregador. Em outras palavras: "Se você não pagar aos banqueiros do sistema financeiro, não temos por que pagar a você."

Muitos funcionários, ingenuamente, acreditam que a contribuição correspondente vem de seu empregador. O funcionário ingênuo não percebe que a contribuição correspondente já era seu dinheiro antes de tudo. Se ele se recusa a investir, o empregador economiza dinheiro.

Isso é o quanto de poder que tem o sistema financeiro sobre o governo e as leis trabalhistas, as leis que os sindicatos endossam. Isso é corrupção.

Assim que se sente seguro em seu novo emprego, o trabalhador passa a economizar um pouco de dinheiro para comprar sua casa dos sonhos, porque acha que "a casa é um ativo e seu maior investimento".

Poucas pessoas percebem que o financiamento imobiliário, o mutuário que a paga, é que são os verdadeiros ativos.

O novo membro da classe trabalhadora está transferindo seu dinheiro para os bolsos da burguesia por meio dos agentes da classe capitalista: os banqueiros, os corretores imobiliários e mobiliários, os planejadores financeiros e os políticos.

A burguesia isola seu mundo do mundo da classe operária através do sistema de educação. Em outras palavras, o sistema educacional está sendo usado como o principal agente dos chamados "ricos gananciosos" que os educadores desprezam.

É por isso que não há educação financeira verdadeira nas escolas.

Saia do Campo

Meu pai pobre se tornou professor porque era um produto do sistema agrário do Havaí. Seu pai, meu avô, veio em um barco do Japão para trabalhar nos campos de açúcar e abacaxi do Havaí.

Meu avô se casou com minha avó, cuja família fizera a travessia um pouco antes, no início dos anos 1800. Os pais da minha avó ainda trabalhavam na plantação quando ela se casou com meu avô.

Meu avô não queria nada com a vida no campo. Assim que saiu do navio, começou um negócio de fotografia. Ele era um empreendedor.

Conclusão

Meu avô foi muito bem-sucedido. Enquanto a maioria dos seus colegas imigrantes trabalhava por US$1 ao dia e viviam em habitações de propriedade da fazenda, meu avô era dono de uma casa e de um carro. Não demorou muito para que ele começasse a investir no mercado de ações e comprasse imóveis à beira-mar em Mauí, a ilha onde a família do meu pai morava.

Em 1929, o mercado de ações despencou, dando início à Grande Depressão. Os negócios do meu avô secaram e ele, rapidamente, perdeu sua casa, o carro e sua propriedade à beira-mar.

Meu pai tinha dez anos quando a Grande Depressão começou. Essa época afetou a forma como ele passou a encarar a vida.

Ele viu os imigrantes, japoneses e outros, receberem salários de escravos para trabalhar nas plantações dos ricos. Viu seu pai, um homem que havia conseguido sair do campo, dizimado pela quebra do mercado e pela depressão econômica.

Na mente do meu pai, a única maneira segura de escapar do trabalho no campo era por meio da educação. Em vez de ir para a faculdade de Medicina, ele optou por se tornar um professor, com a esperança de que uma boa educação fornecesse os meios de escapar do destino reservado aos filhos dos imigrantes. A educação era a fuga da escravidão pelos ricos — uma carta de alforria.

Meu pai dedicou sua vida à Educação. Ele se formou na Universidade do Havaí e logo foi promovido a diretor de uma escola — o mais jovem diretor na época. Ele trabalhava em tempo integral e continuava estudando, para obter títulos acadêmicos mais altos. Ele foi selecionado para os programas avançados da Stanford University, Northwestern University e Universidade de Chicago. Ele trabalhou e estudou arduamente enquanto buscava galgar a escada organizacional da educação pública, tornando-se, mais tarde, secretário de Educação do Estado do Havaí.

Meu pai costumava dizer aos filhos: "Os ricos trouxeram os imigrantes ao Havaí para trabalhar em suas plantações. Assim que os trabalhadores chegaram, foram colocados nos alojamentos e receberam uma conta no armazém da fazenda. Quando chegava o dia do pagamento, os imigrantes viam a moradia e as despesas de armazém serem deduzidas de seu salário. Ao final do mês, não sobrava um centavo sequer para a maioria dos trabalhadores. Alguns deviam mais ainda, porque pagavam muito caro pelas mercadorias no armazém. Muitos imigrantes nunca receberam dinheiro algum. Eles trabalharam de graça."

Ele terminava seu discurso dizendo: "É por isso que você tem de estudar muito — para que possa conseguir um emprego fora da fazenda."

O Poder da Educação Financeira

Na família imediata de meu pai, a educação era muita estimada. A maioria dos meus parentes tem títulos acadêmicos avançados. Muitos parentes têm mestrado e alguns doutorado. Sou um dos poucos apenas com um bacharelado.

O problema é que muitos de meus parentes trabalham para a maior plantação de todas: o governo. Alguns de seus filhos altamente educados trabalham para as plantações modernas, com nomes como Coca-Cola, United Airlines, Bank of America e IBM.

A maioria das pessoas da minha família, embora altamente diplomada, nunca deixou a fazenda.

Produzindo Proletariado

Karl Marx definiu o proletariado como uma classe da sociedade capitalista que não detém a propriedade dos meios de produção. Todos eles têm de trocar trabalho por salário. Isso é o que nossos sistemas escolares fazem. Escolas produzem a classe proletária de uma sociedade capitalista. Escolas não ensinam as pessoas a serem capitalistas.

Hoje, a classe operária quer empregos com altos salários, mas os verdadeiros capitalistas estão movendo a produção e, consequentemente, os empregos, para países de baixos salários. Esta é a crise real. Como uma economia poderá se recuperar se os empregos estão escassos e os salários, baixos?

Devido à falta de educação financeira, até mesmo os trabalhadores altamente qualificados veem sua riqueza ser drenada para o sistema bancário por meio de endividamento, para o governo por meio dos impostos e o que resta, pela inflação.

O sistema de plantação está vivo e bem, mesmo na Era da Informação.

O Sistema de Plantação

Atualmente:

- As crianças e os jovens ainda vão para a escola para nada aprender sobre dinheiro.
- Os jovens ainda saem da faculdade em busca de um emprego, ansiosos para se casar, comprar uma casa e criar uma família.
- A dívida nacional está fora de controle.
- Nossa riqueza está sendo roubada, através de impostos mais altos para pagar essa dívida, que vai para os ricos.

Conclusão

- Os jovens que encontram postos de trabalho acabam felizes em ver os impostos retirados de seus contracheques antes de receberem o pagamento.

- Os jovens estão muito felizes por ver dinheiro deduzido do seu salário com a ilusão de que estão investindo para sua aposentadoria.

- Uma nova legislação está em curso para tornar legal que o governo tome uma porcentagem maior de sua riqueza quando você morre.

Este é o problema em manter um sistema escolar liderado por Es e As, que formam jovens para serem Es e As. Este é o problema em termos líderes políticos que são Es e As em um sistema capitalista controlado pelos Ds e Is.

Isso é o que acontece quando Es e As não sabem a diferença entre ativos e passivos. Eles passam a vida trabalhando para acumular passivos, acreditando que são ativos. Vão para a escola para depois encontrar um emprego, sem saber que um trabalho não é um ativo. Trabalham por dinheiro sem saber que o dinheiro não é mais dinheiro. Compram uma casa, sem saber que uma casa não é um ativo. Poupam para a aposentadoria, sem saber que ações e fundos não são realmente ativos. Quando os postos de trabalho são transferidos para o exterior, eles voltam para a escola para se reciclar para um novo emprego.

E aconselham seus filhos a fazer a mesma coisa.

A Proposta

Antes que a crise financeira realmente acabe, o sistema escolar tem de mudar.

Como o sindicato dos professores mantém pulso forte sobre a educação, é mais fácil começar um novo sistema educacional paralelo ao antigo sistema, em vez de reformar o sistema antigo.

Minha proposta é que comecemos um sistema escolar novo que ensine os jovens a serem capitalistas. Os pais que querem que seus filhos se tornem empresários, em vez de funcionários, poderiam optar por enviar seus filhos a esse novo sistema escolar, e não ao tradicional.

Para os melhores e mais brilhantes neste novo sistema escolar, criaríamos uma academia, assim como West Point, para o Exército americano e Anápolis para a Marinha dos Estados Unidos. Em vez de militar, o foco desta academia seria empreendedorismo e o nome seria Academia de Empreendedores.

Dado que apenas os empresários podem criar empregos reais, essa academia ajudaria a resolver o problema crescente do desemprego.

O Poder da Educação Financeira

Para ensinar na nova academia, os instrutores terão de ser empreendedores verdadeiros, treinados para ensinar e dispostos a fazê-lo gratuitamente. Se forem realmente empreendedores, terão tempo livre e não precisariam de dinheiro.

Neste ambiente de empreendimento livre, novas indústrias poderiam surgir baseadas em tecnologias inovadoras. Os investidores estariam mais dispostos a arriscar capital em projetos que fossem desenvolvidos de forma inteligente.

Neste ambiente, muitos de nossos problemas mais prementes, como aquecimento global, poluição, desmatamento e fome, poderiam ser resolvidos. Em vez de usar os fundos do governo para resolver os problemas, os empresários poderiam transformar problemas em lucros, que é o que empreendedores verdadeiros fazem de qualquer maneira.

Hoje, temos faculdades de Direito para os advogados e faculdades de Medicina para os médicos. Por que não um sistema de ensino dedicado ao empreendedorismo e ao capitalismo?

Em vez de estudantes que saem da escola à procura de um emprego de altos salários, sairiam à procura de oportunidades para criar empregos bem-remunerados. Em vez de estudantes que saem da escola querendo receber mais e trabalhar menos, sairiam em busca de oportunidades para produzir mais e ganhar mais. Em vez de buscarem segurança no emprego, deixariam a escola capazes de criar fontes sustentáveis de renda. Em vez de sair da escola acreditando que os ricos são gananciosos, os alunos sairiam da escola querendo ser ricos generosos.

UM ROI ARREBATADOR

A maioria dos planejadores financeiros, corretores de seguros e de ações e alguns agentes imobiliários lhe dirá para esperar um ROI (retorno sobre investimento) de 8% a 12% ao ano.

Esses discursos de venda são feitos olhando para o passado, não para o futuro. Os anos entre 2000 e 2010 foram chamados de "década perdida". Para milhões de investidores amadores, o ROI tem sido inferior a 2%, até mesmo 0% para alguns, quando a inflação é computada.

No entanto, para alguns investidores profissionais, a "Década Perdida" foi a "Melhor Década".

Uma vantagem arrebatadora da educação financeira é a possibilidade de um ROI muito mais elevado, com muito menos risco e (em muitos casos, com a ajuda de um bom contador) zero de impostos.

Neste livro, por exemplo, você pode perceber como os ricos, com educação financeira, recebem no mínimo 28% de retorno *cash-on-cash* no primeiro ano, garantido pelo governo dos Estados Unidos.

Isso significa que se você investir $100 mil, recebe uma restituição de $28.000 do governo, dinheiro que pode ser usado ou investido onde você quiser. Geralmente, eu reinvisto minhas deduções de impostos.

Além disso, caso tenha sucesso, o investimento lhe paga dividendos todo mês, renda tributada por alíquotas mais baixas.

Hoje, quando alguém me liga querendo me vender um investimento que não ofereça um retorno garantido de 28% no primeiro ano, em dinheiro, eu rejeito o investimento. Por que arriscar meu dinheiro quando posso receber restituição garantida pelo governo?

Conclusão

O retorno mínimo que considero é de 28%. Em muitos de meus investimentos, mesmo um retorno de 100% ou 250% não é suficiente. Quero um retorno infinito.

Um retorno infinito significa que quero todo meu dinheiro de volta.

Por exemplo, se eu investir $100 mil, quero todo o meu dinheiro de volta, no prazo de três anos ou menos. Além disso, ainda quero a posse do ativo, renda de fluxo de caixa mensal e quero o dinheiro investido e seus rendimentos livre de impostos.

O montante em dinheiro não importa. O investimento pode ser de $10 mil ou $10 milhões — a diferença depende de sua educação financeira.

Em termos simples, um retorno infinito é sua maneira de imprimir o próprio dinheiro. Todo mês você recebe um cheque sem esforço, dinheiro grátis, assim como faz o Banco Central.

A banda de rock Dire Straits tem uma canção que foi um grande sucesso que dizia *Money for nothing, chicks for free* (Dinheiro sem esforço, garotas de graça).

Não posso garantir que vai chover garotas ou garotos na sua horta, mas posso garantir dinheiro sem esforço. Se você possuir uma sólida educação financeira e investir com pessoas inteligentes e éticas, que também tenham uma sólida educação financeira, também pode ganhar dinheiro sem esforço.

Dinheiro sem esforço é o verdadeiro ROI pelo investimento em sua educação financeira. Embora nunca haja garantias no mundo do dinheiro, uma educação financeira legítima lhe concede acesso aos mais altos retornos no mundo dos investimentos, com os menores riscos e os impostos mais baixos, zero em alguns casos. O primeiro investimento está em sua educação financeira.

É Bom Demais para Ser Verdade

Você pode ter certeza de que a maioria dos planejadores financeiros, corretores de ações e de seguros e agentes imobiliários lhe dirá: "Se parece bom demais para ser verdade, provavelmente não é."

Pessoas que vendem investimentos sentem que têm de minimizar ou desencorajar investimentos alegando um desempenho melhor do que os investimentos que vendem, rotulando-os como "arriscados".

E é, sim, bom demais para ser verdade para a maioria das pessoas, para aquelas sem educação financeira.

O Poder da Educação Financeira

Investimento para Leigos

Sempre achei engraçado que as pessoas achem que poupar dinheiro ou entregar o dinheiro para terceiros aplicarem em fundos mútuos seja inteligente.

É preciso inteligência zero para fazer uma poupança, zero de educação financeira ou de inteligência financeira para aplicar em fundos de previdência.

Um treinador de animais pode treinar um macaco para poupar dinheiro e investir em fundos. É simples: o macaco entrega o dinheiro no banco e o treinador de animais dá a ele uma banana. Macaco esperto. É ainda mais fácil treinar um macaco para investir em fundos de previdência. Tudo que o macaco tem a fazer é autorizar que seja debitada em sua conta, o valor do plano de aposentadoria, dinheiro que o macaco nunca vai ver.

Sem conhecimento, não há muita diferença entre um macaco com dinheiro e um macaco sem dinheiro.

Hoje há um grande número de pessoas sem dinheiro, mas elas ainda depositam o dinheiro que ganham no banco e destinam uma parte para o pagamento de planos de previdência.

Repito: não é preciso educação financeira para poupar dinheiro. Hoje, poupar dinheiro é estupidez, especialmente em um ambiente no qual os bancos centrais estão imprimindo trilhões de dólares. Poupar dinheiro é como investir em "Picassos originais" assim que eles saem da máquina impressora. Estamos falando de reprodução; não... da coisa real.

A melhor maneira de bater os bancos centrais é imprimir o próprio dinheiro de verdade. Eu venho imprimindo meu próprio dinheiro verdadeiro há anos — legal, ética e moralmente — e com a bênção do governo.

Você pode fazer o mesmo, mas primeiro deve investir em sua educação financeira, porque ela é sua vantagem arrebatadora para conseguir um ROI infinito.

Para encerrar, meu pai rico costumava dizer: "Seu cérebro é seu maior ativo. E pode, também, ser seu maior passivo."

Escrevi este livro para lhe dar a vantagem arrebatadora de transformar seu cérebro em seu maior patrimônio.

Se você não conseguir transformar seu cérebro em um ativo, não se preocupe. Você sempre pode ser um macaco. Como você sabe, os macacos não reconhecem a diferença entre uma banana e dinheiro de verdade. Para eles, é tudo a mesma coisa.

POSFÁCIO

"Eu odiava a escola — mas adoro aprender."

O Propósito da Educação

O verdadeiro propósito da educação é dar a uma pessoa o poder de transformar a informação em significado. O problema na Era da Informação é que há uma avalanche de informações financeiras e falta educação financeira.

Sem educação financeira, milhões de pessoas são iguais aos cães de Pavlov, fazendo o que são treinados a fazer. Vão a escola, encontram um bom emprego e entregam seu dinheiro para o governo, banqueiros e agentes financeiros.

O que Eu Faço?

Há poucos dias, fui a loja onde costumo comprar alimentos naturais. O funcionário da loja é um profundo conhecedor do assunto. Ele tem mestrado em Agricultura e trabalhou como agricultor. Infelizmente, uma seca de três anos e custos excessivos de impostos lhe custaram a fazenda da família. Ele encontrou um emprego em uma loja de alimentos naturais, especializada em produtos orgânicos. Ele tem sido um empregado exemplar, gerenciando essa loja há mais de vinte anos.

Enquanto ele registrava minha compra, disse: "Sabia que o banco central americano não é federal?"

"Sim", respondi, balançando a cabeça.

"Você sabia que os governos estão imprimindo trilhões de dólares a partir do nada?"

Mais uma vez, balancei a cabeça afirmativamente.

"Você já percebeu que o preço dos alimentos está subindo, mesmo que o governo diga que não há inflação?"

"Sim", concordei. "Tenho notado os preços subindo."

"Então, como o governo pode dizer que não há inflação?"

Conclusão

"Eu também gostaria de saber."

Colocando a comida nas sacolas, ele me pediu: "Posso lhe fazer uma pergunta?"

"Claro."

"Estamos em apuros?"

"Algumas pessoas estão", falei.

"Eu não tenho nada", disse ele. "Tenho alguns dólares em poupança. Sempre morei de aluguel, meu cadastro de crédito é péssimo e meu fundo de previdência foi destruído nessa crise, porque tive de tirar tudo antes do tempo."

Apenas balancei a cabeça em silêncio.

"O que posso fazer? É muito tarde para eu começar de novo? Estou muito velho?"

"Quantos anos você tem?", perguntei.

"Eu tenho 52."

"Você tem muito tempo", falei.

"O Coronel Sanders começou o Kentucky Fried Chicken quando ele tinha 66 anos."

"Ele teve de começar de novo aos 66?"

"Sim. Ele quebrou quando a construção de uma nova estrada atravessou sua única loja de frangos fritos. Quando ele viu o quanto receberia da previdência social, soube que estaria em apuros. Então, arrumou as malas e começou a vender os direitos de sua receita especial para restaurantes nos Estados Unidos. Ele foi rejeitado mais de 1.000 vezes antes que alguém finalmente dissesse sim à sua operação de franquia. Ele abriu capital na bolsa de valores e se tornou um homem rico e famoso. Hoje, você pode encontrar Kentucky Fried Chicken em todo o mundo, o que ajudou muita gente a enriquecer."

"Os alimentos orgânicos são um negócio em crescimento. Você acha que eu poderia fazer a mesma coisa que ele?"

"Você poderia."

"Devo voltar para a escola?"

"A educação é importante", falei. "Mas você talvez devesse considerar um tipo diferente de escola."

Edição Especial

NOVOS TEMPOS

Houve muitas mudanças na economia e no cenário financeiro desde que *Pai Rico, Pai Pobre* foi publicado pela primeira vez, em 1997. Vinte anos atrás, desafiei a sabedoria convencional com minha afirmação ousada de que "sua casa não é um ativo". Meus pontos de vista controversos sobre dinheiro e investimentos foram recebidos com indignação e críticas.

Em 2002, em *Profecias do Pai Rico* aconselhei que nos preparássemos para uma quebra do mercado financeiro. Em 2006, uni forças com Donald Trump para escrever *Nós Queremos que Você Fique Rico*, um livro inspirado pela nossa preocupação com o encolhimento da classe média americana.

Continuo sendo um defensor apaixonado da importância e do poder da educação financeira. Hoje, na esteira do fiasco do *subprime,* do recorde nas retomadas de imóveis pelos bancos e do colapso econômico global que ainda nos rodeia, muitos céticos passaram a acreditar nisso.

Na preparação da reedição de 2011 do livro *Independência Financeira*, percebi duas coisas: que minha mensagem e ensinamentos resistiram ao teste do tempo, e que o cenário de investimentos, o mundo em que os investidores operam, mudou drasticamente. Essas mudanças afetaram, e continuarão a afetar, aqueles que estão no quadrante I (Investidores) e alimentaram a minha decisão de atualizar uma parte importante do livro *Independência Financeira*, que aborda especificamente os investidores.

A seguir ofereço um pequeno presente para você, uma prévia do novo capítulo do livro *Independência Financeira*: "Cinco Níveis de investidores".

Seção Especial

OS CINCO NÍVEIS DE INVESTIDORES

Meu pai pobre costumava dizer: "Investir é arriscado."

Meu pai rico sempre dizia: "Não ser financeiramente educado é arriscado."

Hoje, a maioria das pessoas sabe que precisa investir. O problema é que a maioria das pessoas, como meu pai pobre, acredita que investir é arriscado — e investir é realmente arriscado se você não tem educação financeira, experiência e orientação.

Aprender a investir é importante porque o investimento é a chave para a liberdade financeira. Cinco coisas que acontecem com pessoas que não investem ou investem mal:

1. Trabalham arduamente durante toda a vida.
2. Elas se preocupam com dinheiro a vida toda.
3. Dependem de outros, como a família ou da aposentadoria do governo para cuidar delas.
4. Os limites de sua vida são definidos pelo dinheiro.
5. Nunca conhecerão a verdadeira liberdade.

O pai rico costumava dizer: "Você nunca saberá o que é a verdadeira liberdade até que consiga a liberdade financeira." Com isso, ele queria dizer que aprender a investir é mais importante do que aprender uma profissão. "Quando você aprende uma profissão, digamos médico, aprende a trabalhar por dinheiro. Aprender a investir é aprender como fazer o dinheiro trabalhar para você. No momento em que o dinheiro estiver trabalhando para você, então terá adquirido sua carta de alforria." Ele também dizia: "Quanto mais dinheiro tem trabalhando para você, menos paga em impostos — se você for um verdadeiro investidor."

Seção Especial

Aprenda a Investir

Meu pai rico começou a me preparar para o quadrante I, aos nove anos, usando o *Banco Imobiliário* como ferramenta de ensino. Repetidas vezes, ele dizia: "Uma das grandes fórmulas para enriquecer encontra-se nesse jogo. Lembre-se sempre dessa fórmula: quatro casas, um hotel."

O *Banco Imobiliário* é um jogo de fluxo de caixa. Por exemplo, se você tem uma casa em uma propriedade no tabuleiro e recebe $10, esse valor equivale ao fluxo de caixa mensal. Duas casas, $20. Três casas, $30. E o hotel, $50. Quanto mais casas e mais hotéis, maior o fluxo de caixa, menos trabalho, menos impostos e mais liberdade.

Um jogo simples, mas uma lição importante.

O pai rico jogava *Banco Imobiliário* na vida real. Ele costumava nos levar — seu filho e eu — para visitar suas casas que um dia se tornariam um grande hotel, na praia de Waikiki.

Enquanto eu crescia e assistia ao meu pai rico jogando *Banco Imobiliário* na vida real, aprendi muitas lições valiosas sobre como investir. Algumas dessas lições são:

- Investir não é arriscado.

- Investir é divertido.

- Investir pode torná-lo muitíssimo rico.

- Mais importante: o investimento pode libertá-lo da luta de ganhar para se sustentar e de se preocupar com dinheiro.

Em outras palavras, se for inteligente, você pode construir um imenso fluxo de caixa vitalício — para produzir dinheiro em bons e maus momentos, com o mercado em alta ou em baixa.

Não estou dizendo que o mercado imobiliário seja a única maneira de investir. Eu uso o *Banco Imobiliário* como exemplo de como os ricos ficam mais ricos. Uma pessoa pode ter uma renda proveniente de ações por meio de dividendos; de títulos, por meio de juros; ou de petróleo, livros e patentes, por meio de royalties.

"Especialistas" Financeiros

Infelizmente, devido à falta de educação financeira nas escolas, a maioria das pessoas entrega cegamente seu dinheiro a outras que acreditam ser peritos financeiros: gerentes de banco, planejadores financeiros e corretores. Infelizmente, a maioria desses "especialistas" não é, de fato, investidor no quadrante I. A maioria é composta

O Poder da Educação Financeira

de empregados no quadrante E, que trabalha por um salário ou é consultor financeiro independente no quadrante A, trabalhando por honorários e comissões. A maioria dos "especialistas" não pode se dar ao luxo de parar de trabalhar, porque não têm investimentos trabalhando para eles.

Warren Buffett costuma dizer: "Wall Street é o único lugar para onde as pessoas vão de Rolls-Royce pedir conselhos a quem pega metrô."

Se as pessoas não têm educação financeira sólida, não conseguem saber se um conselheiro financeiro é um vendedor ou um vigarista, um tolo ou um gênio. Lembre-se: todos os trapaceiros são pessoas legais. Se eles não fossem agradáveis, dizendo o que você quer ouvir, você não iria ouvi-los.

Não há nada de errado em ser um vendedor. Todos nós temos algo para vender. No entanto, como Warren Buffett diz: "Nunca pergunte a um vendedor de seguros se você precisa de seguro." Quando se trata de dinheiro, há muitas pessoas suficientemente desesperadas para lhe dizer e lhe vender qualquer coisa, apenas para pegar seu dinheiro. Curiosamente, a maioria dos investidores sequer conhece a pessoa que está tomando seu dinheiro. Em boa parte do mundo ocidental, os funcionários têm seu dinheiro automaticamente deduzido dos salários, na forma de recolhimento de impostos, pagamentos de assistência social e seguros, previdência social e outros.

Muitos trabalhadores nos Estados Unidos permitem que seus empregadores deduzam de sua folha de pagamento uma quantia para ser colocada em um plano de aposentadoria privada, possivelmente a pior maneira de investir para a aposentadoria. *Esses planos atendem por nomes diferentes em países diferentes: na Austrália, são chamados de superannuation, nos Estados Unidos e no Japão eles são chamados de 401(k), no Canadá são conhecidos como RRSPs.*

Digo que esses planos podem ser a pior maneira de investir para a aposentadoria, pelos seguintes motivos:

1. **A revista *Time* está do meu lado.** A *Time* tem feito uma série de artigos ao longo dos anos, questionando se é inteligente colocar a aposentadoria de tantas pessoas em risco. Ela vem prevendo que milhões de pessoas não terão dinheiro suficiente para se aposentar após entregar seu dinheiro a estranhos durante uma vida inteira.

    Um típico plano dessa natureza fica com 80% dos lucros. O investidor poderá vir a receber apenas 20% dos rendimentos, se tiver sorte. O investidor coloca 100% do dinheiro e assume 100% do risco. Os administradores do plano colocam 0% do dinheiro e assumem 0% do risco. O fundo ganha dinheiro, mesmo quando você perde.

Seção Especial

2. **As alíquotas de imposto trabalham contra você em um plano de pre-vidência privada.** Ganhos de capital de longo prazo são tributados a uma alíquota mais baixa de cerca de 15% a 17,5%. Mas a previdência privada trata os ganhos como renda auferida que é tributada a alíquotas mais elevadas, às vezes as mais altas possíveis, sobre o capital total. E se você quiser resgatar o dinheiro antes do prazo, terá que pagar um imposto adicional.

3. **Não há seguro para o caso de uma quebra do mercado de ações.** Para dirigir um carro, tenho que pagar pelo menos o seguro obrigatório, para o caso de acidentes. Quando invisto em imóveis, tenho seguro em caso de incêndio ou outras perdas e danos. No entanto, o investidor em previdência privada não tem seguro para prevenir perdas de quebras do mercado.

4. **Esses planos servem para as pessoas que estão planejando ser po-bres quando se aposentarem.** É por isso que os planejadores financei-ros costumam dizer: "Quando se aposentar, você será menos tributado." Eles assumem que sua renda vai cair na aposentadoria, se enquadrando em uma faixa de incidência menor. Se, por outro lado, você for rico ao se aposentar e tiver um plano de aposentadoria, pagaria impostos ainda mais altos ao se aposentar. Investidores inteligentes entendem tudo sobre os tributos antes de investir.

A triste verdade sobre a maioria dos consultores financeiros e gestores de fun-dos de pensão é que eles não são investidores. A maioria é composta por empre-gados que estão no quadrante E e não têm qualquer tipo de educação financeira da vida real.

Para piorar a situação, a maioria dos "especialistas" aconselha os investidores incultos a "investir em longo prazo em uma carteira bem diversificada de ações, papéis e fundos mútuos".

Por que esses ditos "especialistas" financeiros, empregados do quadrante E ou vendedores do quadrante A, disfarçados de investidores do quadrante I, o acon-selham a fazer isso? É porque eles são pagos não pelo dinheiro que ganham para você, mas por quanto você entrega a eles em longo prazo. Quanto mais tempo seu dinheiro fica parado com eles, mais eles recebem.

A realidade é que os investidores verdadeiros não imobilizam seu dinheiro; eles o movimentam. É uma estratégia conhecida como "velocidade do dinheiro". O dinheiro de um investidor verdadeiro está sempre em movimento, na aquisição

O Poder da Educação Financeira

de novos ativos e, depois, voltando a se mover em busca de mais ativos. Só os amadores estacionam o dinheiro.

Não estou dizendo que todo tipo de plano de previdência privada seja ruim, embora eu nunca pensasse em ter um. Para mim, eles são muito caros, demasiadamente arriscados, fiscalmente ineficientes e não são justos com o investidor.

O que estou dizendo é que há melhores maneiras de investir, mas elas exigem educação financeira.

Qual É o Melhor Investimento?

O investidor mediano não reconhece a diferença entre investir para fluxo de caixa e investir para obter ganhos de capital. A maioria dos investidores investe para obter ganhos de capital, rezando e esperando que o preço de suas ações ou de casa suba. Contanto que você tenha mais dinheiro entrando do que saindo, seu investimento é um bom investimento.

Tenha em mente que não é a classe de ativo que faz uma pessoa enriquecer ou empobrecer. Por exemplo, quando uma pessoa pergunta: "Imóvel é um bom investimento?" Eu respondo: "Não sei. Você é um bom investidor?" Ou se me perguntam: "Ações são bons investimentos?" Novamente minha resposta é: "Não sei. Você é um bom investidor?"

O que quero dizer é que nunca é a classe de investimento ou ativo que importa. Sucesso ou fracasso, riqueza ou pobreza, depende unicamente da inteligência do investidor. Um investidor inteligente fará milhões no mercado de ações. Um amador perderá milhões.

Tragicamente, a maioria das pessoas não acredita que aprender a investir é importante. É por isso que a maioria das pessoas acredita que investir é arriscado e entrega seu dinheiro a "especialistas", a maioria dos quais não é realmente investidor, mas vendedor, que ganha dinheiro, perca o investidor ou ganhe.

Existem cinco tipos ou níveis de investidores no quadrante I.

Os Cinco Níveis Diferentes de Investidores

Existem cinco níveis de investidores encontrados no quadrante I.

Nível 1: Nível Zero de Inteligência Financeira

Infelizmente, nos Estados Unidos, outrora o país mais rico do mundo, mais de 50% da população está no nível inferior do quadrante I. Resumindo, eles nada têm para investir.

Seção Especial

Há muitas pessoas que ganham um monte de dinheiro que se enquadram nesta categoria. Eles ganham muito — e gastam mais do que ganham.

Eu tenho um amigo que parece ser muito rico. Ele tem um bom emprego como corretor de imóveis, uma bela esposa e três filhos em escola particular. Eles vivem em uma bela casa com vista para o Oceano Pacífico, em San Diego. Ele e a esposa dirigem carros europeus caros. Quando seu filho e as filhas atingiram idade suficiente, também passaram a dirigir carros caros. Pareciam ricos, mas, na verdade, estavam bastante endividados. Aparentavam ser ricos, mas eram mais pobres do que a maioria das pessoas pobres.

Agora, eles estão sem casa. Quando o mercado imobiliário ruiu, eles quebraram. Não foram mais capazes de pagar os juros sobre toda a dívida que haviam acumulado.

Quando éramos mais jovens, esse mesmo amigo ganhou muito dinheiro. Infelizmente, foi sua inteligência financeira — nível zero — que o tornou um fracasso em longo prazo. Na verdade, ele está tão cheio de dívidas que é realmente um investidor abaixo de zero.

Como muitas pessoas, tudo o que ele compra perde valor ou lhe custa dinheiro. Nada do que compra o torna mais rico.

Nível 2: Nível Poupadores São Perdedores

Muitas pessoas acreditam que é inteligente poupar. O problema é que hoje o dinheiro não é mais dinheiro. Hoje, as pessoas estão poupando dinheiro de mentira, dinheiro que pode ser criado na velocidade da luz.

Em 1971, o Presidente Nixon desatrelou o dólar do padrão-ouro, e o dinheiro se tornou uma dívida. A principal razão dos preços nos Estados Unidos começarem a subir desde 1971 é simplesmente porque a partir deste momento o governo passou a ter o poder de imprimir mais dinheiro para pagar suas contas.

Hoje, os poupadores são os maiores perdedores. Desde 1971, o dólar americano perdeu 95% de seu valor em comparação com o ouro. E não precisará de mais quarenta anos para perder os 5% restantes.

Lembre-se, em 1971, o ouro custava US$35 a onça. Quarenta anos depois, o ouro está acima de US$1.400 a onça. Isso representa uma gigantesca perda do poder de compra do dólar. O problema fica cada vez pior conforme a dívida nacional americana atinge trilhões de dólares e os Estados Unidos continuam a "imprimir" mais dinheiro de mentira.

O Poder da Educação Financeira

Na medida em que os bancos centrais, em todo o mundo, emitem trilhões em alta velocidade, cada centavo impresso significa mais impostos e mais inflação. Apesar disso, milhões de pessoas continuam a acreditar que guardar dinheiro na poupança é inteligente. Era, quando o dinheiro era dinheiro.

O maior mercado do mundo é o do títulos. "Títulos" é outra palavra para "poupança". Existem muitos tipos diferentes de títulos para os diferentes tipos de poupadores.

Durante anos, assumiu-se que os títulos da dívida pública eram seguros. Mas veio a crise financeira de 2007, causada, especialmente, pelos títulos do financiamento imobiliário, títulos lastreados em garantia real, também conhecidos como derivativos. Milhões desses títulos eram compostos pelo chamado crédito de risco, ou *subprime*, que eram empréstimos para tomadores de alto risco. Alguns desses tomadores não tinham renda nem emprego. E mesmo assim, compravam casas que nunca conseguiriam pagar.

Os banqueiros de Wall Street pegaram esses empréstimos de alto risco e criaram títulos, magicamente denominando-os de títulos de baixo risco, ou *prime*, e venderam para instituições, bancos, governos e investidores individuais. Para mim, o nome disso é fraude. Mas é assim que funciona o sistema bancário.

Hoje, muitas pessoas culpam os grandes bancos como o *Goldman Sachs* e o *JP Morgan* pela crise. No entanto, se alguém deve ser responsabilizado por essa crise, deveria ser Warren Buffett. Ele é um homem inteligente e sabia perfeitamente o que estava fazendo. A empresa dele, a *Moody's*, estava recomendando carne podre como carne nobre. Isso é criminoso.

O problema é que esses títulos *subprime* estão provocando, agora, um efeito cascata em todo o mundo. Hoje, países como Irlanda e Grécia estão em sérios problemas, incapazes de pagar os juros sobre seus títulos. Nos Estados Unidos, governos e municípios vão quebrar, incapazes de pagar os juros sobre seus títulos.

Em 2011, milhões de pessoas, muitas delas aposentadas, fundos de pensão, governos e bancos estavam em sérios apuros e o mercado de títulos deixou bastante claro como os títulos podiam ser inseguros.

Além disso, a inflação crescente torna os títulos um investimento ainda mais arriscado, e é por isso que poupadores que só sabem poupar são perdedores. Por exemplo, se um título está pagando 3% de juros e a inflação está em 5%, o valor de um título a 3% desaba aniquilando todo o montante investido.

183

Seção Especial

A China pode vir a ser o maior perdedor de todos. Ela detém US$1 trilhão em títulos dos Estados Unidos. Toda vez que o governo dos Estados Unidos desvaloriza o dólar ao imprimir mais dinheiro e emitir mais títulos, o valor do investimento chinês nos EUA cai. Se a China parar de comprar títulos do governo americano, a economia mundial vai parar e quebrar.

Milhões de aposentados são como a China. Justamente aqueles que precisam de uma renda estável depois da aposentadoria acreditaram que títulos do governo eram seguros. Hoje, conforme os governos, grandes ou pequenos, quebram e a inflação aumenta, aposentados estão descobrindo que quem poupa dinheiro em títulos são perdedores.

O mercado de títulos é o maior do mundo, maior do que o mercado de ações ou que o mercado imobiliário. A principal razão disso é que a maioria das pessoas é poupadora, investidores Nível 2. Infelizmente, depois de 1971, quando as regras monetárias mudaram, poupadores se tornaram os maiores perdedores, mesmo quando poupam dinheiro investindo em títulos.

Lembre-se que quem investe em poupança e títulos, e a maioria das pessoas que guarda dinheiro em planos de aposentadoria, são pessoas que "estacionam" seu dinheiro em longo prazo, enquanto os investidores profissionais movimentam seu dinheiro. Eles investem em ativos, recebem o que investiram de volta sem vender o ativo e movimentam seu dinheiro para comprar mais ativos. É por isso que poupadores, que "estacionam" seu dinheiro, são os maiores perdedores.

Nível 3: Nível Sem Tempo para Nada

Este é o investidor que está ocupado demais para aprender sobre como investir. Muitos investidores deste nível são pessoas muito instruídas que estão demasiadamente ocupadas com suas carreiras, famílias, outros interesses e férias. Por isso, preferem manter-se financeiramente alienadas e entregam seu dinheiro para outra pessoa administrar.

Este é o nível em que está a maioria dos investidores em previdência privada e até alguns investidores muito ricos. Eles entregam seu dinheiro a um "especialista" e, então, rezam e esperam que ele ou ela seja realmente um craque.

Logo após o início da crise financeira de 2007, muitas pessoas ricas descobriram que seu dito "especialista" não era exatamente um experto e, pior ainda, não era confiável.

O Poder da Educação Financeira

Em questão de meses, trilhões de dólares de riqueza evaporaram à medida que os mercados imobiliários e de ações começaram a ruir. Em pânico, esses investidores chamaram seus consultores de confiança e imploraram por salvação.

Alguns investidores ricos descobriram que seus consultores de confiança eram vigaristas extremamente sofisticados, que estavam executando esquemas Ponzi elaborados. Um esquema Ponzi é um sistema de investimento no qual os investidores são pagos com o dinheiro de novos investidores. O esquema funciona, desde que haja novos investidores acrescentando dinheiro novo para pagar aos investidores antigos. Nos Estados Unidos, Bernie Madoff ficou famoso ao fugir com bilhões de dólares em dinheiro dos ricos.

Existem esquemas Ponzi legais e ilegais. A seguridade social é um esquema Ponzi legal, assim como é o mercado de ações. Em ambos os casos, o esquema funciona, desde que novos fluxos de dinheiro não parem de entrar. Se o dinheiro parar de fluir em novas aplicações, o esquema — seja ele o esquema de Madoff, o da Seguridade Social ou da Bolsa de Valores — entra em colapso.

O problema com o investidor Nível 3, do tipo "estou muito ocupado", é que a pessoa nada aprende caso venha a perder dinheiro. Tudo que faz é responsabilizar seu consultor financeiro, o mercado ou o governo. É difícil aprender com os próprios erros, se a pessoa não sabe quais erros foram cometidos.

Nível 4: Nível Sou-um-Profissional

Este é o investidor "faça você mesmo". Quando você olha para o quadrante CASHFLOW, ele está no quadrante A como um investidor.

Muitos aposentados se tornam investidores Nível 4 no momento em que deixam de trabalhar.

Esse investidor usa muito as ordens diretas ou *home broker*, comprando e vendendo em casa, do seu computador. Afinal, por que ele pagaria comissões mais elevadas a um corretor da bolsa especializado quando faz sua própria pesquisa e toma suas próprias decisões?

Caso invista em imóveis, o "faça você mesmo" encontrará, consertará e gerenciará os próprios imóveis. E, se gosta de ouro, ele comprará e armazenará seu tesouro em ouro e prata.

Na maioria dos casos, o "faça você mesmo" tem pouquíssimo, ou nada, de educação financeira formal. Afinal, se podem fazer por si próprios, por que deveriam aprender alguma coisa?

Seção Especial

Se vierem a fazer um curso ou dois, geralmente o fazem em áreas bem específicas. Por exemplo, se gostam de negociação de ações, acabarão se concentrando apenas na negociação de ações. O mesmo é verdade para o pequeno investidor imobiliário.

Aos nove anos, quando o pai rico começou a minha educação financeira com o *Banco Imobiliário*, ele queria que eu entendesse o mundo dos investimentos de maneira ampla. A seguir, estão as grandes classes de ativos sobre as quais ele julgava que eu deveria passar a vida aprendendo.

BALANÇO PATRIMONIAL

Ativos	Passivos
Negócios	
Imóveis	
Ativos de Papel	
Commodities	

Quando cada vez mais pessoas perceberem a necessidade de investir, milhões se tornarão pequenos investidores nesse Nível 4, em todas as quatro classes de ativos.

Depois da quebra do mercado em 2007, milhões de pessoas se tornaram empreendedoras, começando pequenos negócios, e muitos passaram a investir em imóveis uma vez que os preços haviam caído. A maior parte, porém, passou a experimentar no mercado de ações e *stock picking*. Conforme o dólar perdia valor, milhões de pessoas começaram a investir em ouro e prata.

Obviamente, aqueles que também investiram em sua contínua educação financeira, frequentando cursos e contratando um *coach* para aumentar seu desempenho, irão ultrapassar aqueles que estão por conta própria.

Com uma sólida educação financeira, alguns dos investidores Nível 4 passarão para o próximo nível, o Nível 5 de investidor — o capitalista.

Nível 5: Nível Capitalista

Este é o nível das pessoas mais ricas do mundo.

Um investidor Nível 5, um capitalista, é qualificado como um empresário do quadrante D, investindo no quadrante I.

O Poder da Educação Financeira

Como disse anteriormente, o investidor de Nível 4 é o "faça você mesmo" do quadrante A, investindo no quadrante I.

A seguir estão alguns exemplos das diferenças entre um investidor de Nível 4 e um de Nível 5, o investidor capitalista.

1. O investidor do quadrante A geralmente usa o próprio dinheiro para investir.

   O investidor do quadrante D geralmente usa DOP (dinheiro de outras pessoas) para investir.

   Esta é uma das principais diferenças entre o investidor do Nível 4 e o do Nível 5.

2. O investidor do quadrante A, muitas vezes, é um investidor solo (ele costuma ser um investidor muito inteligente).

   O investidor do quadrante D investe com uma equipe e não precisa ser muito esperto. Só é necessário ter a equipe mais inteligente.

   A maioria das pessoas sabe que duas cabeças pensam melhor que uma. No entanto, muitos investidores do quadrante A acreditam que são as pessoas mais inteligentes do mundo.

3. O investidor do quadrante A ganha menos do que o investidor do quadrante D.

4. O investidor do quadrante A muitas vezes paga impostos mais elevados do que o investidor do quadrante D.

5. Pessoas do quadrante A normalmente são consideradas egoístas. Quanto mais egoístas são, mais dinheiro ganham.

   O investidor do quadrante D deve ser generoso. Quanto mais generosos são, mais dinheiro ganham.

6. É difícil levantar dinheiro como um investidor do quadrante A e é fácil para um investidor do quadrante D. Quando uma pessoa sabe como construir um negócio no quadrante D, o sucesso atrai dinheiro. É fácil levantar dinheiro no quadrante I se você é bem-sucedido no quadrante D. Esse é o grande diferencial.

A facilidade de levantar capital é uma das maiores diferenças entre ser bem-sucedido no quadrante A versus ser bem-sucedido no quadrante D. Quando uma pessoa é bem-sucedida no quadrante D, a vida é fácil. O desafio é tornar-se bem-sucedido.

O problema com o sucesso no quadrante A é que levantar capital é sempre difícil.

Seção Especial

Por exemplo, é fácil fazer abrir o capital de um negócio do quadrante D, vendendo ações no mercado de ações. A história do Facebook é um exemplo moderno de como é fácil levantar capital para uma empresa do quadrante D. Se o Facebook tivesse permanecido apenas como uma pequena empresa de consultoria de internet, teria sido muito difícil levantar capital de investidores.

Outro exemplo é o McDonald's. Se ele tivesse permanecido como uma loja de hambúrgueres simples, uma operação do quadrante A, ninguém teria investido nele. Uma vez que começou a se expandir para o quadrante D, através de um sistema de franquia, foi listado na bolsa de valores e o dinheiro jorrou em grande quantidade.

A razão pela qual uma empresa vende "participação" nos negócios é porque, quanto mais participação tiverem, mas rico o empresário se torna. Uma empresa do quadrante A tem dificuldade de abrir capital porque o negócio é muito pequeno para ser compartilhado.

O mesmo é verdade para o setor imobiliário. Quando eu era um investidor de poucos imóveis, era difícil obter empréstimos.

No momento em que Kim e eu começamos a investir em prédios de apartamentos com mais de 100 unidades, os bancos ficaram mais dispostos a nos emprestar muito mais dinheiro. O motivo: em propriedades com preços na casa dos milhões, os bancos não financiam o investidor; financiam o investimento. O investimento é mais importante do que o investidor. Em outras palavras, em propriedades acima de 100 unidades, os bancos analisam mais o investimento do que o investidor.

Além disso, banqueiros preferem emprestar $10 milhões a $10.000, pois demora o mesmo tempo para emprestar milhares ou milhões, mesmo durante uma crise. Lembrem-se: os bancos amam os devedores porque eles os enriquecem.

Uma vez que os banqueiros estejam satisfeitos com nossa capacidade de possuir e administrar lucrativamente, eles, muitas vezes, fazem fila para nos oferecer dinheiro, mesmo durante uma crise.

Então, a pergunta é: de quem os investidores do Nível 5 recebem seu dinheiro? A resposta é: recebem seu dinheiro dos investidores de Nível 2 e Nível 3 que poupam seu dinheiro em bancos e planos de pensão.

Começando com Nada

A razão pela qual comecei este livro com a história de Kim e eu termos ficado sem onde morar é para que você saiba que não ter dinheiro não é uma desculpa para não se tornar mais instruído e mais rico.

Não tive dinheiro suficiente durante boa parte da vida. Se eu tivesse deixado que isso se tornasse uma desculpa, nunca teria me tornado um capitalista. Isto é importante, porque um capitalista de verdade nunca tem dinheiro. É por isso que eles devem saber como levantar capital e como usar o dinheiro de outras pessoas para ganhar um monte de dinheiro para um monte de gente.

Como Se Tornar um Capitalista

Minha mãe e meu pai queriam que eu fosse bem-sucedido nos quadrantes E e A. Meu pai sugeriu que eu fosse para a universidade, buscasse meu doutoramento — ele próprio tinha um — e trabalhasse para o governo ou subisse a escada corporativa no quadrante E. Minha mãe, enfermeira, queria que eu me tornasse um médico no quadrante A.

Meu pai rico me sugeriu que eu me tornasse um capitalista. Isso significava que eu tinha de estudar e desenvolver as habilidades necessárias para o sucesso nos quadrantes D e I.

Minha mãe e meu pai acreditavam nas escolas tradicionais, nas faculdades de Direito e de Medicina. Eles valorizavam boas notas, diplomas e credenciais, tais como se tornar advogado ou médico.

Meu pai rico acreditava na educação, mas não no tipo de educação encontrada nas escolas tradicionais. Em vez de ir para a escola, meu pai rico se inscreveu em seminários e cursos para melhorar suas habilidades nos negócios e nos investimentos. Também fez cursos de desenvolvimento pessoal. Ele não estava interessado em notas ou credenciais. Queria competências reais que lhe dessem resistência e habilidades operacionais nos quadrantes D e I.

Quando eu estava no ensino médio, meu pai rico voava frequentemente para Honolulu, a fim de participar de seminários sobre empreendedorismo e investimentos. Um dia, quando eu disse a meu pai pobre que o pai rico estava fazendo um curso sobre vendas, ele riu. Ele não conseguia entender por que alguém iria querer aprender a vender, especialmente se o horário das aulas não fosse utilizado como crédito para um grau universitário avançado. Meu pai pobre também menosprezava meu pai rico por ele não ter concluído o ensino médio.

Seção Especial

Ter dois pais com diferentes atitudes em relação à educação, me deu plena consciência de que havia mais de um tipo de educação. Escolas tradicionais eram para aqueles que queriam ser bem-sucedidos nos quadrantes E e A, e outro tipo de educação era para quem queria ser bem-sucedido nos quadrantes D e I.

Em 1973, voltei do Vietnã. Era hora de me decidir sobre qual pai seguir. Eu seguiria os passos do meu pai pobre e voltaria para a escola para me tornar um E ou um A ou tomaria o caminho do meu pai rico e me tornaria um D ou um I, me tornando um capitalista?

Em 1973, meu pai rico me sugeriu fazer cursos de investimento imobiliário. Ele me disse: "Se você quer ser um capitalista bem-sucedido, deve saber levantar capital e usar dívida para ganhar dinheiro."

Naquele ano, eu fiz um workshop de três dias sobre investimento imobiliário. Foi o início da minha educação para entrar no mundo capitalista.

Alguns meses mais tarde, depois de visitar mais de 100 imóveis, comprei minha primeira propriedade para alugar na ilha de Mauí, usando 100% de financiamento da dívida e ainda colocando fluxo de caixa de US$25 no bolso todo mês. Minha educação da vida real havia começado. Eu estava aprendendo a usar o dinheiro dos outros para ganhar dinheiro, uma habilidade que um capitalista de verdade precisa conhecer.

Em 1974, meu contrato com o Corpo de Fuzileiros Navais acabou e eu assumi um posto na Xerox, no Havaí, não porque quisesse subir a escada corporativa, mas porque a Xerox tinha o melhor programa de treinamento de vendas. Repito: tudo isso foi parte do programa de educação de meu pai rico para me treinar para ser um capitalista.

Em 1994, Kim e eu éramos financeiramente livres, sem precisar de um emprego, de uma empresa ou de um plano de aposentadoria do governo. Meu pai rico estava correto: minha educação poderia me libertar — mas não a educação das escolas tradicionais.

Quando os mercados começaram a quebrar em 2007, ao invés de afundar, como o resto da economia, nossa riqueza disparou. Como o mercado de ações e o mercado imobiliário despencaram, grandes promoções apareceram e os bancos ficaram mais do que ansiosos para nos emprestar milhões de dólares para comprarmos e assumirmos seus investimentos que estavam na pior. Só em 2010, Kim e eu adquirimos mais de US$87 milhões em imóveis, utilizando empréstimos de bancos e de fundos de pensão. Esse foi nosso melhor ano até agora.

O Poder da Educação Financeira

Como o pai rico costumava dizer: "Se você é um verdadeiro investidor, não importa se os mercados estão subindo ou descendo. Um verdadeiro investidor é bem-sucedido em qualquer condição de mercado."

Onde Você Está?

Reserve alguns instantes para avaliar onde você está hoje.

Você É um Investidor do Nível 1?

Se não há nada em sua coluna de ativos que lhe dê rendimentos oriundos de seus investimentos e você tem passivos demais, então está começando no nível mais baixo, do zero.

Se você está cheio de dívidas ruins, seu melhor investimento talvez seja sair desse tipo de endividamento. Não há nada de errado em estar cheio de dívidas ruins, a não ser que você não faça nada. Depois que minha primeira empresa faliu, fiquei com quase US$1 milhão em dívidas. Levei quase cinco anos para zerar essa situação. Em muitos aspectos, aprender com meus erros e assumir a responsabilidade por eles foi a melhor educação que pude ter. Se não tivesse aprendido com meus erros, não estaria onde estou hoje.

Kim e eu montamos um programa simples e um livro, "How We Got Out of Bad Debt" ("Como Saímos das Dívidas", em tradução livre), explicando o processo que usamos para sair de centenas de milhares de dólares de dívidas ruins. Você pode adquiri-lo online em www.richdad.com (conteúdo em inglês). É um processo simples, quase indolor. É preciso apenas disciplina e vontade de aprender.

Você É um Investidor do Nível 2?

Se você é um poupador, tenha muito cuidado, especialmente se está guardando dinheiro em um banco ou em um plano de aposentadoria. Em geral, os poupadores são perdedores.

Poupança é muitas vezes uma estratégia para as pessoas que não querem aprender alguma coisa. Veja: não é necessário ter inteligência financeira para poupar. Você pode treinar um macaco para poupar dinheiro.

O risco da poupança é que você aprende pouco. E, se algo acontece com suas economias, seja pelo declínio do mercado ou pela desvalorização da moeda, você acaba sem dinheiro e sem educação.

Seção Especial

Lembre-se de que o dólar americano perdeu 95% de seu valor desde 1971. E não vai demorar muito para perder o resto de seu valor. Isso pode acontecer com qualquer moeda.

Como dissemos, uma pessoa pode até mesmo perder com o ouro se comprá-lo ao preço errado.

Por isso, sugiro fazer alguns cursos sobre investimento, seja em ações ou imóveis, e ver se você se interessa por alguma coisa. Se nada lhe interessar, então continue a poupar.

Lembre-se de que o mercado de títulos é o maior do mundo porque a maioria das pessoas e das empresas é poupadora, e não investidora. Isso pode soar estranho aos poupadores, mas o mercado de títulos e os bancos precisam de tomadores de empréstimos.

Você É um Investidor do Nível 3?

Este nível é semelhante ao Nível 2, exceto que aqui as pessoas investem em instrumentos mais arriscados, como ações, títulos, fundos mútuos, seguros e fundos negociados em bolsa.

Novamente, o risco neste nível é que, se houver uma crise, o investidor perde tudo — e não aprende nada.

Se você está pronto para sair do Nível 3, investir em sua educação financeira e assumir o controle de seu dinheiro, então o Nível 4 é um bom nível para você.

Você É um Investidor do Nível 4?

Se você está aqui, no Nível 4, como investidor profissional, parabéns! Pouquíssimas pessoas investem tempo para aprender e gerenciar o próprio dinheiro. A chave do sucesso no Nível 4 é a aprendizagem contínua ao longo da vida, grandes professores, grandes mentores e amigos que pensam como você.

Os investidores de Nível 4 assumem o controle de sua vida, sabendo que seus erros são oportunidades de aprender e crescer.

O medo de investir não os assusta; ao contrário, representa um desafio.

Você É um Investidor do Nível 5?

Para mim, ser um investidor capitalista de Nível 5 é como estar no topo do mundo. Literalmente, aqui, o mundo é sua casa. Ele não tem fronteiras.

O Poder da Educação Financeira

Neste mundo de tecnologia de alta velocidade e abundância, é mais fácil do que nunca ser capitalista.

Se você está neste nível, continue a aprender e continue sendo generoso. Lembre-se de que os capitalistas de verdade do quadrante D sabem que devem dar mais para receber mais.

A Escolha É Sua

Uma coisa fantástica sobre a liberdade é poder escolher viver da maneira que você quer.

Em 1973, com 26 anos, eu sabia que não queria viver do jeito que meus pais escolheram para eu viver. Não queria gastar menos do que eu ganhava, vivendo de salário em salário, tentando fazer frente às despesas. Para mim, isso não era viver. Pode ter sido bom para eles, mas eu sabia, do fundo do meu coração, que não era o certo para mim.

Eu também sabia que voltar para a faculdade em busca de diplomas mais avançados não era para mim. Eu sabia que a escola não tornava as pessoas ricas, porque eu havia crescido em uma família de mestres e doutores. A maioria dos meus tios e tias tinha mestrado e alguns deles tinham doutorado.

Eu também não queria ascender na escada corporativa no quadrante E, nem queria ser um superespecialista do quadrante A.

Então, peguei a rota menos viajada e decidi me tornar um empresário e um investidor profissional. Eu queria a liberdade de poder viajar pelo mundo, fazer negócios e investir.

Essa foi minha escolha. Não recomendo esse caminho para todos. Mas recomendo que a pessoa escolha. Isso é liberdade: o poder de escolha.

Encorajo você a observar os cinco níveis de investidores e fazer sua escolha. Cada nível tem seus prós e contras, suas vantagens e desvantagens. A cada nível, é preciso pagar um preço maior do que dinheiro.

Se você escolher o Nível 1, 2 ou 3, há muitas pessoas e organizações qualificadas para lhe dar apoio nesses níveis de investimento.

Em 1997, Kim e eu criamos *The Rich Dad Company* para oferecer jogos educativos, programas e treinamentos para aqueles indivíduos que buscam ser investidores dos Níveis 4 e 5.

Uma Palavra Final sobre Investimento

No mundo do dinheiro, muitas vezes você verá o termo ROI, retorno sobre investimento. Dependendo de com quem você falar, o ROI pode variar.

Seção Especial

Por exemplo, um banqueiro lhe dirá: "Pagamos 3% de juros sobre seu dinheiro." Para muitas pessoas, isso pode parecer bom. Se você conversar com um planejador financeiro, ele pode dizer: "Você pode esperar um retorno sobre o investimento de 10% ao ano." Para muitas pessoas, isso é muito bom.

Para a maioria das pessoas, especialmente aqueles no quadrante E e A, quanto maior o retorno, maior o risco. Então, a pessoa que aceita um retorno sobre investimento de 10% já assume que haverá mais risco neste investimento do que no que rende 3%. E certamente há.

Ironicamente, tanto o investimento bancário que rende 3% quanto o investimento do mercado de ações que rende 10% são extremamente arriscados. O dinheiro no banco está em risco por causa da inflação e dos altos impostos decorrentes da impressão de dinheiro. O investimento de 10% de retorno do mercado de ações é arriscado por causa da volatilidade da Negociação de Alta Frequência e devido ao fato de que o investidor novato está investindo sem seguro.

No meu mundo, um ROI representa Retorno sobre Informação. Isso significa que, quanto mais informação eu tenho, maior será meu retorno — e menor meu risco.

Alerto você, porque o que estou prestes a afirmar poderá soar insano ou, então, muito bom para ser verdade. No entanto, eu lhe asseguro, é verdade.

Um retorno infinito — e de baixo risco — é o esperado em meu mundo, o mundo de um investidor Nível 4 e 5. Um retorno infinito significa: dinheiro sem esforço. Em outras palavras, o investidor recebe uma renda sem investir o próprio dinheiro.

Em uma seção anterior, escrevi que fiz um curso de imóveis em 1973. Depois de olhar mais de 100 imóveis, comprei um apartamento em Mauí com 100% de financiamento, o que significa que não usei meu próprio dinheiro e, ainda, consegui US$25 mensais de fluxo de caixa. Esses US$25 foram um retorno infinito do meu investimento, dado que eu havia investido zero. Repetindo o que disse anteriormente: "Minha educação da vida real havia começado. Eu estava aprendendo a usar o dinheiro dos outros para ganhar dinheiro, uma habilidade que um capitalista de verdade precisa conhecer."

Sei que US$25 por mês não é muito. No entanto, o importante para mim não era o dinheiro, e sim o aprendizado de uma nova maneira de pensar, uma maneira de processar a informação e produzir um resultado.

O Poder da Educação Financeira

Uma das razões pela qual tenho muito dinheiro hoje é porque fui educado e treinado para pensar diferente. Se você leu *Pai Rico, Pai Pobre*, deve se lembrar que o título de um dos capítulos do livro é: *"Os Ricos Não Trabalham por Dinheiro"*. Uma das razões pelas quais as pessoas dos quadrantes E e A têm problemas com essa afirmação é porque a maioria foi para a escola para aprender a trabalhar por dinheiro. Elas não foram à escola para aprender a fazer o dinheiro de outras pessoas trabalharem para elas.

Quando Kim e eu começamos *The Rich Dad Company*, emprestamos US$250 mil de investidores. Pagamos o dinheiro de volta assim que a empresa decolou. Hoje, a empresa já rendeu milhões de dólares, não só para mim e Kim, mas para as empresas e os indivíduos associados à *Rich Dad Company*. Como eu disse, os capitalistas são generosos.

Minha opinião é que, no momento em que uma pessoa aprende a ganhar dinheiro a partir do nada, com dinheiro de outras pessoas ou com o dinheiro de um banco, elas entram em um mundo diferente. É um mundo quase oposto ao mundo daqueles que atuam nos quadrantes E e A, de trabalho árduo, impostos altos e retornos baixos.

O motivo pelo qual as pessoas acreditam que poupar é inteligente e um retorno de 10% no mercado de ações vale a pena é simplesmente a falta de educação financeira.

Seu melhor ROI não é um retorno de seu investimento, mas um retorno sobre suas informações. É por isso que a educação financeira é essencial, especialmente para as incertezas à frente.

Lembre-se do seguinte sobre a palavra "educação": ela nos dá o poder de transformar a informação em significado. Na Era da Informação, estamos abarrotados de informações financeiras. No entanto, sem educação financeira, não podemos transformar a informação em algo útil para nossa vida.

Concluindo: o quadrante I é o mais importante para seu futuro. Não importa o que você faz para viver, o quão bem se sai no quadrante I é que vai determinar seu futuro. Em outras palavras, mesmo que você ganhe pouquíssimo dinheiro no quadrante E ou A, a educação financeira no quadrante I é seu bilhete para a liberdade e a segurança financeira.

Por exemplo, minha irmã é uma monja budista. Ela ganha quase zero no quadrante A. No entanto, ela frequenta nossos cursos de investimento e tem aumentado sua educação financeira de maneira constante. Hoje, seu futuro é brilhante porque ela deixou de poupar dinheiro no banco e de investir em fundos mútuos e começou a investir no mercado imobiliário e em prata. Nos

Seção Especial

dez anos entre 2000 e 2010, ela fez muito mais dinheiro no quadrante I do que poderia fazer em uma vida inteira como religiosa no quadrante A.

Estou muito orgulhoso de minha irmã. Ela pode ser uma monja de profissão, mas não tem de ser uma monja pobre.

Antes de Seguir Adiante

Isso conclui a explicação da parte do quadrante CASHFLOW. Antes de prosseguirmos, aqui está a grande pergunta:

1. Que tipo de investidor é você? _____

Se você está realmente a fim de ser rico rapidamente, leia e releia sobre os cinco níveis. Cada vez que leio sobre eles, eu me reconheço um pouco em cada um. Percebo não apenas as forças, mas também as fraquezas que me limitam. O caminho para grandes fortunas é o fortalecimento de seus pontos fortes e o enfrentamento de seus pontos fracos. E a maneira de fazer isso é, em primeiro lugar, reconhecê-los, em vez de fingir que você é perfeito.

Nós todos queremos achar que somos bons. Eu sonhava ser um capitalista de Nível 5 durante boa parte de minha vida. Sabia que isso era o que eu queria desde o momento que meu pai rico explicou as semelhanças entre um investidor em ações e uma pessoa que aposta em cavalos. Mas só depois de estudar os diferentes níveis dessa lista, pude ver os pontos fracos que me impediam de seguir adiante. Encontrei pontos fracos no Nível 4, que muitas vezes surgem em momentos de pressão. O jogador em mim era bom, mas, ao mesmo tempo, não era tão bom assim. Dessa forma, com a orientação de Kim, meus amigos e cursos adicionais, passei a tratar meus pontos fracos para transformá-los em pontos fortes. Minha eficácia como investidor Nível 5 melhorou imediatamente.

Embora eu opere, hoje, como um investidor Nível 5, continuo a ler e reler os cinco níveis e trabalho para sempre me aprimorar.

Aqui está outra pergunta para você:

2. *Que tipo de investidor você deseja ou precisa ser no futuro próximo?*
   _____

Aviso:
Qualquer pessoa com o objetivo de se tornar um investidor Nível 5 deve, em PRIMEIRO LUGAR, desenvolver suas habilidades como um investidor de Nível 4. O Nível 4 não pode ser ignorado em seu caminho para o Nível 5. Qualquer um que tentar fazer isso é, na verdade, um investidor do Nível 3 — um jogador!

O Poder da Educação Financeira

Se sua resposta à segunda pergunta é a mesma da primeira, então você está onde quer estar. Se você está feliz onde está, em relação a ser um tipo de investidor, então não há muita necessidade de continuar a ler este livro. Uma das maiores alegrias da vida é ser feliz onde se está. Parabéns!

BÔNUS – PERGUNTAS FREQUENTES

Adicionei uma seção especial chamada Perguntas Frequentes sobre a educação e os programas financeiros do pai rico.

Em cada resposta, incluo o porquê acredito que os programas que oferecemos são importantes e essenciais para o sucesso no admirável mundo novo da nova economia e como podem beneficiá-lo. Você pode optar por ser uma parte da solução ao encarar os desafios que enfrentamos em nosso mundo.

Robert Kiyosaki

Seção Especial

Pergunta Frequente 1: Qual É o diferencial do Pai Rico?

Pergunta Frequente

O que diferencia os programas Pai Rico de educação financeira?

Resposta Curta

Começamos por tornar a educação financeira simples e divertida. Você decide onde quer chegar e até onde quer ir.

Explicação

A maior parte dos programas de educação financeira começa com estudos de partes do todo. Os anúncios que você vê na internet, na TV ou nos jornais normalmente falam em técnicas de investimento: como negociação de ações, ou mercado de câmbio ou imóveis. São técnicas de como fazer algo. Em minha opinião, partes de um todo. As técnicas são importantes, porém é mais treinamento do que educação.

Kim e eu criamos os jogos *CASHFLOW*® *101* e *202* e *CASHFLOW*® para disponibilizar uma visão mais ampla, divertida, experimental e simples do mundo do dinheiro.

Uso a palavra "diversão" porque ficar rico é divertido quando você conhece o jogo.

Neste livro, usei o exemplo do golfe, um jogo frustrante no início, mas, depois de ter algumas aulas, praticar, jogar regularmente e desafiar a si mesmo em torneios, ele passa a ser divertido. Golfistas mais ávidos dizem: "Quanto mais você joga mais quer jogar."

Embora eu não ganhe sempre no jogo do dinheiro, jogar me faz voltar. É divertido, desafiador, muda constantemente e é rentável. Mais importante ainda: desde que comecei a ganhar, nunca mais precisei me preocupar com segurança no emprego ou se teria dinheiro suficiente para a aposentadoria. Eu ganho mais dinheiro, pago menos impostos e tenho a liberdade de fazer o que quero com meu tempo.

Pergunta Frequente 2: Preciso de um coach?

Pergunta Frequente

Quando se deve contratar um *coach*?

Resposta Curta

Quando algo for importante para você.

Explicação

Os profissionais têm treinadores; os amadores, não.

O Poder da Educação Financeira

Super-Homem e Mulher-Maravilha só existem nas histórias em quadrinhos. Nós somos humanos.

Todos os atletas profissionais têm treinadores. Eles podem ser talentosos, mas sabem que não são super-homens ou mulheres-maravilha.

Eu sei que não sou o Super-Homem. Se fosse, poderia fazer tudo que eu quisesse. A vida seria fácil.

E, ainda que não seja Super-Homem, sei que tenho poderes e potenciais inexplorados. Sei que preciso ser pressionado, se quiser acessar esses poderes e maximizar meu potencial.

Quando sei que preciso ser desafiado a assumir responsabilidades, a ir além da minha resistência, da minha preguiça e das minhas limitações, contrato um treinador — se o que quero é realmente importante para mim.

Recentemente, um amigo bem próximo morreu. Era um homem jovem. Um cara legal, muito bem-sucedido em todas as áreas de sua vida, exceto a saúde. Em vez de contratar um *coach*, mudar a dieta e parar de beber, ele simplesmente passou a trabalhar ainda mais. Ele, como tantos, deixou a saúde se deteriorar, enquanto se concentrou em ganhar mais e mais dinheiro. Hoje ele está morto, deixou uma jovem esposa e dois filhos.

Eu estava indo pelo mesmo caminho. Após completar 35 anos, passei a me exercitar cada vez menos, comia e bebia demais e trabalhava muito. Não demorou muito para que eu ganhasse 30kg.

Em vez de contratar um *coach*, continuei dizendo: "Amanhã começo uma dieta, amanhã vou me exercitar, caberei em minhas roupas antigas em um mês." O problema foi que o amanhã ia e vinha e meu peso continuava aumentando.

Um dia, sentado à minha mesa, vi uma foto minha com Kim na praia. Fiquei envergonhado. Kim estava linda, sorridente e amorosa, e eu era duas vezes seu tamanho, minha barriga preenchendo quase a imagem toda. Foi quando decidi que precisava parar de me enganar e contratar um *coach*.

Trabalhei com alguns *personal trainers* até que, finalmente, encontrei um dos melhores treinadores da cidade e isso fez toda a diferença. Não só ele me fez assumir a responsabilidade, como também me pressiona tão duramente quanto faz com seus clientes de vinte ou trinta anos. Não há compaixão em razão de minha idade. Isso é importante para mim porque vivo inventando desculpas pela minha idade. Para meu treinador, a idade não é desculpa. Esse é o tipo de treinador que eu precisava.

Hoje, na faixa dos sessenta anos, sou mais saudável do que eu era aos quarenta ou cinquenta anos. Meu peso ainda varia, mas não está fora de controle. Mais im-

Seção Especial

portante: à medida que os anos passam, estou me exercitando mais para manter a forma e a saúde. Exercitar-me aos trinta era fácil. Agora, tem sido um desafio bem maior.

Eu não contratei um *coach* apenas por questões de saúde. Minha saúde é importante, mas não tão importante quanto minha vida com Kim. Ela faz minha vida valer a pena e quero desfrutar deste presente que a vida me deu com excelente saúde.

Então, a pergunta é: o que é importante para você? Não é só dinheiro ou saúde. São as coisas que o dinheiro e a boa saúde podem significar para você e sua família. Dinheiro afeta todas as coisas importantes em nossa vida. Lembro-me de me sentir envergonhado e com raiva de mim mesmo quando Kim e eu estávamos falidos. Senti que eu a tinha decepcionado, então procurei a ajuda de um *coach* para acelerar minha recuperação financeira.

Se você está pronto para mudar de quadrante, de E para A, ou A para D, eu contrataria um *coach*. Mudar de quadrantes não é fácil para a maioria das pessoas. Qualquer mudança importante nunca é fácil, razão pela qual um treinador é essencial quando você está realmente disposto a mudar de vida.

Lembre-se de que, ao decidir qual classe de ativos é melhor para você, não se trata apenas de imóveis, empreendedorismo ou ativos de papel que são importantes. É o que significa para você ser bem-sucedido como empresário ou investidor imobiliário. Quando você decidir o que é mais importante para você, então é chegada a hora de contratar um *coach*.

Pergunta Frequente 3: E Se Eu Estiver Afundado em Dívidas?

Pergunta Frequente
Estou cheio de dívidas. Será que seu programa de educação financeira pode me ajudar?

Resposta Curta
Provavelmente não.

Explicação
Existem dívidas boas e ruins. Dívidas ruins são terríveis. São a razão pela qual a economia dos Estados Unidos e de muitos países ao redor do mundo está estagnada, em depressão e minguando.

O Poder da Educação Financeira

Por questões óbvias, adoraria ver você comprando os programas avançados de educação financeira da minha empresa, mas dívida ruim é sinal de problemas mais profundos, por vezes emocionais; as dívidas ruins são, muitas vezes, apenas a ponta do iceberg.

As emoções são a maior causa de problemas financeiros. Como Warren Buffett diz: "Se você não pode controlar suas emoções, não pode controlar seu dinheiro."

Anos atrás, quando eu estava com quase US$1 milhão em dívidas, Kim e eu criamos um programa que usamos para nos livrar da dívida ruim. Precisávamos sair da dívida ruim para que pudéssemos entrar na dívida boa. Para saber mais sobre este produto, visite RichDad.com (conteúdo em inglês).

Pergunta Frequente 4: Como Eu Começo?

Pergunta Frequente
Como faço para começar? Eu não tenho muito dinheiro.

Resposta Curta
Faça alguma coisa. Parta para a ação.

Explicação
Quando eu era jovem, me ensinaram que: "Deus ajuda quem ajuda a si mesmo."

Muitas pessoas querem ajuda, mas não estão dispostas a ajudar a si mesmas ou aos outros. Muitas permitem que a desculpa: "Não tenho dinheiro algum", as impeçam de agir.

Não é preciso talento especial para dizer: "Eu não tenho dinheiro algum." Qualquer um pode dizer isso e milhões usam essa desculpa. No mundo real do dinheiro, a ambição é muito mais importante do que sua educação. O principal motivo para as pessoas não terem dinheiro é, em primeiro lugar, a falta de ambição e depois falta de educação financeira. Se você não conseguir encontrar a ambição para ganhar dinheiro, a educação financeira, provavelmente, não vai ajudá-lo.

Pergunta Frequente 5: Existe um Programa para Mim?

Pergunta Frequente
Sou um investidor bem sofisticado. Será que seu programa pode me ajudar?

Resposta Curta

Seção Especial

Provavelmente não.

Explicação

Nosso programa de *coaching* é para pessoas que querem aprender, não para aquelas que pensam que sabem todas as respostas. Na recente crise financeira, milhões de pessoas perderam trilhões de dólares seguindo o conselho de pessoas que sabiam todas as respostas.

Você deve se lembrar que os líderes da Enron (companhia de energia americana, líder do setor no mundo até que um escândalo financeiro em 2000 ocasionou sua falência) eram conhecidos como "os caras mais espertos do setor". Hoje, a Enron se foi e seus empregados e investidores afundaram com ela.

Lembra do Lehman Brothers (banco que entrou com pedido de recuperação financeira em decorrência da crise financeira de 2007)? Ele era administrado por homens e mulheres superinteligentes, alguns vindos das melhores universidades. Hoje, o Lehman Brothers também afundou.

Merrill Lynch, a corretora de ações que aconselhava milhões de clientes, estava à beira do abismo, até ser salva pelo *Bank of America*.

E o que dizer de todos os gurus financeiros da TV? Eles eram muito inteligentes. Por que eles não disseram para as pessoas que elas deveriam abandonar o mercado de ações? Por que eles ainda dão conselhos financeiros na TV?

E Ben Bernanke. Como pode o Presidente do Federal Reserve Bank dizer, em 9 de junho de 2010, "Eu não entendo completamente os movimentos no preço do ouro?", se controla o banco mais poderoso do mundo, ele não deveria ser uma das pessoas mais inteligentes do mundo?

Mesmo que você tenha ganhado muito dinheiro em meio à crise, ainda é possível aprender mais.

O período entre 2007 e 2010 foram os melhores anos de minha carreira de carreira de investimento. Ganhei milhões, e sei que ainda posso aprender mais.

Planejo aprender mais, porque é a minha educação financeira, não minha educação universitária, a minha vantagem arrebatadora.

Sempre se lembre que a diferença entre os 20 maiores jogadores de golfe dos Estados Unidos e os 120 maiores é minúscula. Os 20 maiores ganham milhões. Os demais ganham o suficiente para viver confortavelmente. Nenhum jogador de golfe profissional pode alegar que sabe tudo. Mesmo que já tenha acertado um milhão de tacadas um milhão de vezes, eles ainda podem aprender mais.

Os profissionais sabem que às vezes o menor dos detalhes pode ser sua melhor vantagem.

O Poder da Educação Financeira

Pergunta Frequente 6: Existem Programas para Empreendedores?

Pergunta Frequente

Quais programas você tem para empreendedores?

Resposta Curta

Minha empresa de educação tem muitos programas sobre empreendedorismos. Em última análise, todos nossos programas são concebidos para empreendedores seja de negócios, imóveis, ativos de papel e de metais preciosos. São pessoas que assumem o controle de seu dinheiro e de seu futuro financeiro.

Se você não é um empreendedor, provavelmente tem um emprego, trabalha por dinheiro, poupa e entrega o dinheiro de sua aposentadoria a estranhos.

Explicação

Frequentei a escola de aviação para aprender a ser piloto. Eu não me tornei piloto até ter concluído o curso.

Médicos não se tornam médicos até terminar a faculdade de medicina. Depois da faculdade, eles se tornam plantonista ou residentes, ainda em treinamento. Nem todos os alunos terminam a escola de aviação. Nem todos terminam a faculdade de medicina.

Se eu tivesse dito ao Corpo de Fuzileiros Navais, "Quero pilotar jatos de combate no primeiro dia do curso de aviação" eu seria dispensado imediatamente por problemas mentais e emocionais. O mesmo acontece nos negócios. Muitas pessoas ficam tão presos à ideia de começar um negócio ("ser meu próprio chefe") que esquecem da necessidade essencial do treinamento formal. Poucos imaginam que nove entre dez novos negócios quebram nos primeiros cinco anos.

Só depois que me graduei no curso me foi permitido escolher a aeronave que queria voar. Eu sabia que minha praia não era pilotar aviões de combate ou de transporte. Escolhi helicópteros equipados com metralhadora. Foi a decisão mais inteligente da minha vida. Depois que já sabia voar, pude saber que aeronave eu queria pilotar.

A metralhadora se encaixava com minha personalidade. Eu queria uma vantagem arrebatadora: ar versus solo... um piloto de helicóptero equipado com metralhadora versus um soldado no solo.

Pergunta Frequente

Mas e se eu tiver uma grande ideia para um novo produto ou negócio?

Seção Especial

Resposta Curta
A imagem abaixo é de um Triângulo D–I, as 8 Integridades de um Negócio.

Observe os oito componentes que formam o Triângulo D–I. Você pode ver que "produto" é a menor integridade do triângulo. Isso se deve ao fato de o produto ou o serviço ser a parte menos importante de qualquer negócio.

O produto é apenas a ponta do iceberg. É a parte de baixo do iceberg, a que está abaixo da superfície, que afunda grandes navios.

Sempre que alguém me fala: "Mas eu tenho um grande produto ou uma grande ideia", sei que está vendo o iceberg. Foi isso que afundou o *Titanic* e que afunda a maioria dos negócios, pequenos ou grandes, novos ou velhos.

Juntar as oito integridades de um negócio é o que os empreendedores de sucesso fazem. Uma vez que um empreendedor sabe como reunir essas oito integridades, eles são mais capazes de construir um negócio entorno de qualquer produto ou serviço.

Pergunta Frequente
O que são as "8 integridades de uma empresa"?

Resposta Curta
Gostaria de ter uma resposta curta, mas não tenho. Por isso vou explicar o que cada uma das oito integridades representa.

Missão

A missão está na base do Triângulo D–I, porque é o fundamento, a razão da existência da empresa.

A missão vem do coração do empresário e vai muito além de apenas ganhar dinheiro.

Existem dois tipos de empreendedores:

1. *Empreendedores transformacionais* querem mudar o mundo. Steve Jobs, da Apple, um grande designer e inovador, se enquadra nessa categoria.

2. *Empreendedores transacionais* querem vencer seus concorrentes, reduzir os preços e ganhar dinheiro. A maioria dos empreendedores se enquadra nessa segunda categoria. Eu opero em ambas.

Equipe

Um negócio bem-sucedido é composto por uma equipe de pessoas diferentes, com diferentes profissões. Grandes equipes têm profissionais (como advogados e contadores) com diferentes habilidades (RP, marketing, vendas), talentos diferentes (marketing, design gráfico, web design), experiências diferentes (anos de trabalho e formação variada) e expectativas diferentes. Meu pai rico costumava dizer: "Empreender é fácil. Trabalhar com pessoas é difícil."

É por isso que a maioria dos empreendedores não consegue construir um negócio de sucesso. Eles são "lobos solitários", que trabalham sozinhos ou com menos de 20 pessoas. Eles não constroem um negócio, eles têm um emprego.

Liderança

Um líder, um empreendedor, se concentra em pessoas e recursos, a fim de produzir um resultado dentro de um prazo e de um orçamento. O líder de uma organização é responsável pelo sucesso de integração para que todas as oito integridades trabalhem em conjunto.

Os líderes empregam especialistas, tais como advogados, contadores e web designers. Especialistas sabem muito sobre um tema ou área muito específicos — em geral, apenas uma das oito integridades. Os líderes conhecem um pouco de várias coisas diferentes. E devem saber um pouco sobre cada uma das oito integridades.

Uma razão pela qual tantas pessoas falham como empreendedores é porque saem da escola muito especializadas em apenas uma das oito integridades e sem o conhecimento e habilidades generalizadas do negócio, especialmente as habilidades de liderança.

Seção Especial

Olhando para o Triângulo D–I, você verá as integridades externas: missão, equipe e liderança. É isso que a escola militar ensina.

Uma razão para que eu me dê bem como empreendedor, embora não tenha ido a uma escola tradicional de negócios, é minha formação militar. No primeiro dia, na Academia da Marinha Mercante, tivemos de memorizar a missão da escola. No dia seguinte, começamos a aprender como nos tornar líderes e como operar como uma equipe.

Hoje, contrato graduados de escolas tradicionais, em Contabilidade e Direito, especialistas que são muito mais espertos e com melhor formação em negócios do que eu.

O Poder da Educação Financeira

O colégio militar me deu uma vantagem arrebatadora, no mundo do empreendedorismo, sobre os graduados de escolas tradicionais. No mundo corporativo, os graduados em escolas de negócios têm uma vantagem arrebatadora sobre mim. O que não faz diferença para mim, porque eu nunca quis viver no mundo corporativo.

É por isso que o curso de empreendedorismo da *Rich Dad Company*, o GEO, enfatiza tanto as noções de equipe, missão e liderança. Se você é um líder forte, pode contratar pessoas mais inteligentes e mais bem treinadas do que você.

Fluxo de Caixa

O fluxo de caixa de um negócio é, muitas vezes, gerido por um diretor financeiro, um contador ou um contabilista. O fluxo de caixa está logo acima da missão e, com frequência, é chamado de "a linha de fundo", a linha que define se houve lucro ou prejuízo no balanço da empresa.

Se o líder faz um excelente trabalho, haverá fluxo de caixa suficiente para os salários, lucros, dividendos e capital para manter o negócio em crescimento.

Se o líder não faz um bom trabalho, haverá falta de dinheiro, cortes de orçamento, demissões e menos capital de giro.

Comunicações

As comunicações se posicionam logo acima da seção do fluxo de caixa no Triângulo D–I porque as comunicações, tanto internas quanto externas, impactam diretamente no fluxo de caixa, tanto positiva como negativamente.

Há comunicações externas aos clientes, muitas vezes chamadas de RP (relações públicas), marketing, publicidade e vendas. Há comunicações internas aos empregados, fornecedores, administradores e acionistas. Organizações com má comunicação interna e externa têm problemas em todas as oito integridades, especialmente o fluxo de caixa.

Vendas estão incluídas nas comunicações e significam receitas. Uma razão pela qual tantos novos empreendedores falham é porque não conseguem vender o suficiente para cobrir os custos de gestão de uma empresa e o custo de suas despesas pessoais.

Em 1976, quando voltei do Vietnã, meu pai rico me disse para começar a procurar alguém que me treinasse em vendas. E por isso fui trabalhar para a Xerox por quatro anos, *antes* de começar meu primeiro negócio.

Seção Especial

A habilidade mais importante de um empreendedor é a capacidade de levantar capital. Se um empreendedor não consegue vender, o negócio morre. E o principal motivo da maioria dos negócios não conseguir decolar é a incapacidade do empreendedor de levantar capital.

Sistemas

Um negócio é um sistema de sistemas, assim como um carro ou o corpo humano é um sistema de sistemas.

Um carro tem um sistema de combustível, um sistema de ignição, de freios, hidráulico, de direção e muitos outros. Se um sistema falha, o carro não consegue funcionar direito ou pifa de uma vez.

O corpo humano tem o sistema circulatório, o respiratório, digestivo, nervoso e muitos outros. Como um carro, se um sistema é fraco ou falha, o corpo inteiro sofre ou para de funcionar.

Um empreendimento é o mesmo que um carro ou um corpo. É um sistema de sistemas, incluindo sistemas de telefonia, sistemas web, sistemas de contabilidade, de marketing, jurídico, de produção e de distribuição. Como um carro ou um corpo, se um dos sistemas está ausente ou falha, a empresa sofre ou desaparece.

Digamos que, por exemplo, a empresa é forte, mas os sistemas de contabilidade e os processos são fracos. Não demorará para que a empresa sofra, devido à manutenção de registros de má qualidade, relatórios pobres, não pagamento de impostos (ou pagamento em excesso) e, finalmente, falta de fluxo de caixa.

Leis

Contratos, acordos e conhecimento das leis são essenciais para o sucesso de um negócio.

Contratos jurídicos criam e definem ativos. Por exemplo, quando escrevo um livro, os contratos jurídicos transformam o livro em um ativo, em uma propriedade intelectual. Sem contratos e acordos legais, seria quase impossível fazer negócios em escala global.

O mercado imobiliário é um amontoado de contratos. O mesmo é verdadeiro para o mercado de ações e de capital. Sem contratos jurídicos e respeito pela lei, haveria o caos.

Suas relações e acordos com os funcionários de sua empresa ou os inquilinos de suas propriedades são também definidas por contratos.

O Poder da Educação Financeira

Muitos empreendedores constroem uma grande empresa e acabam entregando seu dinheiro suado a um advogado por causa de erros estúpidos que não sabiam que estavam cometendo.

O conhecimento das leis é um componente importante de qualquer empreendimento empresarial. Fica perto do topo do Triângulo D–I para lembrá-lo de sempre contar com processos e sistemas sólidos e regulamentados — e um bom advogado para orientá-lo.

Produto

A integridade menos importante é a do produto. Isso não significa que os produtos não sejam importantes ou não devam ser da mais alta qualidade. Produtos são importantes do ponto de vista do consumidor. A empresa que fornece o produto é importante para o empreendedor e para os investidores do negócio.

Acredito que todas as pessoas possam ter uma ideia ou um produto que valha um milhão. O problema é não possuir as competências e habilidades empreendedoras para transformar sua ideia em um negócio de um milhão.

Do ponto de vista D/I, o negócio é muito mais importante que o produto. O produto é apenas um produto. O negócio é o ativo.

Pergunta Frequente

Não somos todos capitalistas?

Resposta Curta

Não.

Explicação

No mundo comunista, há médicos, advogados, banqueiros, pilotos, web designers e professores. Essas são as pessoas que compõem qualquer economia, independentemente de serem capitalistas, socialistas ou comunistas.

Os verdadeiros capitalistas são as pessoas que usam o trabalho e o dinheiro dos outros para fazer o que as pessoas e os governos querem que seja feito. Eles usam os mercados e se enriquecem no processo. Se você trabalha por dinheiro e investe seu dinheiro, você é parte de uma sociedade capitalista, mas não necessariamente um capitalista.

Capitalismo é um sistema econômico em que os meios de produção são de propriedade privada e operam por um lucro privado. Karl Marx definiu o proletariado, a classe trabalhadora, como pessoas que não possuem os meios de produção. Quando as escolas treinam você para conseguir um emprego ou trabalhar por dinheiro, como, por exemplo, um contador, advogado ou médico, você está sendo treinado para trabalhar para um capitalista.

Seção Especial

Pergunta Frequente 7: Empreendedorismo É para Todos?

Pergunta Frequente
Qualquer pessoa pode ser um empreendedor?

Resposta Curta
Sim. Um menino no meu bairro corta grama no fim de semana. Ele é um empreendedor.

Ser um empreendedor não é grande coisa. Ser um empreendedor de sucesso é que é o grande barato.

Estudos mostram que muitos empreendedores ganham menos que seus empregados quando você compara os ganhos brutos e o número de horas alocadas no negócio.

Explicação
Uma vez que ser um empreendedor não é grande coisa, uma pergunta melhor seria: "Que tipo de empreendedor quero ser?"

Existe um antigo provérbio chinês que diz: "Na floresta, há muitos pássaros diferentes."

Ao analisar o quadrante CASHFLOW, pense em cada quadrante como uma floresta diferente e, em cada uma delas existe uma variedade de pássaros diferentes. As seções seguintes ilustram este ponto.

O Quadrante E

Nesta floresta há uma grande variedade de empregados diferentes, de CEOs a zeladores, advogados a trabalhadores, contabilistas a sonegadores fiscais, gestores e mães.

Há funcionários que trabalham em tempo integral, meio período, por hora, por comissão ou por um salário mensal. Há aqueles que trabalham em casa, em um escritório ou em qualquer lugar.

O Quadrante A

Na floresta do quadrante A, vive outra grande variedade de aves. Nesse quadrante é onde a maioria dos empreendedores se encaixa. A representa a empresa de pequeno porte, com menos de 500 empregados. No A também estão as pessoas inteligentes: médicos, advogados ou consultores com uma pequena empresa construída em torno de habilidades especiais.

O Poder da Educação Financeira

Veja algumas características das pessoas do quadrante A:

- São pequenos empreendedores e preferem continuar assim, porque não querem dividir seus lucros. Eles podem fazer de tudo, desde atender ao telefone até limpar o escritório e fazer a própria contabilidade.

- Há muitos empreendedores que alcançam o sucesso apesar de si mesmos. Há outros que são estúpidos e teimosos e ninguém mais os contrataria, então eles trabalham por conta própria.

- Eles podem ser artistas, como cantores, estrelas de cinema ou astros do esporte. Normalmente vendem suas incríveis habilidades para quem der o maior lance.

- Muitos artistas ou pessoas excêntricas são atraídos para o quadrante A. Eles precisam ser quem são, fazer as próprias coisas e exibir suas habilidades por aí. A maioria não se encaixa no mundo normal e não tem planos de tentar se enquadrar. O admirável mundo novo da internet está cheio de pássaros estranhos, pessoas fazendo coisas estranhas, implorando por atenção.

- A maioria dos empreendedores são autônomos. Eles não são donos de um negócio. Possuem um emprego. Não podem parar de trabalhar, porque, se pararem, sua renda deixa de existir.

Quando um trabalhador autônomo pode se ausentar da atividade — e ela andar melhor sem ele —, isso significa que ele se tornou um verdadeiro empreendedor. Construiu um ativo, que é o que verdadeiros empreendedores fazem.

O Quadrante D

D significa donos de grandes empresas, com mais de 500 empregados e de grandes escritórios corporativos.

A maioria dos negócios do quadrante D operam por meio de escritórios corporativos e filiais.

Descobri que os gestores que trabalham para grandes empresas de capital aberto são diferentes dos administradores de grandes empresas de capital fechado. Uma razão para eu ter deixado a Xerox foi porque não gostava do tipo de gestores que eles contratavam para gerenciar seus funcionários. A cultura corporativa é diferente da cultura de empreendedorismo.

Há muitas maneiras diferentes de se criar um ativo de negócios e empreendedorismo no quadrante D.

Seção Especial

- **Franquia**

  Franqueadores vendem os direitos de criar negócios com sua entidade corporativa. McDonald's é um dos exemplos mais conhecidos de *franchising*.

- **Licenciamento**

  Um contrato de licenciamento permite que outras empresas façam negócios utilizando sua empresa. Este é o modelo de negócios da *Rich Dad Company*. Temos um pequeno escritório corporativo, mas licenciamos nossa propriedade intelectual para empresas em todo o mundo.

  Através desses contratos de licenciamento, a *Rich Dad Company* tem milhares de pessoas trabalhando, em todo o mundo, na promoção e venda de nossos produtos, seminários e programas educativos.

- **Marketing de rede**

  Marketing de rede é um sistema de negócios que pode se expandir infinitamente. Uma única pessoa pode começar com pouquíssimo dinheiro, expandir um negócio em todo o mundo, com a ajuda de milhares de pessoas que, juntas, buscam construir negócios próprios.

Há centenas de milhões de pessoas em todo o mundo envolvidas nesse tipo de negócio.

O Quadrante I

O quadrante I representa os investidores, aqueles que entendem da arte e da ciência de levantar capital. Se você consegue construir um negócio no quadrante D e levantar capital, é um capitalista.

- **Financiamento bancário**

  Ao emprestar dinheiro de um banco para investir no mercado imobiliário, você está operando no quadrante I. É por isso que pai rico insistiu para que eu tivesse aulas sobre o setor imobiliário, não apenas para aprender sobre imóveis e impostos, mas para aprender a administrar uma dívida. Hoje, tenho centenas de milhões de dólares em dívidas boas, todas produzindo renda para mim — a maioria livre de impostos.

  Se você usar dívida para financiar sua casa ou carro, você é um consumidor, não um capitalista.

- **Oferta Pública Oficial (IPO)**

  Para transformar sua empresa em uma empresa de capital aberto, é preciso uma oferta pública inicial (IPO). Abrir o capital de uma empresa era

O Poder da Educação Financeira

meu objetivo quando me tornei um empreendedor. Levei trinta anos para isso, em um processo difícil, mas no qual aprendi e cresci muito.

A fim de se qualificar para levantar capital através de um IPO, o mercado de valores mobiliários deve se assegurar de que você já possua ou tenha capacidade para construir um negócio do quadrante D.

- **Colocações Privadas**

  Obviamente, privado é o oposto de público. O termo "colocação privada" é usado quando é oferecida a venda de um título que não envolva uma oferta pública de ações. Colocações privadas são usadas para levantar quantias menores de dinheiro ou para levantar dinheiro de alguns investidores qualificados. Colocações privadas não são para o público em geral.

  O público em geral investe em "ações ordinárias", títulos considerados seguros o bastante para o público sem educação financeira e não sofisticado.

  Quando eu tinha entre vinte e trinta e poucos anos, usei um número de colocações privadas para levantar capital para parcerias de petróleo e gás. Fiz isso mais pela experiência do que pelo dinheiro propriamente. Trabalhei arduamente, ganhando pouco, mas aprendi muito.

  Hoje, aquilo que aprendi lá atrás me permite ganhar muito dinheiro com minhas parcerias em petróleo e gás, validando as Leis de Compensação e o poder da capitalização da educação.

- **Oferta de Franquia**

  Uma oferta de franquia é também uma forma de levantar capital e segue regras e regulamentos estritos. Um franqueador permite que um franqueado passe a usar seu produto ou serviço, marcas, publicidade e segredos comerciais. Mais uma vez, o McDonald's utiliza um modelo de franquia para expandir seus negócios e também usa o mercado de ações para levantar capital adicional.

  Nunca concluí uma oferta de franquia com sucesso, mas gostaria de fazer isso um dia, principalmente pela experiência. O lançamento de uma franquia é um empreendimento muito mais sofisticado do que fazer uma oferta pública inicial, porque o franqueador vende um negócio pronto para entrar em funcionamento, muitas vezes para pessoas que não são empreendedoras. Criar um negócio que possa ser administrado lucrativamente por pessoas comuns é uma tarefa monumental.

Seção Especial

Pergunta Frequente

Como posso chegar aos quadrantes D e I?

Explicação

O mundo está repleto de Es e As. O mundo precisa de mais Ds e Is. O primeiro passo para se tornar um empreendedor é aprender como construir um verdadeiro ativo no quadrante A.

Lembre-se, a maioria das pessoas no quadrante A são autônomas. Elas não conseguem parar de trabalhar porque seus negócios não são um ativo que possa ser administrado sem eles. Uma vez que uma pessoa cria um ativo sustentável no quadrante A, ela pode decidir seguir adiante para os desafios do quadrante D, mas suspeito que a maioria das pessoas já ficará feliz o bastante com um negócio no quadrante A.

Pergunta Frequente

Por que uma pessoa não iria querer ir para os quadrantes D e I?

Resposta Curta

Cada quadrante apresenta seus próprios desafios e as coisas ficam cada vez mais difíceis quando você muda do quadrante D para o I. O sucesso do lado direito do quadrante requer muito mais conhecimento e dedicação, e maiores habilidades de liderança.

Explicação

Como disse anteriormente, frequentei a escola de aviação para me tornar piloto. Não me tornei um piloto até que tivesse terminado o curso de aviação. Só depois de concluir meu treinamento, pude escolher o tipo de aeronave que queria pilotar. Conforme o desempenho de minha aeronave aumentava, também aumentavam as exigências em relação a minhas habilidades — especialmente em situações de combate.

Comece pequeno no quadrante A e aprenda todas as habilidades necessárias para se tornar um empreendedor de sucesso. Só então você decide se vai se mudar para o quadrante D e depois para o I. Ou pode parar e abrir um negócio próprio.

Algumas pessoas podem achar que passar para o quadrante A é muito difícil. Embora qualquer pessoa possa ser um empreendedor, se tornar um empreendedor não é para qualquer pessoa.

Como sempre digo: "Mantenha seu emprego tradicional e comece um negócio em meio período." A razão para o fracasso da maioria dos pequenos negócios

O Poder da Educação Financeira

nos primeiros cinco anos é que o empreendedor inexperiente não consegue lucrar o suficiente para sustentar o negócio, a si mesmo e sua família. Aprender a se tornar um empreendedor leva tempo.

Pergunta Frequente
Por que a maioria das pessoas não se muda para o quadrante D e depois para o quadrante I?

Resposta Curta
Não é fácil. Mudar de quadrantes exige aumento de conhecimento e de disciplina pessoal.

Explicação
A maioria das pessoas se torna empresária porque quer "fazer as próprias coisas" ou "fazer as coisas à sua maneira". Ainda que seja rentável, o negócio que criam é, muitas vezes, demasiadamente dependente dos talentos específicos do empresário e fracassa em evoluir para um negócio.

A razão de o Triângulo D–I se chamar "As 8 integridades de uma Empresa" é porque a palavra *integridade* quer dizer inteira ou completa.

O Médico do Quadrante A
Deixe-me dar um exemplo. Tenho um amigo médico que é um gênio, um mágico. Ele também é um solitário. Atende ao telefone, faz a própria agenda, paga os próprios impostos e limpa o próprio consultório. Como tem poucas despesas, ele ganha um monte de dinheiro. O problema para seu negócio é que ele é o Triângulo D–I inteiro. Ele é o negócio. É tão inteligente que tem a capacidade de fazer as tarefas de muitas pessoas, mas não pode parar de trabalhar, porque, se o fizer, seu fluxo de caixa para.

Embora este seja um exemplo extremo, o mundo está repleto de empreendedores autônomos como meu médico.

Apesar de ser um gênio na faculdade de Medicina e se saia bem em consultório particular, ele está preso no quadrante A, com pouca esperança de levar seu negócio para o quadrante D ou I. Ele é um médico do quadrante A.

O Médico do Quadrante D
Há outro médico que conheço que não atende pacientes. Apesar disso, ele afeta o bem-estar de milhares de pacientes a cada ano. Em vez de gastar seu tempo em visitas individuais, ele constrói hospitais. Ele tem hospitais nos Estados Unidos e na China.

Seção Especial

Por construir hospitais lucrativos, que empregam milhares de pessoas, ele recebe incentivos fiscais e é capaz de levantar capital de ricos investidores privados, bem como de investidores públicos em Wall Street através de ações vendidas publicamente.

Este médico opera nos quadrantes D e I.

Seus Triângulos D–I são hospitais que operam em integridade. Isso significa que as oito integridades do Triângulo D–I operam em sinergia, inteira e completa e em conformidade legal, ética e moral.

Ao se tornar um empreendedor de sucesso, você pode construir negócios entorno de qualquer produto ou serviço que quiser. Lembre-se que o produto é a parte menos importante do triângulo. Uma vez que um empreendedor saiba como construir um Triângulo D–I, os produtos ou serviços passam a ser intercambiáveis. Hoje, sou um empreendedor da área de educação, imóveis, ouro, prata, mídia e petróleo.

Pergunta Frequente
Qual quadrante é o mais difícil?

Resposta Curta
Todos eles são... no início.

Qualquer coisa é difícil se você não sabe como fazer. Tome o ato de andar como um exemplo. Um bebê se esforça para aprender como ficar de pé, caindo muitas vezes. No entanto, uma vez que aprenda a ficar de pé, eles querem andar e, em seguida, correr. Uma vez que um bebê saiba como correr, ele ou ela pode conquistar o mundo.

Explicação
Recomendo começar no quadrante A, passando depois para o D e, então, para o quadrante I. É o mesmo processo de um bebê aprendendo a ficar de pé, depois caminhar e, finalmente, correr.

Pergunta Frequente
Por que a maioria dos empresários não chega aos quadrantes D e I?

Resposta Curta
Falta de disciplina.

O Poder da Educação Financeira

Explicação

O sucesso requer disciplina. Mais sucesso requer mais disciplina. A maioria dos empresários quer fazer as próprias coisas ou fazer coisas à sua maneira, assim eles nunca saem do quadrante A.

O quadrante D exige mais regras e mais disciplina.

O quadrante mais disciplinado é o I. É o mais regulado e o de menor liberdade.

Pergunta Frequente

Por que o quadrante I tem menos liberdade?

Resposta Curta

Porque você está usando DOP, dinheiro de outras pessoas.

As leis e regras são extremamente rigorosas quando você usa DOP. Há muitos reguladores na área de investimentos. No Brasil, existem a CVM (Comissão de Valores Mobiliários), o Banco Central e outros órgãos que regulam e monitoram as atividades do quadrante I.

Pergunta Frequente

É no quadrante I que encontramos a maior parte da corrupção financeira?

Resposta Curta

Sim.

Explicação

O quadrante I incentiva a corrupção.

É o lugar no qual viveu Bernie Madoff. Ele nunca foi realmente um empreendedor do quadrante D. Ele era um empresário do quadrante I, um cara que armou o segundo maior esquema Ponzi da história. O maior esquema de todos os tempos, em minha opinião, é o programa de previdência social do governo, uma falcatrua do quadrante I.

Muitos pequenos empreendedores quebram as regras do quadrante I por pura ignorância. Eles levantam capital quando ainda não têm um negócio — ou seja, quando não têm nenhuma razão para estar arrecadando dinheiro.

Simplificando: se você vai levantar capital no quadrante I, o melhor é que saiba como construir um negócio sustentável no quadrante A ou D antes de levantar capital. É também por isso que pai rico me pediu para fazer cursos de investimentos imobiliários. Ele queria que eu praticasse como usar o dinheiro de um banqueiro para financiar meu negócio imobiliário. Ele queria que eu usasse o dinheiro de um banco antes de usar o DOP, o dinheiro da família e dos amigos, para financiar meus negócios.

Seção Especial

Como costumava dizer meu pai rico: "Quando você perde o dinheiro de uma pessoa, uma parte da vida dela também se perde."

Depois que aprendi a levantar dinheiro com bancos para investir em imóveis, comecei a levantar fundos para parcerias de petróleo e gás, via colocações privadas. Fiz isso nas décadas de 1970 e 1980.

Em 2004, vendi meu primeiro negócio via oferta pública inicial. Fui do dinheiro dos banqueiros para colocações privadas e depois para ofertas públicas. Tudo isso fez parte de minha educação financeira no quadrante I.

Pergunta Frequente 8: Qual É a Grande Vantagem?

Pergunta Frequente

Qual é o maior benefício da educação financeira do pai rico?

Resposta Curta

Uma vantagem arrebatadora.

Explicação

Há duas vantagens arrebatadoras:
1. Você não será uma vítima financeira.
2. Você pode ser parte da solução.

A crise financeira que começou em 2007 ainda não acabou. Estamos no olho do furacão e eu acredito que o pior dessa crise ainda está por vir.

Não Seja uma Vítima

Em *Profecias do Pai Rico*, publicado em 2002, afirmei que uma grande tempestade estava se formando. Infelizmente, hoje a tempestade está ficando cada vez maior e muito mais poderosa. A tempestade cresce porque nossos líderes no governo, no setor bancário e financeiro não estão resolvendo o problema. Eles estão piorando as coisas.

Em vez de resolver o problema, os nossos líderes continuam a jogar: imprimem trilhões diariamente, jogam com as taxas de juros, aumentando a dívida pública, em vez de aumentar a produção, escoram o mercado mobiliário e imobiliário e mentem para os ingênuos, os financeiramente sem instrução.

Em 1963, eu estava no ensino médio e Bob Dylan cantava *"The Times They Are A-Changin"* (Os tempos estão mudando).

O Poder da Educação Financeira

Quando criança, eu não sabia o que estava mudando, mas em meu íntimo eu sabia que algo estava mudando e a letra da música soava verdadeira.

Infelizmente, a maioria das pessoas quer que as coisas voltem ao "normal". Elas esperam que as nuvens se dissipem, o sol apareça e os pássaros voltem a cantar... com aumento dos postos de trabalho e dos salários, e com a economia crescendo 10% ao ano. A maioria das pessoas está esperando que seus líderes políticos, o governo, as instituições de ensino e as instituições financeiras resolvam seus problemas.

Eu não sou tão otimista. Não é que nossos líderes, atuais ou passados, sejam necessariamente pessoas más. É que o problema financeiro atingiu um nível muito grave, além do controle do governo e de nossos líderes. Quanto poder realmente detém o Presidente quando devemos tanto dinheiro ao mundo? Como os Estados Unidos podem dizer a China o que fazer quando devemos tanto dinheiro a eles? Como os Estados Unidos podem influenciar o mundo quando todos já perderam a fé na moeda americana?

Para piorar as coisas, essa perda mundial de confiança nos Estados Unidos surge em um momento em que nossos problemas financeiros internos estão prestes a explodir.

Em 2010, os *baby boomers* começaram a receber sua seguridade social, e ela está quebrada. O Medicare, sistema de assistência médica, é um ralo ainda maior no orçamento americano, tem uma expectativa de "quebrar" até 2019. Apesar da insolvência dos sistemas de seguridade social e assistência médica, o então Presidente, Barack Obama, aprovou uma reforma, acrescentado ainda mais pressão aos problemas sociais e financeiros.

E os Estados Unidos continuam a participar de duas guerras, as quais não há como vencer. Não é possível vencer porque não estão lutando contra países industrializados como na Segunda Guerra Mundial. Basta substituir as palavras "Iraque" e "Afeganistão" por "Vietnã", uma guerra em que eu lutei, para que as pessoas entendam a insanidade dessas duas guerras.

Definição de Crise

Uma das definições da palavra "crise" é: "etapa crucial ou momento decisivo no curso de alguma coisa." Em um contexto médico: "após a crise, o paciente ou morre ou melhora."

Seção Especial

Você e eu estamos em um momento decisivo na história mundial. A pergunta é: será que vamos morrer ou melhorar?

Há muitas pessoas se perguntando: "As coisas voltarão a ser como eram?" Minha resposta é: "A economia mudou."

Sem educação financeira, a maioria das pessoas não consegue seguir em frente.

Em vez disso, elas vivem no passado, agarrando-se aos valores financeiros que estão obsoletos. Muitos pais ainda dizem a seus filhos: "Vá para a escola para conseguir um bom emprego", em um momento em que os empregos são mutáveis, movendo-se para os países com custo de trabalho mais baixo. Eles continuam a aconselhar seus filhos a "poupar dinheiro" em um momento em que os bancos centrais estão imprimindo trilhões. E eles continuam a guardar dinheiro em seus planos de aposentadoria no exato momento em que milhões de *baby boomers* começaram a sacar seu dinheiro dos planos de aposentadoria.

Como previ em *Profecias do Pai Rico*, a pior tempestade financeira ainda está por vir.

Em vez de ser vítima, você pode tomar a iniciativa de melhorar sua educação financeira — uma atitude que lhe dá a vantagem arrebatadora de treinar sua mente para antever uma crise econômica e encarar as turbulências como oportunidades para avançar, ao invés de ficar para trás e ver sua riqueza desaparecer.

Você Pode Mudar o Futuro

Sua segunda vantagem arrebatadora é que você pode fazer parte da solução para os desafios que o mundo enfrenta.

A crise financeira de 2007 na verdade começou há muito tempo. Mais precisamente em 1913 quando o Federal Reserve Bank foi criado. A Receita Federal (IRS) dos Estados Unidos também foi criada em 1913, quando a 16ª Emenda da Constituição dos Estados Unidos foi ratificada. Esses dois atos violaram o espírito da Constituição dos Estados Unidos.

Isso foi coincidência? Duvido.

Em 2011, o dinheiro não era mais dinheiro. Ele deixou de ser em 1971. Hoje, dinheiro é dívida.

Hoje, para cada dólar impresso, a Receita Federal precisa taxar o contribuinte para conseguir pagar a dívida e os juros sobre aquele dinheiro impresso. Esse era o plano em 1913. Imprimir dinheiro, e taxar o contribuinte por cada dólar impresso.

Hoje, o contribuinte americano paga dois impostos: um é o imposto direto e outro é a inflação. E ambos estão aumentando cada vez mais.

O Poder da Educação Financeira

É por isso que planejadores financeiros sempre aconselham: "Viva aquém de suas possibilidades." Você terá que viver abaixo de suas possibilidades simplesmente para conseguir pagar seus impostos e compensar a inflação.

É por isso também que não há educação financeira nas escolas.

O governo e os ricos precisam que as pessoas paguem os impostos e a inflação.

Seja Parte da Solução

Muitos americanos continuam a acreditar que eleger novos políticos resolverá o problema que os Estados Unidos enfrentam. É por isso que tivemos um segundo protesto contra os impostos em 2010, dessa fez contra a taxação excessiva do próprio Estados Unidos sobre seus cidadãos. O primeiro foi em 1773, em Boston, contra a taxação do governo britânico sobre os Estados Unidos.

Em 2010, o governo britânico anunciou que 500.000 funcionários públicos seriam demitidos. Aqueles que viviam de assistência social também teriam seus benefícios cortados.

Em 2010, ocorreu um grande protesto popular nas ruas de Paris, onde a população protestava contra o aumento da idade mínima para se aposentar, de 60 para 62.

Em 2010, o Japão, uma nação com um excelente sistema de ensino que produz trabalhadores esforçados que poupam um grande porcentual de seu dinheiro, é a nação que mais deve no mundo, com uma dívida de cerca de 200% do PIB.

Em 2010, a China e a Rússia, que já foram inimigos mortais dos Estados Unidos, negociavam entre si, não em dólares, mas em suas respectivas moedas, o iene e o rublo. Isso é a mesma coisa que um banqueiro que se recuse a emprestar dinheiro para uma pessoa com uma avaliação de crédito ruim.

O que isso tudo significa? Significa que a festa acabou.

Significa que o capitalismo está se espalhando pelas nações do terceiro mundo.

Essa é uma boa notícia se você é capitalista. Mas é uma péssima notícia se você é um socialista, alguém que espera que o governo tome conta de você.

Se você é capitalista, pode ser parte da solução. Se é um socialista, você é o problema.

Se espera que o governo resolva seus problemas, você tem um problema, pois os governos do mundo estão falidos.

Em vez ser o problema, torne-se parte da solução: um verdadeiro capitalista, focado em dar mais para receber mais. Os dias de apenas esperar e receber mais e fazer menos acabaram.

Não me entenda errado. Não há nada errado em ter ideais socialistas. Precisamos de pessoas que se preocupem com os outros. Mas quando você acredita em "almoço

Seção Especial

grátis", o socialismo se torna ganância. E, como você sabe, o mundo está repleto de pessoas gananciosas, tanto socialistas quanto capitalistas.

Sua verdadeira vantagem arrebatadora é se tornar financeiramente educado para que possa se tornar parte da solução em vez de contribuir para o problema.

Lembre-se, um verdadeiro capitalista foca em fazer mais com menos. Isso significa melhores produtos com preços mais baixos. Em um verdadeiro ambiente capitalista, os preços diminuem e a produtividade aumenta.

Um Sistema Falido

Em minha opinião, um dos maiores problemas que enfrentamos é nosso sistema educacional. É um sistema que ainda promove a ideia de ganhar mais dinheiro com menos trabalho. A maioria dos professores foca na estabilidade do trabalho, em vez de como ensinar mais alunos com menos dinheiro.

Por outro lado, os melhores professores estão ficando ricos, porque, além de serem os melhores, estão usando a tecnologia para ensinar cada vez mais alunos.

Os chineses chegaram ao mercado global e sabem que devem produzir itens melhores a preços melhores, ou o desemprego vai disparar na China, como tem acontecido no Ocidente. Para que os países ocidentais sobrevivam, teremos de voltar aos verdadeiros valores do capitalismo: a filosofia de fazer mais por menos.

Infelizmente, os líderes do Ocidente são principalmente estudantes inteligentes que se saíram bem na escola. O problema é que os alunos mais inteligentes são treinados em um ambiente socialista. Como a maioria tem treinamento financeiro ou formação de negócios limitados, saem da escola sem preparo para liderar no mundo real.

Em vez de promoverem a prosperidade, promovem a austeridade. Em vez de estimularem a produção, aumentam os impostos — que matam a produção.

O maior problema de se ter líderes fracos em termos de educação financeira é que isso promove a corrupção e a ganância.

A maioria dos nossos alunos mais brilhantes é treinada em um ambiente socialista, um ambiente que defende tirar dos ricos para dar aos pobres. O problema é que, quanto mais tiramos dos ricos e damos aos pobres, mais pessoas pobres nós criamos. Esta atitude generalizada de querer receber mais para fazer menos tem de mudar.

Então, voltando à pergunta original…

Pergunta Frequente

Qual é o maior benefício da educação financeira do Pai Rico?

O Poder da Educação Financeira

Resposta Curta

Você pode se tornar parte da solução.

Explicação

A verdadeira vantagem arrebatadora é usar sua educação financeira para ser generoso. Use sua educação financeira para resolver os próprios desafios financeiros e os desafios financeiros de outros.

Lembre-se: *ensinar* as pessoas a pescar — em vez de lhes dar o peixe — pode criar a verdadeira mudança.

Infelizmente, em vez de ensinar as pessoas a pescar, nossas escolas trazem, para palestrar para os alunos, pessoas que vendem peixes. Elas trazem banqueiros, gerentes e planejadores financeiros que vendem peixe, em vez de ensinarem as pessoas a pescar.

Incomoda-me ver planejadores financeiros, corretores mobiliários e imobiliários e vendedores de seguros pregando discursos de venda disfarçados de educação financeira. Eles estão vendendo peixe, uma forma de ganhar dinheiro sob o pretexto de educar.

Em vez de ser egoísta e vender peixes para os ingênuos, use sua educação financeira para ser generoso.

Em vez de usar sua vantagem arrebatadora para enganar os ignorantes, use sua educação financeira para ensinar, esclarecer e libertar pessoas.

Em vez de usar sua vantagem arrebatadora para ficar mais rico, use sua educação financeira arrebatadora para enriquecer a vida dos outros.

Um de nossos maiores problemas é um sistema de educação antiquado que se arraiga ao passado e não consegue enxergar o futuro. Trata-se de um sistema obsoleto que insiste em preparar os alunos para um mundo que está moribundo.

Em 2010, milhões de pessoas perderam seus empregos, casas e as economias de aposentadoria. Essas pessoas perderam porque eram financeiramente incultas e estavam contando com terceiros para assegurar seu futuro financeiro.

Em vez de permitir que esta crise seja uma coisa ruim, use-a como um motivador. Ensine a si mesmo e aos outros a pensar por si mesmos, e parar de esperar que lhe digam o que fazer.

Estamos, realmente, no início de um admirável mundo novo e de uma nova economia mundial. Esta crise é o fim de uma era, mas é também o nascimento de um novo mundo, uma nova economia.

A boa notícia é que estamos entrando em uma nova era de humanidade, de abundância ilimitada e de oportunidades. Avanços na tecnologia aumentam a inteligência e reduzem os custos dessa inteligência. A tecnologia reduz o risco financei-

Seção Especial

ro, os preços e os salários e abre novos mercados no mundo inteiro. A boa notícia é: a tecnologia torna mais fácil ser empreendedor.

A má notícia é: a tecnologia torna a vida mais difícil para os empregados. É por isso que estamos vendo o aumento do desemprego, à medida que a tecnologia substitui os trabalhadores, assim como o automóvel substituiu os cavalos.

Em vez de voltar para a faculdade, em busca de um emprego mais bem-remunerado, foque em novas formas de educação. Para os educados financeiramente, este é um mundo sem fronteiras, um mundo de abundância e oportunidades.

Aqueles que seguem o dogma socialista e fascista continuarão a viver em um mundo de escassez... um mundo de salários baixos, impostos e inflação em alta, o que permite que sua riqueza lhes seja roubada através de taxas e despesas cobradas pelas mesmas pessoas a quem confiam sua riqueza.

Por outro lado, a vida será mais fácil para aqueles que seguem as três Leis de Compensação:

1. Dar mais para receber mais.
2. Aprender a dar mais, do lado D e I.
3. Alavancar o poder da capitalização do conhecimento.

Não só a vida será mais abundante, como também o governo irá lhe oferecer benefícios fiscais, os bancos vão lhe emprestar mais dinheiro para comprar seus ativos e o mercado de capitais vai arrecadar dinheiro para os empresários no quadrante D.

Por que socialistas e fascistas são tão generosos com os capitalistas? A resposta é: eles precisam de capitalistas. Sem capitalistas, socialistas e fascistas seriam atacados por multidões raivosas, famintas e desempregadas.

Sua educação financeira pode lhe dar uma vantagem arrebatadora, impedindo-o de se tornar uma vítima do jogo de poder entre os trabalhadores e os líderes.

Em vez de cair na armadilha da luta de classes entre os trabalhadores e os políticos, concentre-se apenas no verdadeiro capitalismo.

Aprenda mais para fazer mais. Concentre-se em fazer mais com menos e enriquecer a vida de outros.

Meu Trabalho... e Seu Trabalho

Um de meus heróis é Steve Jobs, cofundador e ex-CEO da Apple, Inc. Se não fosse por Steve Jobs, eu nunca teria escrito *Pai Rico, Pai Pobre,* em 1997, nem estaria usando meu iPhone para falar com o mundo.

O Poder da Educação Financeira

Steve, um verdadeiro empreendedor e capitalista, tornou minha vida mais fácil para que eu pudesse fazer meu trabalho de tornar a vida de outras pessoas mais fácil, através da educação financeira.

Seu trabalho é usar as vantagens arrebatadora para colocar o poder da educação financeira para trabalhar em sua vida. Primeiro mude a si mesmo. Em seguida, mude o mundo.

Seção Especial

Agradecimentos especiais para...

Kim Kiyosaki

Ken McElroy   Garrett Sutton,   Andy Tanner   Tom Wheelwright,
                   Advogado   CPA

UMA CONSIDERAÇÃO FINAL SOBRE EDUCAÇÃO

Quando eu era garoto, odiava a escola — mas adorava aprender.

Não entendia na época, mas percebo agora que a escola estava me treinando para ser um empregado. E eu queria ser um empreendedor. São dois mundos muito diferentes.

Ao longo dos anos, passei a respeitar o poder da educação, aprendendo que existem muitos tipos de educação.

Tenho visto as pessoas envelhecerem amargas, porque se recusam a aprender algo novo ou mudar a maneira como pensam. Todos nós, provavelmente, conhecemos pessoas assim.

O que É Educação?

Agradeço-lhe por investir seu tempo na leitura deste livro e espero que se torne um adepto do poder da educação financeira.

Se você já leu algum de meus outros livros, sabe que não sou um grande fã da educação tradicional. Eu não gostava da escola e minhas notas refletiam minha atitude. Tudo o que ouvi na escola foi: "Se você não tirar boas notas, não vai conseguir um bom emprego." Bem, eu não queria um emprego — por isso caí fora da escola.

Meu corpo podia estar na sala de aula, mas minha mente estava sempre em outro lugar. Talvez essa tenha sido minha vantagem arrebatadora.

Sobre o Autor
Robert Kiyosaki

Mais conhecido como o autor de *Pai Rico, Pai Pobre* — o livro nº 1 de finanças pessoais de todos os tempos — Robert Kiyosaki desafiou e mudou a forma como dezenas de milhões de pessoas do mundo todo pensam sobre dinheiro. Ele é um empreendedor, educador e investidor que acredita que o mundo precisa de mais empreendedores para criar empregos.

Com ideias sobre dinheiro e investimentos que normalmente contradizem a sabedoria tradicional, Robert conquistou uma reputação internacional de falar sem rodeios, com irreverência e coragem e se tornou um defensor franco e apaixonado pela educação financeira.

Robert e Kim Kiyosaki são os fundadores da *Rich Dad Company*, uma companhia de educação financeira, e os criadores dos jogos *CASHFLOW*®. Em 2014, a companhia aproveitou o sucesso global dos jogos *Rich Dad* no lançamento de uma nova versão inovadora de aplicativos e jogos online[1].

Robert é considerado um visionário com um dom para simplificar conceitos complexos — ideias relacionadas a dinheiro, investimento, finanças e economia — que compartilha sua jornada pessoal para a independência financeira de formas que repercutem no público de qualquer idade e história de vida. Seus princípios essenciais e mensagens — como "sua casa não é um ativo"; "invista em busca de fluxo de caixa" e "poupadores são perdedores" — desencadearam uma tempestade de críticas e zombaria... para depois se provarem verdadeiras no cenário atual da economia na última década de forma profética e inquietante.

Seu ponto de vista é que o "velho" conselho — ir para universidade, conseguir um bom emprego, economizar dinheiro, sair das dívidas, investir em longo prazo e diversificar — se tornou um conselho obsoleto no mundo acelerado da Era da Informação. A filosofia e as mensagens do pai rico desafiam o *status quo*. Seus ensinamentos encorajam as pessoas a se tornarem financeiramente educadas e a desempenharem um papel ativo no investimento do seu futuro.

Autor de diversos livros, incluindo o sucesso internacional *Pai Rico, Pai Pobre*, Robert participa de programas no mundo inteiro — de *CNN, BBC, Fox News, Al Jazeera, GBTV* e *PBS*, a *Larry King Live, Oprah, Peoples Daily, Sydney Morning Herald, The Doctors, Straits Times, Bloomberg, NPR, USA TODAY*, e centenas de outros — e seus livros frequentam a lista de mais vendidos nos Estados Unidos e no mercado internacional há mais de uma década. Ele continua a ensinar e inspirar o público do mundo inteiro.

Para saber mais, visite www.seriepairico.com ou o site original, em inglês, acessando www.richdad.com

---

[1] Ver: http://www.richdad.com/apps-games/cashflow-classic (conteúdo em inglês).